먼지가 가라앉은 뒤

WHEN THE DUST SETTLES by Lucy Easthope
Copyright ⓒ Lucy Easthope 2022
All rights reserved.
Korean translation copyright ⓒ 2025 by Changbi Publishers, Inc.
Korean translation rights arranged with C&W Agency through EYA.

이 책의 한국어판 저작권은 EYA를 통한
C&W Agency 사와의 독점계약으로 (주)창비가 소유합니다.
저작권법에 의하여 한국 내에서 보호를 받는 저작물이므로
무단전재 및 복제를 금합니다.

WHEN THE DUST SETTLES
먼지가 가라앉은 뒤

재난 복구 전문가가 전하는
삶과 희망

루시 이스트호프 지음 Lucy Easthope

박다솜 옮김

창비

차례

프롤로그	도착	9
1장	계획하는 사람	25
2장	나쁜 별	43
3장	푸르른 들판에서	69
4장	박싱데이	93
5장	44분의 대혼란	111
6장	히라이스	133
7장	작은 상실들	159
8장	공포	173
9장	유령 열차	189
10장	해바라기	205
11장	롤러코스터	225
12장	믿음직한 두 손	237
13장	각본	255
14장	또 한마리 비둘기	273
15장	흰 국화	305
16장	종말	321
에필로그	시작	343

감사의 말 348 옮긴이의 말 354 주 358

이 책에 나오는 재난에서 목숨을 잃은 사람들
그리고 그들을 사랑했던 모든 사람들에게 이 책을 바친다.

프롤로그

도착

비가 세차게 퍼붓는다. 앞유리를 타고 흘러내리는 빗방울을 와이퍼가 끼익거리며 닦아낸다. 운전을 못하는 나는 택시를 타고 경찰 저지선과 최대한 가까운 곳에서 내린다. 내가 신뢰하는 운전사는 단 한 사람, 제이뿐이다. 지금껏 제이는 깊은 밤을 달려 나를 영국 전역 수많은 현장으로, 때로는 공항이나 기차역으로 실어주었다.

내게는 10년 넘게 갈고닦은 의례가 있다. 아이팟으로 에미넴과 카네이의 노래를 재생한다. 비트에 맞춰 지금부터 벌어질 일을 마주하는 데 필요한 결의를 다지고, 이제 막 빠져나온 세상과 조금 뒤 진입할 세상을 분리한다. 이따금 내가 잠이 들면 제이는 요란한 코골이 소리가 묻히도록 라디오 음량을 높인다. 목적지가 가까워졌다고 생각하면 10분 전쯤 나를 깨워줄 것이다. 하지만 목적지에 도착했는지 매번 확신할 수 있는 건 아니다. 여기가 새로운 재난 현장이라고 알려주는 표지판 따위는 존재하지 않는다. 다만, 작은 단서들이 있다. 경찰차와 특수지원부대 승합차. 소방

당국에서 보낸 구호 차량. 줄지어 선 사설 구급차들.

　마침내 택시가 연석 옆에 멈춘다. 나는 배낭을 둘러메고 뒷좌석에서 내려 캐리어를 끌기 시작한다. 통통한 비행기 승무원이 된 기분이다. 코트 후드를 추켜올리면서 욕설을 내뱉는다. 비가 오면 진흙과 등유와 혈액이 온통 뒤섞여 현장의 법의학적 증거들이 훼손될 것이다. 대응요원들이 초조해지고 예민해지는 건 덤이다. 나는 횡격막 깊은 곳에서부터 심호흡을 한다. 오클라호마시티 폭격 당시 소방관들을 돌보았던 심리학자가 알려준 방법이다. 자, 이제 지옥으로 들어갈 문을 찾을 시간이다.

　재난 현장과 그 밖의 세상은 말 그대로 종이 한장 차이로 갈린다. 이번엔 두 세상의 거리가 고작 몇 미터에 불과하다. 근방 고속도로에서 울리는 굉음에 앞머리가 나부낀다. 이미 너덜너덜해진 펜스가 눈에 들어온다. 긴급대응요원이 맨 먼저 해야 하는 일 하나가 현장 보존을 위해 펜스를 치는 것이다. 바람에 휘청이는 두꺼운 흰색 플라스틱 판과 초록색 캔버스 천으로 감싸인 두꺼운 금속 펜스는 불청객과 염탐꾼의 시선들로부터 재난 현장을 지켜준다. 하지만 최신 염탐 기법을 막기엔 역부족이다. 궂은 날씨에도 기어코 방송국에서 띄워낸 드론이 끊임없이 윙윙거린다. 경찰서장은 '드론 배제 구역' 비슷한 걸 설정해둘 생각이지만, 드론을 통제하거나 압수할 수 있는 법령이 통과되려면 앞으로 몇년은 걸릴 터다.

　현장에 일찍 도착하면 경찰이 아직 출입구를 지키고 서 있을 가능성이 있다. 이 임무는 대개 서에서 가장 젊은 인력에게 돌아간다. 고위 경관들이 신입을 강하게 키우려고 일부러 시키는 일이다. 하지만 지금은 예산이 다시 한번 삭감된 상황인 데다 사고 후 이미 닷새가 지났으므로, 경찰 대신 사설 경비원이 출입구를 지키고 서 있다. 굳게 다문 입 위로 수염이 까칠하게 자라 있고, 신분증 배지를 잘 보이는 위치에 걸어둔 봄버재킷 차림의 남자. 그가 나를 보는 시선에서 의구심이 느껴진다. 내가 올 거라는 언질은 받았겠지만, 그가 상상했던 모습은 이렇지 않았을 것이다. 다년간의 임신 시도(와 실패) 끝에 배가 불뚝 나온 작달막한 여자. 관절염 때문에 절룩거리는 걸음걸이. 딱 봐도 어설픈 몸가짐. 북부 촌뜨기. 제임스 본드 영화와는 거리가 먼 인물. 내가 그를 향해 활짝 웃어 보인다. 이 바닥에서 제일 먼저 배우는 건, 두려움이나 공포를 드러내서는 안 된다는 거다. 경찰이나 법의학자가 아니라면 시작부터 이미 불리한 처지다. 여자라서 한층 더. 그래서 나는 한껏 호기를 부린다.

  방문자 명단에 서명을 한다. 다시 심호흡을 한다. 입장이다.

  작은 비행기가 도로에 추락하면서 차 여러대와 구경꾼들을 덮쳤다. 구겨진 비행기 날개를 들어올리기 위해 기중기가 동원됐다. 사망자는 최소 열한명, 부상자는 그보다 많다고 들었다. 눈앞에 펼쳐진 풍경 속에는 휘어진 금속과 목초, 신체 부위와 신발 들이 몇 킬로미터에 걸쳐 한 덩어리로 녹아 있다. 항공기 추락 사고는 사람의 신체 부위를 한데 붙어 있게 하는 물리학 법칙을 거역하고, 추락 지역의 지형을 순리에 맞지 않게 뒤튼다. 항공기 조종사들은 정상 착륙이 불가능할 경우 관목지나 공터에 불시착을 시도하도록 훈련받는데, 이는 온 세상의 이목이 집중되기 직전까지는 그 사고 현장이 보통은 대단히 심심한 장소였다는 뜻이다. 지난주만 해도 이곳은 족히 10년은 방치됐을 에비앙 생수병과 워커스 초콜릿 포장지, 과거에 일어난 접촉사고의 증거인 부서진 차량번호판 들이 듬성듬성 나뒹구는, 헝클어진 엉겅퀴와 가시가 무성한 길가의 관목지였을 뿐이다. 하지만 지금 이곳엔 보스[H. Bosch]의 「쾌락의 정원」 현대판이 펼쳐져 있다. 응급구조사들이 남긴 폐기물은 현재 지역 병원에서 생사의 고투를 벌이고 있는 유일한 생존자를 치료하려 시도한 흔적이다. 천 뭉치, 거즈, 튜브 따위가 너른 물웅덩이 표면에 둥둥 떠 있다. 주위에는 보온병과 뒤틀린 캠핑의자 다리가 어지러이 흩어져 있다. 물건들, 움푹 들어간 자리, 이런저런 자국들이 자그마한 신비극을 펼치고 있다.

  나는 그것들을 건드리지 않으려고 애쓰면서 몸을 꼿꼿이 세우고 등유, 엉겅퀴, 후진 중인 사고구호팀 차량을 피해 걷는다. 경찰, 소방, 구급 인력 등 가장 먼저 출동하는 '블루라이트' 대응요원들은 이미 오래전 현장을 떠났고 이제는 조사관, 형사, 시신 수습 담당자들이 등장할 차례다. 나는 여성 경찰관 한 사람이 바스락거리는 봉지와 관목 이파리 몇장을 DNA 검사용으로 가방에 담는 모습을 본다. 어쩌면 신원 확인의 유일한 단초가 될 수도 있는 물건들이다. 시신을 수습하는 데엔, 정확히 말하자면 시신 부위를 수습하는 데엔 몇날 며칠이 걸린다. 고인이 돌아오길 애타게 기다리고 있는 가족들에겐 참으로 긴 시간이다. 땅에 파묻힌 유골과 치아가 사고 잔해 속에서 발견되기까지 족히 몇주가 걸릴 수도 있다.

 일어서서 주위를 둘러본다. 사고가 발생하고 이쯤 지나면 육안으로 식별 가능한 신체 부위들은 대부분 수습이 끝나지만, 더 작은 부분들이 남아 있기 마련이다. 여기는 숨 막히는 폭력이 일어난 현장이다. 뼈와 살로 이뤄진 인간에게, 항공기의 운동력은 난폭한 힘을 휘두른다. 이족보행자의 뼈대에 얹힌 무거운 머리는 무참히 잘려나간다. 나는 재난 현장에서 무얼 보든 절대 고개를 돌리지 않는다. 오히려 눈앞에 보이는 것을 집요하게 파헤치는 것으로써 대응한다. 현장과 안치소에서 나는 **한때 사람이었던** 대상을 골똘히 들여다보며 무엇이 어디로 갔는지 알아내려 애쓴다. 이리저리 고개를 돌려가면서, 내 눈앞에 놓인 부드러운 인간의 몸에 파고든 물건들 중 무엇이 주머니에서 나온 소지품이고 무엇이 기체에서 나온 패브릭이나 금속인지 판독하려 한다.

 환상 속에는 늘 계획이 있다. 그리고 우리에겐 늘 계획과 다른 현실이 닥친다. 재난 대응 훈련을 할 땐 호의적인 조건에서 충분한 의사결정 시간을 거친 뒤에 조직적이고 신중하게 대응할 수 있을 거라고 상정한다. 환상 속에서라면, 현장에서 발견된 신체 부위들을 전부 조심스럽게 비닐 팩에 담고 신중하게 바코드 스티커를 붙일 시간이 주어질 것이다. 하지만 현실에서는 시간이 턱없이 부족한 경우가 태반이다. 이번 현장에서 시간을 앗아간 주범은 비였다. 줄기차게 내리는 비를 맞으며 현장을 조사하던 법의학자들 가운데 한 사람이 나를 보더니, 흠뻑 젖은 내 캐리어와 나를 향해 미심쩍은 시선을 던진다.

무슨 생각을 하는지 알 것 같다. 저 여자, 여기서 대체 뭐 하는 거지?

지금이 바로 내가 등장할 타이밍이다. 영국에서 손꼽히는 재난 복구 전문가. 내가 현장에 호출된 건, 앞으로 우리가 직면하게 될 상황의 규모와 가능한 대응 방법을 파악하기 위해서다. 경찰과 지역 대응요원들은 평생 이런 대형사고를 한번이나 볼까 말까 하지만, 나는 핵사고, 화학 테러, 전염병, 식량 부족, 연료 부족, 열차 추돌 및 비행기 추락, 화산 폭발과 지진해일까지 몇번이고 거듭하여 재난을 경험해왔다. 이런 재난들에 대비해 기업·정부·국가에서는 재난 계획을 세워야 한다. 보통 사람들은 재난 계획이라는 것이 존재한다는 사실조차 잘 모르지만, 알고 보면 시청, 소방서, 구조대, 경찰서, NHS(영국의 국민 보건 서비스―옮긴이)의 신탁, 대학, 항공사, 크루즈 회사 등 곳곳에서 재난 전문가들이 남몰래 일하고 있다. 재난 전문가란, 말하자면 계단 밑을 청소하는 신데렐라 같은 존재다. 프리랜서로 일하는 사람도 있고 민간 재난 관리 회사에서 일하는 사람도 있다. 혹여 최악의 상황이 발생하면 우리는 한데 모여 초대형 붕대 같은 역할을 수행한다.

우리가 하는 일에는 두가지 주요한 측면이 있다. 첫째는 최악의 상황이 발생했을 때 사람들이 따를 수 있도록 비상 계획을 만드는 것, 둘째는 재난이 발생한 후 대응하고 복구 경로를 설정하는 것이다. 영국의 재난 대응 업무는 다방면으로 이루어진다. 우리는 재난 조사를 돕고, 시신안치소를 짓고, 신원 확인과 매장, 유류품 및 시신 송환을 감독한다. 나는 업계의 동료들과 함께 재난 상황을 계획하고 재난에 대응하는 방법을 익혔다. 하지만 나만의 장기는 그뒤에 남은 일들을 다루는 것이다. 일차적인 대응 이후 더 장기적인 복구를 해내는 것, 그것이 나의 전문 분야다. 나는 피해를 당한 지역사회가 앞으로 한발짝 더 나아가게끔 이끌고, 재난 후의 미래를 안심하고 맞이하려면 무엇이 필요한지 묻는다. 일반적으로 재난 대응과 재난 복구에는 전혀 다른 자원이 필요하며, 이에 임하는 태도 또한 달라야 한다. 나는 전세계 곳곳의 현장들을 쏘다니면서 무엇이 효과가 있고, 무엇이 재난 피해를 오히려 더 키우는지 연구해왔다.

나는 긴급대응 및 계획 분야에 발을 들이고 지난 20년 동안 정부, 지자체, 민간 기관, 교회, 군에 조언을 해왔다. 재난이 터지면 내게 연락이 온다. 이때 내게 주어지는 임무는 재난 후의 여파를 전체적으로 조망하는 것이다. 즉 재난 직후 몇시간, 며칠, 몇주를 넘어 몇달, 몇년을 바라보는 것이다. 따라서 내가 현장에 도착하는 시점은 대개 대응 작업 첫 단계가 마무리되고 소방과 구급 요원들이 장비를 챙겨 떠날 준비를 하는 때다. 위급 상황 직후에 폭발했던 아드레날린은 금세 잦아든다. 재난 복구는 장기간에 걸친 게임이다. 누군가의 말을 빌리자면, "단거리 경주가 아니고 마라톤도 아니며, 상상할 수 있는 최악의 지구력 경기에 가까운" 것이다.[1]

그다음으로 내가 하는 일은, 지금껏 경험을 통해 얻은 모든 교훈을 활용하여 다음 재난을 더 잘 대비하는 것이다. 이 부분을

'비상 계획'이라고 한다. 나는 정부를 비롯해 다양한 종류의 기관들을 위하여 비상 계획을 작성한다. 사건이 발생하기 전에 계획을 세우고, 이 계획이 실제로 필요해지기 전까지 검증한다. 그렇게 우리는 재난이 진행되는 동안, 또 재난이 지나간 뒤에 펼쳐지는 어수선한 현실에 질서를 부여하고자 노력한다. 홍수, 요양원 화재, 항공기 화물실 폭격 직후에는 매분 매초가 혼란 속에서 과열된다. 사건은 선형적이고 통제된 구조 바깥에서 일어나므로 이에 휩쓸린 사람들은 **뭐라도 해야** 한다. 비상 계획은 대응요원들과 다른 조직들이 이런 순간을 좀더 수월하게 감당하도록 해준다. 그러니 나는 재난 뒤에 등장하는 사람이자, 비상 계획을 세웠다는 점에서 재난에 앞서 등장하는 사람이기도 하다.

나는 1960년부터 영국에서 일어난 주요 사건들과 영국 시민이 해외에서 경험한 주요 사건들을 속속들이 알고 있다. 2001년 이래로 일어난 사건이라면 단 하나도 빠짐없이 내가 어떤 식으로든 대응에 참여했다고 말할 수 있다. 이쯤 되면 오래된 사건들은 슬슬 잊히지 않느냐고 물을지도 모르겠다. 그러나 나는 어떤 것도 잊지 않는다. 인도양 지진해일, 9·11 테러, 발리 폭탄 테러, 런던 7·7 테러, 그렌펠타워 화재, 이 모든 재난 한건 한건이 내 머릿속에 새겨져 내 인생과 나라는 사람의 모든 면면을 빚어냈다.● 일본을 덮친 지진해일로 원자력발전소 사고가 발생했던 때, 우리가

● 대형 재난을 발생 장소나 날짜로 축약해서 부르는 것이 잔인하게 느껴질지도 모르겠다. 이 책에서 재난을 위해 장소와 날짜 이름으로 칭하는 건 어디까지나 독자의 편의를 위해서라는 걸 알아주기 바란다.

세계적 규모의 사망자를 낼 뻔한 재난을 간발의 차이로 피했다는 걸 이해하는 사람은 극소수다. 더 "조용한" 재난들도 있다. 런던 내 전직 러시아 요원에 대한 독살 사건, 그리고 10년 뒤 일어난 솔즈베리 독살 시도 사건이 그렇다. 인신매매를 당한 노예들이 일하는 공장에 가해진 주도면밀한 습격, 홍수와 총격, 화재가 그렇다. 물론 가장 최근에 닥친 재난인 코로나19 팬데믹도 있다. 세간의 믿음과는 반대로 코로나19 팬데믹은 영국 역사상 가장 성실히 대비된 재난이었다.

시인 W. H. 오든W. H. Auden은 1936년의 한 작품에, 우리가 살아가는 세상 한구석에서 상상조차 어려운 끔찍한 비극이 일어날 수 있다는 사실을 담아냈다(이 시의 제목은 '보자르 미술관'Musée des Beaux Arts이다―옮긴이). 한 가족의 삶이 철저히 파괴되는 와중에 같은 풍경의 다른 한구석에서는 농부가 계속해서 밭을 갈고 누군가는 밥을 먹거나 "그저 따분히 걷고 있다". 가야 할 곳이 있는 사람들은 담담히 앞으로 나아간다. 인생은 고통을 에워싼 채 묵묵히 계속된다.

나에게 가야 할 곳이란 재난 현장을 뜻한다. 나 혼자만 그런 건 아니다. 나 같은 사람들 여럿이 모여, 최악의 사태가 벌어진 다음 뒤처리를 담당하는 하나의 업계를 이루고 있다. 우리는 중요하지만 남들 눈에 보이지 않는 일을 수행한다. 그래서 나는 우리 일을 조명하는 책을 쓰고 싶었다. 재난은 우리 자신과 우리 사회와 우리 지도자들의 민낯을 드러낸다. 이 책은 재난, 신체의 연약함, 상실과 애도에 관한 책이다. 하지만 희망과 재생과 웃음에 관한 책이기도 하며, 우정과 회복 탄력성, 사랑에 관한 책이기도 하다.

내 역할은 각 재난이 요구하는 바에 따라 달라진다. 이번 항공기 추락 사건에서 나의 역할은 급하게 조성된 '대규모 사망자 조정 그룹'MFCG, Mass Fatalities Co-ordinating Group을 이끄는 검시관의 자문에 응하는 것이다. 재난 현장을 앞에 두고 나는 맨 먼저 사망자와 유가족 그리고 이들을 보살피는 사람들에게 무엇이 필요할지 생각한다. 대규모 사망자 조정 그룹이란 지역 대응요원들이 사건 후 최대한 신속하게 사망자 관리를 담당할 핵심 인력을 소집한 기구로서, 재난 대응에 초점을 맞춘 '전략적 조정 그룹'SCG, Strategic Co-ordinating Group에서는 사망자와 유가족을 돌보는 일에 수반되는 무수한 문제가 너무 쉽게 간과된다는 것이 밝혀진 2000년대 중반에 내가 적극적으로 추진한 혁신의 결과로 만들어졌다.

전략적 조정 그룹 회의(최고 지도자들이 참석한다는 의미로 '골드' 회의라고도 불린다. 밴드 스팬도발레의 히트곡 「골드」처럼 우렁차게 읽을 것)에서는 비상 대응 중 핵심적인 의사 결정이 이루어진다. 일반적으로 사고 현장에서 수 킬로미터 떨어진 장소에서 비상 대응요원들이 군 장성이라도 된 양, 누군가를 구원할 수도 파괴할 수도 있는 안건들에 대해 '그럽시다' '안 됩니다'를 외치곤 한다. 이 과정에서 사망자들과 유가족은 잊히기 쉽다. 대규모 사망자 조정 그룹은 그들에게 필요한 관심을 기울이기 위해 만들어진 기구다. 이론상으로는 전략적 조정 그룹 회의와 동등한 지위를 갖지만, 그럼에도 재난 사망자를 보호하려는 이들은 목소리를 내기 위해 종종 격한 투쟁을 벌여야 한다.

이번 현장에서도 나는 조심스럽게 발걸음을 내딛는다. 물리적으로나 정신적으로나 신중해야 한다. 이번 재난과 최근 일어난 다른 재난들 사이의 점을 잇는 것, 조정 그룹 사람들이 알아채지 못한 함정을 찾아내는 것, 그게 나의 임무다. 문득 아는 얼굴이 보인다. 몸집이 커다란 스티브 경감이 내게 따뜻한 미소를 지으며 고개를 끄덕여 보인다. 나는 그에게 세상의 전부나 다름없는 두 딸과 아들의 안부를 묻는다. "루시, 이번 건은 까다롭군요." 이 말을 시작으로 우리는 목소리를 낮춰 각자 발견한 우려 사항을 주고받는다. 우리 앞에 놓인 함정, 인사상 문제, 벌써 수면으로 떠오르고 있는 정치적·법적 '난관'에 대해 이야기한다. 스티브는 어느 분야의 조언이 환영받고 냉대받을지 넌지시 알려준다. 이미 경찰 측에서 요청한 장비가 몇건 기각되었다고 한다.

나는 스티브를 따라 증거물 관리 텐트로 향한다. 금작화 덤불에 바지가 걸려 찢어진다. 나는 증거물과 뒤섞이지 않도록 찢어진 천을 챙겨 담는다. 텐트 안에서는 다른 경관이 유류품 수백개에 라벨을 붙이며 정리하고 있다. 그는 낡은 지갑을 살펴보다가 내가 텐트 안으로 들어오자 미심쩍은 시선을 던진다. 그의 시선은 스티브가 나를 "우리 쪽 사람"이라고 소개한 뒤에야 거둬진다. 스티브와 나는 그가 가죽 지갑을 일일이 펴보면서 동전과 보풀 하나까지 혹시 놓친 게 없나 확인하고 기록하는 모습을 지켜본다. 지갑을 펼치니 한쪽 면에서 어린이 만화 캐릭터가 볼록하게 새겨진 구깃구깃한 편지지가 나온다. 어린아이의 크고 동글동글한 글씨. 아빠에게 보낸 편지다.

사망자들이 남긴 방대한 양의 귀한 유류품을 어떻게 처리해야 할까? 나는 이와 관련해 도움을 요청받는 일이 많다. 내가 유류품 보관과 관리에 대해 조언할 때 강조하는 건, 유가족에게 무엇을 간직하고 싶은지 묻기 전에는 절대 아무것도 버려서는 안 된다는 점이다. 자칫하면 돌이킬 수 없는 실수를 저지르게 된다. 아직 연기 자욱한 재난 초기에 범한 실수가 훗날 사망자와 유가족을 2차적 재난에 빠뜨릴 수 있다.

재난 후의 혼란 속에서 우리는 시간에 쫓긴 나머지 성급하게 결정을 내린다. 그러다보면 나쁜 습관들이 튀어나온다. 기록에서 항목이 누락되고, 심지어 나중에 변경되기도 한다. 가정은 실수를 낳는다. 근처에서 '사고'라는 단어가 들리면 나는 움찔한다. '사고'는 중립적인 단어가 아니다. 어떤 일이 **단순** 사고였을지 모른다는 생각을 하는 것만으로도 다른 가능성이 닫히기 때문이다. 갖가지 고통스러운 경험을 통해 나는 운전석에 앉아 있는 사람이 반드시 운전자는 아니며, 항공기 추락 사건이 항상 조종사의 실수 때문에 벌어지는 것도 아님을 알게 되었다. 혼란스러운 처음 몇시간 동안은 일을 '더 단순하게' 처리하고자, 사망자 한 사람 한 사람이 처했던 개별 상황을 들여다보는 대신 전체적인 사망 시간을 추정해서 기록하려는 유혹에 빠지기 쉽다. 하지만 재난 상황에서 죽음은 오랜 시간에 걸쳐 다양한 방식으로 찾아오며, 유가족들에겐 자기 가족의 이야기를 알아낼 권리가 있다. 작은 디테일이 얄궂게도 얼마나 큰 위로를 주는지, 직접 그러한 상실을 겪어보기 전에는 알 수 없으리라.

한편 수습된 신체 부위들은 냉장 시설에 보관되었다가 몇 킬로미터 거리에 준비된 안치소로 이송된다. 기존의 "일반" 시신들(즉 재난과 무관한 다른 시신들)은 신속히 다른 도시로 옮겨지고, 이제 이 안치소는 이번 재난 사망자들과 그에 수반되는 여러 과제를 담당하게 된다. 나는 2년 전 북아일랜드에서 교육 중 알게 된 다부진 젊은 경관의 차를 얻어 탄다. 차 안에서 우리는 보통 사람들처럼 자녀의 근황과 계속해서 내리고 있는 비와 경관들의 경찰복 바지가 찢어진 일 등에 관해 이야기를 나눈다. 경감이 바지 주문을 결재하는 걸 깜빡했다고 말한다. 우리는 아무도 경찰복 바지를 입지 못하는 상황을 상상하며 키득거린다. 고속도로를 달리는 도중, 번쩍거리는 검은색 '사설 구급차' 한대가 우리 앞에서 옆길로 빠져나간다. 시신을 운반하는 차량이다. 나는 검게 칠해진 창문을 흘긋 바라본다. 어릴 적엔 사설 구급차란 부자들이 병원에 갈 때도 멋을 부리려고 돈을 내고 타는 차라고 생각했다. 내부는 식스 폼 칼리지[영국에서 대학 입학을 준비하기 위해 진학하는 2년제 고등학교—옮긴이] 졸업파티 때 탔던 리무진처럼 꾸며져 있을 거라고 상상했다. 하지만 이제는 사설 구급차가 장례지도사의 차량이라는 진실을 안다. 뒤편에 설치된 선반에는 검은 가방에 든 시신 트레이가 묶여 있을 것이다.●

우리는 조용히 안치소로 들어간다. 한쪽 끝에 배수용 구멍이

● 장례 업체들은 지역 검시관과의 계약을 따내기 위해 입찰에 참여하는데, 번쩍이는 검은색 사설 구급차를 충분히 보유하여 작은 재난에 신속히 대응할 능력을 갖춘 업체가 경쟁력이 높다.

나 있는 금속 작업대 위에서 가장 최근 발견된 시신 부위들을 조립하기 시작하자, 법의학 사진가들이 우르르 몰려든다. 검시관이 내게 무엇이든 잘못되거나 빠진 게 있으면 알려달라고 일러둔 터였다. 의도치 않게 사망자나 유가족에게 피해를 입힐 만한 것이 있다면 놓쳐선 안 된다. 지금 나는 우리가 실행하고 있는 과정이 제대로 돌아가는지 확인하기 위해, 검시관 대신 현장을 살펴줄 두 눈 역할을 하고 있다. 이따가 검시관의 차를 타고 호텔에 가는 동안 그녀에게 내가 발견한 내용을 보고할 것이다. 평소처럼, 좋은 소식 두가지 사이에 그녀가 기다리는 나쁜 소식을 끼워 넣은 '개똥 샌드위치'를 전달할 것이다.

주위의 여러 얼굴이 낯익다. 많은 사건에서 협업한 병리학자, 작년에 내가 주최한 훈련 세션에서 만난 안치소 관리자, 해부 병리 기술자 두 사람, 인류학자. 우리는 서로에게 미소를 건네는 것으로 나중에 안부를 나누자는 약속을 대신한다. 현장에서든 안치소에서든, 시신이 앞에 있을 때 대화는 무뚝뚝하고 기능적인 수준에 머물기 마련이다. 이야깃거리와 웃음을 나누는 건 나중으로 미뤄진다. 우리에겐 두 세계가 있다. 한 세계로 들어서는 순간 다른 세계는 뒤에 남겨두어야 한다. 내뱉던 문장을 미처 끝맺지 못했더라도.

나는 이 사람들과 재난의 여파 속에서 함께 일하고 그뒤 술집에서 정보를 나누면서 가까워졌다. 그들은 말 그대로 나를 일으켜 세웠고, 밀어 앉혔고, 눈을 가려주었고, 입에 하리보 젤리를 넣어주었고, 지저분한 화장실 칸막이 문 아래로 파라세타몰〔해열 진

통제의 일종―옮긴이) 두알과 물 한병을 밀어 넣어주었다. 우리는 가장 암울한 순간들에 친분을 나누었기에 오랫동안 끈끈한 사이로 지냈으며, 업계 상황이 훨씬 어려워진 나의 커리어 후반부에도 우리의 인연은 변함없이 이어졌다. 하지만 이 특별한 부족에 속하려면 세상의 다른 모든 사람과, 심지어 가족과도 단절되는 대가를 치러야 한다.

안치소에서 임무를 마치고 경찰 측에서 잡아준 모텔에 도착했을 때는 이미 늦은 시각이었다. 경찰이 관리자와 조용히 얘기를 나눈다. 모텔 바의 어둑한 구석 자리를 다양한 재난대응요원들(경찰관, 법의학자 그리고 나)을 위해 계속 열어달라는 요청이 받아들여진다. 경찰의 운영 팀에서는 현명하게도 우리가 머물 곳으로 가족들과 기자들이 급하게 예약하는 호텔들에서 멀리 있는 모텔을 잡아주었다. 덕분에 우리는 여기서 조금이나마 긴장을 풀 수 있다. 이야기를 나누고, 심지어 웃을 수도 있다. 내일 밤도 이곳에서 보내야 할 걸 안다. 적어도 다음 몇달 동안은 안치소를 드나들어야 할 것이다. 아마 다음 주에는 경찰 증거물 관리 팀과 급히 지명된 정부 각료와 잠을 못 자서 퀭해진 눈을 크게 뜬 유가족들과 대화를 나누라는 요청이 들어올 것이다. 그중 마지막 대화가 가장 어려우리라는 걸 안다. 그리고 나는 내가 사랑하는 남자에게, 내가 무엇을 보았는지 말할 수 없을 것이다. 나의 혀는 이미 굳어버린 지 오래다.

임무를 받고 출동하는 군인, 과학자, 재난 업계 종사자, 유엔의 전쟁범죄 조사관들에게 어떤 일이 가장 어렵냐고 물으면, 그들은 입을 모아 '동원 해제'라고 답할 것이다. 그 세계를 떠나 다시 가족의 일원으로 돌아가는 것. 일상적 잡담과 장보기 목록에 다시 정신을 집중하는 것. 집 안에서 굴러다니는 펜이나 칫솔 따위에 손을 뻗다가, 현장에서 본 유류품과 같은 브랜드라는 걸 알아차린 순간 곤두서는 신경을 다독이는 것.

재난 업계 종사자에게 가장 힘든 일은 집으로 돌아가는 것이다.

1장

계획하는 사람

아슬아슬하게 비극을 모면하는 것과 실제로 비극이 일어나는 것은 종이 한장 차이다. 어쩌면 나는 처음부터 그걸 알고 있었는지도 모른다.

1978년 겨울, 우리 엄마는 요로 감염 증상으로 병원을 찾았다. 평소 근무하는 일반의가 자리를 비웠는지, 다른 의사가 임시로 환자를 받았다. 엄마가 기억하기로 그 의사는 건성건성 진료를 보고 대충 항생제를 처방해주었다. 엄마는 지침대로 성실하게 약을 복용했다. 그 약물은 임신부에겐 금지된 것이었다.

태반이 조기 박리되고 조기 진통이 시작됐다. 엄마는 급히 병원으로 실려 갔다. 그로부터 얼마 지나지 않아 응급 제왕절개 수술을 통해 내가 태어났다. 상황이 워낙 급박해서 수직 절개를 했다고 들었다. 늑대 배를 가르고 나온 아기 염소 세마리처럼, 그렇게 나는 세상에 나왔다. 바닥에는 엄마가 흘린 피가 흥건하게 고였다. 직원들의 지시로 서둘러 방을 나가면서 아빠는 엄마를 살려달라고 애원했다. 엄마는 몇시간에 걸쳐 수혈을 받고 일주일 동안 사경을 헤맸다.

그리하여 우리 가족은 얼마나 순식간에 모든 게 잘못될 수 있는지 일찌감치 배웠다. 제대로 예방하지 않아서 일어난 사건이 대단히 심각한 결과를 낳을 수 있다는 게 우리가 얻은 교훈이었다. 과거를 돌아보는 입장에서 하는 말이긴 하지만, 아주 어릴 적 기억 속에서도 나는 남달리 예민하게 위기를 인식하고 있었다. 내게 위기란 언제나 구체적이고 임박한 것이었다. 우리 가족은 나의 이런 성향을 두고 '태어난 것부터가 그랬다'는 말로 깔끔하게 설명한다.

내 고향은 비극과 사회운동의 피가 흐르는 불굴의 도시 리버풀이다. 1939년 나의 할아버지 '우히 잭'은 리버풀만에서 HMS 테티스 잠수함이 가라앉는 모습을 속절없이 바라보았다. 승선해 있던 99명의 사람들은 서서히 질식했을 것이다. 우리 아빠가 태어나기 10년도 전에 일어난 사건이니 꽤 옛날 일이긴 하지만, 천천히 물에 잠긴 테티스 잠수함은 리버풀 사람들의 상상력에서 중요한 역할을 했으며 어릴 적 내겐 매혹의 대상이었다. 하지만 테티스 잠수함 사건은 머지강 양안의 도시들에 닥친 심각한 비극, 그리고 1980년대에 정점을 찍은 사회경제적 타격과 경찰 폭력의 긴 역사를 이루는 사건들 중 하나에 불과했다.

내가 실제로 재난 현장을 지나친 건 여덟살 때가 처음이었다. 부모님은 교사였는데, 경력 대부분을 톡스테스·월턴·튜브룩 같은 불우한 도심 지역 중학교에서 고군분투하며 보냈다. 1987년 3월에 엄마는 서독으로 소풍을 기획했고 온 가족이 동행하게 됐다. 부모님, 다섯살 난 여동생, 나 이렇게 네 식구가 오른 페리는 기구한 운명의 헤럴드오브프리엔터프라이즈호와 자매선이었다. 페리가 해협에 접근하자 우리는 갑판에서 묵묵히 바다를 내다보았다. 얼마 전 그곳에서 승객 193명과 선원 38명이 목숨을 잃고 생존자 수백명이 물 위에서 구출된 터였다.

 2주 전인 1987년 3월 6일, 헤럴드오브프리엔터프라이즈호는 제브루헤만* 바깥에서 전복되었다. 우리 페리 위에서 옆으로 누운 배가 보였다. 선체 일부가 물에 잠겨 있었다. 배를 둘러싼 예인선과 구조 선박과 수상 크레인에 부착된 조명들이 해무를 뚫고 빛나던 광경이 기억에 선하다. 우리가 재난 현장을 지나던 시점에는 작은 배로 생존자를 구해내기엔 이미 늦어 있었다. 지금의 나라면 이제 '구조'에서 '복구'로 넘어간 단계라는 걸 알 것이다. 하지만 그때 나는 초등학생이었으므로 정부 내각에서 사용하는 공식적인 비상 대응 용어를 알 리 없었다.

 우리가 타고 있던 해협 간 페리는 침몰한 배를 향해 다가갈수록 속도를 크게 낮췄다. 아빠가 나중에 선원에게 그 이유를 묻자, 물살을 너무 많이 일으키지 않으려고, 수많은 사람들의 무덤이나 다름없는 장소를 들쑤시지 않으려고 그곳을 지날 때면 항상 그렇게 속도를 낮춘다는 대답이 돌아왔다.

 나는 오랫동안 잠자코 서 있을 수 없었다. 궁금한 게 너무 많았다. 일단 사람들이 어떻게 배에서 빠져나왔는지 알고 싶었다. 부모님이 회상하기로, 그때 나는 동요하면서 배가 옆으로 누우면 배에 타고 있는 사람들 시점에서는 계단의 각도도 바뀌지 않겠느냐며 재차 물었다고 한다. "어느 쪽이 위인지 모르면 어떡하죠?" 그로부터 몇년이 지난 뒤 나는 생존자 증언을 읽고 답을 알게 되었다. 그들은 어느 쪽이 위인지 알 수 없었고, 결과적으로 큰 혼란에 빠졌다. 침몰한 배를 보면서 나는 마음 깊은 곳에서 직감했다. 그 안에 아직도 사람들이 있었다. 그 사람들을 어떻게 구조한담?

내게 가장 깊은 영향을 미친 재난은 우리 집과 훨씬 가까운 곳에서 일어났다. 페리를 탄 뒤 2년이 지난 1989년 4월 15일 토요일 초저녁, 나는 아빠와 TV 앞에 앉아 있었다. 아빠는 낡고 허름한 우리 집을 살 만하게끔 수리하는 끝없는 작업에서 잠시 휴식을 취하고 있었다. 우유가 담긴 찻잔을 내려놓으면서 아빠는 TV를 켰다. 잉글랜드 셰필드에 위치한 힐스버러 스타디움에서 열린 리버풀 대 노팅엄 포레스트 FA컵 준결승전에서 '사고'가 났다는 보도가 나오고 있었다. 나의 학교 친구 몇명과 부모님의 동료·친구·제자들이 그곳에 있었다. 돌연 방 안이 무섭게 조용해졌던 기억이 난다. 나는 머그잔 옆면을 꾹 감싸 쥐는 아빠의 손을 보면서, 아빠가 입을 열기를 기다렸다. 목공 선생님이었던 아빠의 손은 목수답게 울퉁불퉁하고 상처투성이였다. 한쪽 손은 띠톱을 다루다가 손가락 하나가 잘려나가고 없었다.

아빠가 사다리 위에 서 있던 엄마를 부르면서 뉴스를 같이 보자고 했다(엄마는 어딘가에 페인트칠을 하고 있었거나, 바닥 널빤지 사이에 단열재를 넣고 있었을 것이다). 부모님 사이에서 숨가쁜 대화가 오갔다. "경기장 난입 같진 않은데." 그러곤 몇번의 "맙소사"가 잇따랐다. 그러다가 어느 시점엔가 둘 중 한분이 말했다. "광고판을 쓰는 거야……?" 관중이 스탠드에서 광고판을 떼어내 부상자를 이송하는 들것으로 사용하고 있었다. 부모님은 거듭 서로에게 '구급차는 대체 어디 있는 거냐'고 물었다.

치명적인 압사는 골대 뒤편 중앙의 레핑스 레인 테라스〔입석 형태의 관중석—옮긴이〕에서 일어났다. 훗날 조사 결과 이곳은 유효한 안전 인증을 받지 못한 것으로 밝혀졌다. 사고 당일 아흔네명이 사망했다. 경찰이 게이트를 연 뒤 펜스로 떠밀린 사람들에 의한 질식사였다. 최연소 사망자 존폴 길루히는 열살, 나와 동갑이었다. 며칠 뒤, 부상으로 열네살 난 리 니콜이 사망했고 1993년 3월에는 식물인간 상태로 4년을 보낸 스물세살 앤서니 블랜드에게 인공적 영양 공급과 수분 공급이 중단되었다. 2021년 7월, 중상을 입은 생존자 앤드루 데빈이 숨을 거두면서 사망자 명단에 한 사람이 추가되었다. 사고 후 32년 뒤 사망한 데빈을 포함하여 최종 사망자 수는 아흔일곱명으로 집계된다.

힐스버러 참사가 벌어지고 23년이 지난 뒤, 독립적인 진상조사 위원회에서는 적절한 의료 지원이 제공되었다면 사망한 팬들 중 마흔한명은 목숨을 구했을 것이라는 결론을 내놓았다. 다수의 생존자가 심한 부상을 입어서 평생 의료적 보조를 받게 되었으며, 수백명 이상이 참사 후 신체적·정신적 영향에 고통받았다. 그로 말미암아 내 고향은 끔찍한 대가를 치러야 했다.

주말을 보내고 월요일에 등교를 했다. 학교에서는 독해 시험이라든지 구구단 암기 같은 일상적인 활동을 잠시 중단했다. 선생님은 우리에게 기분이 어떤지 이야기해보자고 했다. 말투가 어색

했다. 아직 어렸던 나조차, 어른이 애쓰고 있단 걸 알아차릴 수 있었다. 선생님은 우리에게 해줄 말이 없었다.

경기장에 가지 않았던 아이들, 주로 여자아이들은 활발하게 수다를 떨었고 자기가 느끼는 혼란을 공유하고 싶어했다. 대체 어쩌다 그런 일이 벌어진 거야? 어떻게 된 거래? 내가 현장에 있지 못하고 TV로만 사건을 지켜보아서 불리하다고 느꼈던 기억이 난다. 나중에 나는 이것이 재난 애도의 위계라는 것을 알게 된다. 슬픔의 물결은 널리 퍼져나가지만, 바깥쪽 원에 위치한 사람들은 슬픔을 느낄 자격이 부족하다고 여겨진다.

내 옆자리에 앉은 남자애는 주먹으로 눈두덩을 문지르고 있었다. 아빠와 형들과 경기장에 갔었다고 했다. 그애는 얼굴을 두 손으로 가린 채 낮은 소리로 말했다. "그냥 너무 화가 나." 1989년 버컨헤드에서 남자란 하늘이 두쪽 나도 울어선 안 되는 존재였다. 또다른 남자애는 입도 벙긋하지 않았다. 그애는 거의 전부가 빨간 팀(리버풀 FC)과 파란 팀(에버턴 FC) 팬으로 구성된 우리 반에서 보기 드문 노팅엄 포레스트 팬이었고, 가족과 경기장 반대쪽에서 사건을 지켜보았다고 했다. 그애가 할 수 있는 건, 그저 바라보는 것뿐이었다.

우리 반 남자애들은 재난 후 몇주 동안 '힐스버러' 놀이를 했다. 운동장에서 몸을 겹쳐 쌓은 다음, 팔다리를 잡고 상대를 옮기는 놀이였다. 여자애들은 그 바보 같은 장난을 보고 눈알을 굴리며 질색하는 척을 했다.

영국의 다른 지역에서는 낭설이 퍼져나가고 있었다. 만취한 팬들이 티켓도 없이 들어와서 게이트를 부쉈다는 설은 이내 공식적인 설명으로 자리를 굳혔다. 사건 초기부터 경찰 및 축구 팀 운영부서 사람들 일부가 특정한 프레임을 퍼뜨렸다. 재난 당일 오후 3시 40분에 BBC 라디오는 "확인되지 않은 보고에 의하면, 게이트가 부서져 있었다"고 보도했다. 4월 19일 신문 『더선』에서는 1면에 "진실"이라는 헤드라인의 기사를 실었다. 리버풀 축구 팬들이 사망자들에게서 소매치기를 하고, 부상당해 죽어가는 팬들에게 오줌을 누고, 구급 요원들이 응급조치를 하지 못하게 막았다며 비난의 화살을 돌리는 내용이었다. 다른 전국 신문과 국제 신문들도 같은 입장을 취하며 이번 참사를 영국 축구 훌리건들이 범한 최악의 잘못이라고 프레이밍했다.[2] 하지만 그들이 비난한 팬들의 행동은 전혀 사실이 아니라는 사실이 훗날 증명되었다.●

  아빠가 『더선』 한부를 가져와 엄마에게 보여주었다. "당장 내다 버려!" 엄마는 이 한마디를 끝으로 말이 없었다. 그게 내가 우리 집에서 마지막으로 『더선』을 본 날이었다. 경기 일주일쯤 뒤 리버풀 웨이버트리에 사는 할머니 집에 가는 길, 여러 신문 가판대 앞에서 사람들이 『더선』을 화로에 넣어 태우며 구호를 외치는 모습을 보았다. 그런 장면을 지날 때마다 아빠는 차 속도를 늦추고 응원의 의미로 경적을 울렸다. 지금도 나는 종이가 타는 냄새

● 재난 발생 1년 뒤 테일러 경의 공개 조사에서, 그리고 2012년 힐스버러 독립 조사 보고서에서 이 사실이 더욱 분명하게 밝혀졌다. 게이트는 관중이 강제로 연 것이 아니라 사우스요크셔 경찰과 경기 책임자 데이비드 더큰필드의 끔찍한 실수 때문에 열린 것이었다. 2016년 배심원단 평결을 통해 희생자들이 불법행위로 인해 사망했다는 결론이 내려졌다.

를 맡으면 언제나 그 연기 자욱했던 하늘과 우리 '스카우저'〔리버풀 사람을 부르는 별명―옮긴이〕의 분노와 숯검댕 가루가 떠오른다.

힐스버러 참사 이후 몇달 동안 나는 세상에 끔찍한 일이 일어날 수 있으며 책임자들, 곧 국가와 정부 기관도 끔찍한 실수를 저지른다는 걸 이해하게 됐다. 그로 인해 손가락질받는 대상은 이미 국가가 저버린 지역사회라는 사실도. 한참 뒤에 나는 어느 미국인 동료에게 내가 이 사실을 일찍 깨달은 것이 '행운'이라는 이야기를 들었다. 그런 상황을 몇번이고 목격해야 했던 훗날, 어릴 적 나의 깨달음은 과연 상당한 도움이 됐다. 나는 고작 열살 나이에 부모님의 고통과 분노를 흡수했다. 두분 모두 불우한 지역인 월턴과 웨스트더비에서 교직에 있었고, 한순간에 세상이 뒤집힌 10대 학생들을 맹렬히 보호하고자 했다. 아빠가 TV를 보면서 고함을 지르던 게 기억난다. "누구든 해결을 해야지." 나는 그 말을 지시로 받아들였다.

살면서 나는 이런 재난이 더 큰 변화를 일으킨다는 사실도 알게 되었다. 이런 변화를 '피로 쓰인 명령'이라고 부른다. 다수의 사망자가 나온 안전사고가 발생하면, 즉 많은 사람이 피를 흘리면 어떤 형태로든 행동이 불가피해지며, 국가 차원에서 일련의 법적 변화가 일어난다는 것이다. 그러한 작업이 완료된 뒤에야 재난대응요원들과 정치인들이 비극을 기록물로, 그리고 역사적 서사로 옮기는 작업을 시작할 수 있다.[3]

힐스버러 참사는 내게 재난이 일으키는 장기적 파문에 대해서도 가르쳐주었다. 나는 10대 내내 친구들이 힐스버러의 악령과 씨름하는 모습을 보면서 근거리에서 비극을 절감했다. 법적 투쟁과 합병증과 트라우마가 몇년이고 지속되는 것을 목격했다. 참사 현장에 있었던 내 친구의 아빠는 조카를 머리 위로 들어 올려서 살렸고, 본인도 살아남긴 했지만 중상을 입었다. 그는 폭발하는 분노와 돌연 찾아오는 기억들과 불면증에 심하게 괴로워했다. 10대 소녀였던 우리는 그가 심술궂고 방어적이라고 느꼈으나, 이제 나는 그가 트라우마를 입었으며 재난 생존자를 망가뜨리는 가장 큰 요인에 시달리고 있었다는 걸 안다. 그 요인이란 바로 재난 전 삶에 대한 애도다. 물론 재난뿐 아니라 다른 여러 유형의 사별과 부상과 상실에서도 이는 동일하게 나타난다. 여느 아침과 마찬가지로 한움큼 희망과 기대를 안고 잠에서 깨어난다. 하지만 그날 일과 중에 어떤 끔찍한 일이 일어나고, 그 순간 모든 게 영영 달라진다. 재난 생존자는 설령 신체 부상을 입지 않았더라도 안전하다는 감각과 권위에 대한 신뢰를 상실하며, 정신건강이 망가진 나머지 재난 전과는 다른 사람이 되고 만다. 1989년 4월 14일, 2001년 9월 10일, 2017년 6월 13일〔각각 힐스버러 참사, 9·11 테러, 그렌펠타워 화재가 일어나기 바로 전날이다―옮긴이〕 온 가족이 사랑했던 그 남자는 껍데기만 남고 사라져버린다. 가족은 잃어버린 그의 일부를 애도한다. 내가 경험하기로 우리 세대에서 특히 심각한 영향을 받는 건 아빠들이다. 자신의 무리를 안전하게 지켜야 한다는 기대를 이행하지 못했다는 생각에 그들은 뼈저린 충격을 받는다.

  10대가 되어 나는 재난과 더 넓은 사회적 대의에 푹 빠져들었다. 재난 대비 및 복구라는 복합적인 분야를 구성하는 법·법의학·정치·사회정의·사회운동 등의 여러 전문 분야에 손대기 시작한 것이다. 한마디로 나는 보기 드물게 '뜻있는' 10대였다. 당시는 뉴키즈온더블록과 테이크댓, 「사브리나의 오싹한 모험」과 니켈로디언 채널 만화의 시대였기에, 재난 관련 운동과 그밖의 여러 사회 대의에 관해 피어나고 있던 나의 관심이 순순히 받아들여지는 곳을 찾기란 어려웠다. 나는 도서관에서 독재자·2차대전·원자력·기근에 관한 책을 대출했다. 장관들, 유명 인사들, 왕실, 풍자 잡지 『프라이빗아이』, 마더 테레사에게 편지를 썼다. 사회가 행하는 최악의 것들에 대한 이러한 관심이 내게 훗날 폭넓은 재난 관리에 발을 들이도록 단단히 채비시킨 셈이었다. 의사는 의학을 공부하고 법률가는 법을 공부하지만, 재난 계획 및 관리 컨퍼런스의 주제는 인문지리학부터 완화 의료, 교통 관리, 방사성 폐기물 처분에 이르기까지 다양한 분야를 아우른다. 항공 승무원 자원 관리에 대한 워크숍이나 체르노빌 원전 사고 생존자의 저녁 강연이 열릴 수도 있다.

나는 여름방학이면 최대한 많은 시간을 북부의 두 동네에서 각기 검시관으로 일하고 있던 엄마 친구 부부와 함께 보냈다. 잉글랜드와 웨일스 지역에서 검시관이란 "갑작스럽거나, 폭력적이거나, 부자연스러운 죽음"을 조사하는 독립적인 사법 공무원이자, 반복되는 비극적 사례를 통해 장래 사회에 찾아올 피해를 예방하는 사람이다.● 미래의 피해에 대한 일종의 선견지명을 발휘하여

● 스코틀랜드에서는 검시관의 역할이 약간 달라서, 잉글랜드와 웨일스의 검시관에 해당하는 직책이 '검찰관'이라고 불린다. 북아일랜드 또한 검시 제도를 운영하고 있다.

주기적으로 '미래 사망 예방' 보고서를 제출하는 것 역시 그들의 임무다. 나는 직업 체험 주간이 오면 언제나 캘 이모와 마이크 삼촌 그리고 두분의 동료들과 시간을 보내는 데 열을 올렸다. 재난 업계에 발을 들인 뒤에도 나는 재난 복구 과정에서 검시관들과 긴밀히 협업해왔다. 그중에는 거의 매일 얼굴을 보는 사이가 된 사람들도 있다. 많은 이가 가까운 친구이자 확실한 아군이 돼주었다.

나는 직업 체험에서 검시관들과 리버풀 지역의 변호사들과 시간을 보내며 우리 사법제도에 강렬한 존경심을 품게 되었고, 1997년에는 저소득 가정 학생들의 입학을 장려하는 '참여 확대' 프로그램의 일환으로 브리스톨대학에 진학하게 되었다. 나는 내게 '법'이 주어지면 내부에서부터 체계를 바꿔나갈 수 있을지도 모른다는 기대에 들떴다. 대학에 가는 건 짜릿했다. 하지만 브리스톨대학에서 나는 항상 제자리를 찾지 못한 기분이었다. 그곳에서 행해지는 의식과 의례는 하나같이 낯선 것투성이였다. 홀에서 열리는 만찬, 공식적인 복장, 음식을 던지는 놀이와 속어까지도. 영국 왕자들과 친구로 지내는 학생들은 훗날 정치인의 길을 걸을 것이 분명했다. 신용카드 한도가 없는 애들도 있었다. 그런 애들에겐 토요일마다 가족들이 해러즈 백화점과 포트넘앤드메이슨에서 선물 바구니를 보내 왔다.

한편 리버풀의 가족들과 참사 생존자들은 여전히 민사 소송, 재조사, 공개 조사, 적법성 심사 등 사법제도의 모든 분야에서 가능한 방안을 이것저것 시도해보고 있었다. 그사이 이혼과 자살,

지원 집단의 분열이 일어났다. 여름방학이면 나는 랭커셔의 '범죄 및 사회정의 센터'Centre for Crime and Social Justice로 향하여 필 스크래턴Phil Scraton 밑에서 인턴으로 일했다. 범죄학자인 스크래턴은 힐스버러 참사 이후 정의를 위한 투쟁을 이끄는 운동가로 명성을 얻고 있었다. 사우스요크셔 서에서 근무하다가 은퇴한 경찰들이 차를 마시러 옴스커크 캠퍼스에 위치한 필의 사무실에 찾아오는 날엔 나도 도서관에 가지 않았다. 그들이 마음의 부담을 덜기 위해 털어놓는 이야기를 듣는 쪽이 더 유익했다. 힐스버러 참사 당시 경찰들은 공식 지침에 부합하도록 자기 생각을 검열하고 수정하라는 압박을 받았으며, 10년이 넘도록 진실의 무게를 짊어져야 했다.●

당시 법조계에서 힐스버러는 뜨거운 화제였고, 내가 듣는 강의에서도 격렬한 토론 주제가 되었다. 그런데 나와 함께 수강하던 브리스톨 학생 대부분은 관중이 죽음을 자초했다고 믿고 있었다. 나로서는 심한 충격이었다. 법원 판결문에서는 관중의 행동을 심하게 비난했으며 강사마저도 인용된 발언을 읽을 때 코미디언 해리 엔필드의 '스카우저' 흉내를 따라 했다. 학생들은 조롱하는 투로 "진정해" 따위 말들을 저들끼리 수군거렸다. 어느 날 오후 내가 강당에 들어가려고 기다리는 사이, 몰려든 학생들로 복도가 붐비기 시작했다. 그때 나와 안면이 있는 학생이 외쳤다. "다들 조

● 나중에 필은 그가 접근할 수 있었던 모든 진술을 추적해 그 기록을 저서 *The Truth*에 담았다. 힐스버러 독립 조사 보고서의 주 저자이기도 했던 그는 힐스버러 참사에 대한 대중의 인식을 근본적으로 변화시키고, 모두가 진실을 알 수 있도록 역사를 다시 썼다.

심! 루시한테 너무 붙지 마. 리버풀 사람들이 인파 속에서 어떻게 행동하는지 알지?"

나는 기숙사에서 호전적인 스카우저에 관한 농담거리가 되는 데 익숙해졌고, 결국 리버풀 사람에 대한 고정관념을 부분적으로나마 수용하기로 결정했다. 일단 기숙사 공용실의 『데일리텔레그래프』와 『타임스』를 『리버풀에코』로 바꿔놓는 일에 착수했다. 그리고 학자금대출에 보태기 위해 학생조합에서 경비원으로 일하기 시작했다. 나는 경비 팀의 여성 경비원 네명 중 한 사람으로서 야간 근무 1일당 80파운드를 벌었다. 동료 경비원들이 가입한 실전 가라테 동아리에도 들어갔다. 하지만 나는 조기 발병 관절염을 앓고 있었고 중증 운동 기능 장애도 있었으므로 경비원으로는 부적격이었고, 결국 선생님의 권유에 따라 식음 담당으로 빠지게 되었다.

어느 날 밤, 학생조합에서 열린 인디 록 공연이 끝난 순간 출입구 바깥으로 일시에 인파가 몰렸다. 학생조합 건물 한가운데에는 중앙을 관통하는 나선 계단이 있는데 나는 그 계단을 볼 때마다 마음이 불안했다. 이미 몇번이나 아슬아슬한 순간을 넘겼다. 술에 진탕 취해서 자기가 하늘을 날 수 있다고 생각하는 사람들을 난간에서 구출해야 했던 적도 있었다. 이번에는 관객들이 한꺼번에 출구로 몰리면서 젊은 남자 한명이 난간 너머로 떠밀려 몇층 높이에서 1층 바닥으로 추락했다. 그는 내 발치에 떨어졌다. 나는 누군가 얼굴을 주먹으로 얻어맞는 걸 목격한 적이 있어서 주먹이 얼굴뼈와 부딪칠 때 나는 특유의 소리를 알고 있었다. 남자가 내

앞에 떨어지는 순간, 똑같은 소리가 났다. 다만 1000배는 크게.

팔다리가 꼭두각시 인형처럼 온통 이상한 각도로 뒤틀려 있었다. 얼굴에서 피가 철철 흘러나왔다. 눈구멍 안의 안구가 뒤틀린 듯했고 몸 아래에서 소변이 흘러나오는 게 보였다. 남자는 아무런 소리도 내지 않았는데, 이 점에 대해선 영원히 감사해야 마땅하다. 그는 내 옆에 누워 있던 시간 내내 의식을 회복하지 못했다. 나중에 응급 구조대원들은 그가 술에 취해 있었던 만큼 고통이 무뎌졌을 거라고 알려주었다. 나는 외투를 벗어 그를 감싸고는 사람들에게 목이 부러질 수 있으니 건드리지 말라고 소리쳤다. 2년 전 응급 처치 교육을 받은 적이 있었다. 하지만 솔직히 말하자면 그때 내 머릿속에는 10대 내내 애청한 의학 드라마 「캐주얼티」 수백편이 빠르게 지나가고 있었다. 남자의 친구들이 달려왔다. 부러진 팔을 잡고 몸을 일으키려고 애쓰는 모습을 보니 그들은 만취 상태인 게 분명했다. 이래저래 움직인 끝에 우리는 서툴게 남자를 회복 자세〔무의식 상태의 응급 환자를 옆으로 눕힌 자세—옮긴이〕로 만들었고, 나는 내 옷이 혈액과 소변에 젖는 건 개의치 않고 그의 옆에 앉았다. 우리는 그가 죽었다고 확신했다. 세인트 존 앰뷸런스〔응급 처치 자선 단체—옮긴이〕에서 나온 여자가 쓰레기통에 대고 토하기 시작했다. 구급차가 너무 오래 걸린다는 생각이 들었다. 당직 중이던 선임 직원들 사이에서 다소 혼선이 일어나서, 다들 자기 말고 누군가가 999〔구급차 호출, 범죄 신고 등을 위한 영국의 긴급 신고번호—옮긴이〕에 전화를 했다고 착각하고 있었던 것이다. 이내 구급차가 도착하고 남자가 병원으로 이송되자 우리는 기계적으로 움직여 나머지 손님들을 밤공기 속으로 내보냈다.

그날 밤 나는 인생 최초로 사건 후 보고서를 작성해, 이튿날 학생조합 관리자에게 제출했다. 최근 그 보고서를 발견해 다시 읽어보았는데, 내가 평생 쓴 보고서 중 최고라고 자평할 만했다. 정치적 의도를 담거나 꾀를 부리려고 하지 않고, 신중하게 구성된 권고안으로 마무리한 보고서였다. 대학 행정부에서는 사고가 전혀 예측 불가능한 것이었다고 강조했다. 학생 신문에 실린 보도에서는 남자가 심하게 취해 있었다는 점에 주목했고, 나중에는 그가 브리스톨 학생이 아니라 웨스트오브잉글랜드대학(폴리테크닉에서 전환되었다) 학생이며 인디 록 애호가라는 점을 지적하며 조롱하는 기사를 싣기까지 했다. 내게는 그 모든 게 소름끼치게 익숙했다.

그 사건에서 나는 재난의 다른 편에 서는 것이 어떠한 경험인가에 대해 귀중한 교훈을 얻었다. 가슴 아프게도 갑자기 내게 사우스요크셔 경찰서 순경의 삶이 어떠한지 상상할 만한 자그마한 통찰력이 주어진 것이다. 잠시나마 나는 피해를 일으킨 원인인 동시에 사건으로 심한 혼란을 겪게 된 기관에 속한 '사측' 구성원이 되는 기분이 어떠한지 맛보았다. 나는 부상당한 남자가 조롱당하는 게 싫었다. 대학 측 변호사들이 그가 술에 취해 있었다는 이유로 보상 청구를 기각하려는 것이 싫었다. 하지만 결국 나는 사고에 대한 책임이 있는 기관에 속해 있었으므로, 받아들일 도리밖엔 없었다.

그날 밤 나는 피해자를 탓하는 일에 대해, 그리고 재난 후 기업의 대응에 대해 많은 걸 알게 되었다. 남자는 뼈가 여러개 부러지긴 했지만 살아남았고, 다행히 마비된 부위도 없었다는 후문을 들었다. 나선 계단은 여전히 그 자리에 있다.

2장

나쁜 별

재난^{disaster}이라는 단어는 라틴어 dis와 astro의 합성어로, 문자 그대로 해석하면 '나쁜 별들'이라는 뜻이다. 이는 별들이 나쁜 위치에 정렬할 때 불운한 사건이 벌어진다는 고대인들의 믿음에서 유래했다. 천체가 잘못 배치되면 세상에 혼란이 일어난다. 개인적 층위에서 재난이란 실직이나 실연, 혹은 단순히 열쇠를 잃어버린 수준의 일일 수 있다. 하지만 공식적 재난(요즘 영국의 비상계획관들은 '주요 사건'이라는 표현을 사용하도록 권고받는다)은 그와는 차원이 다른 규모로 일어난다.[4] 우리 대부분이 예상하거나 기대하지 않았던, 실제로 일어나 뉴스에 보도되기 전까진 꿈에도 생각지 못했던 것. 그게 재난이다.

하지만 내게는 재난에 대해 생각하지 않는 삶이 허락되지 않는다. 나는 평생 어떠한 이유로 어떠한 일이 벌어질 수 있는지 분석하면서 살아왔다. 현재 우리를 둘러싼 위험과 우리 앞에 다가올 수 있는 위험을 맨 먼저 알아차리는 사람이 되려고 어릴 적부터 노력해왔다. 1차대전에 관해 배울 때, 나는 그 직후 발생한

1918년 전염병에 대해서도 알고 싶었다. 플로렌스 나이팅게일에 관해 배울 때, 나는 그녀가 들고 다녔다는 등불보다는 크림전쟁이 궁금했다. 뉴욕의 수백 가정에 역병을 뿌리고 다닌 궁극의 슈퍼전파자 '장티푸스 메리'의 이야기가 얼마나 매혹적이었는지 모른다. 어떤 재난이 일어날 수 있다는 말을 들으면 나는 즉시 그 재난이 미칠 영향을 가늠하기 시작한다. 재난의 즉각적인 결과와, 재난 진원지 주위에 있는 사람들이 받을 영향을 계산해보는 식이다.

학창 시절 나는 재난에 관해 나와 똑같은 방식으로 생각하는 사람들을 알게 됐다. 나와는 달리 본능적인 흥미 때문에 재난에 끌린 게 아니라, 아무도 속하고 싶지 않았던 모임에 본의 아니게 가입하게 된 셈이었다. 그들은 1980년대와 1990년대 영국에서 잇따라 벌어진 다수의 대규모 사망 사고 생존자와 유가족이었다. 그들은 힘을 모아 재난 지원 및 유가족 권익 보호 단체 '디재스터 액션'Disaster Action을 설립했다.

내가 그들을 일부러 찾아 나선 건 아니었다. 우리의 만남은 우연한 계기로 이뤄졌다. 때는 1999년, 나는 새로 알게 된 검색엔진이라는 것을 조심스럽게 활용하다가 재난 생존자들의 적극적 대응을 다루는 기사 상단에서 '앤 에어Anne Eyre 박사'라는 이름과 이메일 주소를 발견했다. 젊은 학자 앤 에어는 박사 과정을 밟던 스물한살에 힐스버러 레핑스 레인 압사 현장에서 재난을 몸소 경험했고, 커리어의 첫 10년을 재난 후 생존자와 유가족에 대한 돌봄을 개선하는 일에 바치고 있었다. 나는 생애 첫번째 이메일 계정으로 생애 첫번째 이메일을 에어 박사에게 보냈다. 그녀에게 일을 도울 방법이 있느냐고 묻자, 황송하게도 나를 컨퍼런스에 초대하는 관대한 답장이 돌아왔다. 나는 엄마 아빠에게 기차 삯을 빌려 길을 나섰다. 내가 재난에 대해 생각하는 방식과 나라는 사람 자체를 빚어줄 단체를 만나기 위해.

한곳에 모인 생존자들과 유가족들 모습은 수많은 재난과 그 재난이 일어난 조건을 시각적으로 보여주었다. 충격적인 만큼이나 외면할 수 없는 풍경이었다. 불현듯 내가 힐스버러에 대해 품고 있던 분노 위에, 다른 불의를 향한 분노가 겹쳐지기 시작했다. 1980년대와 1990년대는 영국이 특히 많은 재난을 경험한 잔인한 시대였다. 기차, 비행기, 경기장, 선상 파티, 석유 굴착 장치, 페리 등등 수많은 곳에서 갖가지 사회기술적 결함으로 인해 수천에 달하는 사람이 목숨을 잃었다. 모두 예방 가능한 재난들이었다. 비행기 추락 사건이 잇따라 벌어졌다. 열차 추돌도 꼬리에 꼬리를 물었다. 대부분 거의 동일한 상황에서 일어난 사건들이었다. 디재스터 액션 사람들은 서로에게 위안을 주었고, 뭉칠수록 강해졌다. 하나의 문제에 대해 다 같이 입을 모아 이야기하면, 그 목소리는 더 크게 들린다.[5]

디재스터 액션은 기존 재난을 반면교사로 삼고 유가족에 대한 지원을 강화해야 한다는 사회운동을 벌였다. 시간이 흐르면서 그들은 여러 정부 위원회에 들어갔고, 그럼에도 전적으로 독립적이고 반드시 비판적인 입장을 유지하면서 섬세한 군무를 펼쳐나갔다. 나는 그들의 뛰어난 외교 능력과 부드럽게 문제를 제기하는 방식에 경이를 느꼈다. 햇병아리 공무원에게 재난 당사자들을 돌보는 핵심원칙을 거듭 설명하는 그들의 굳건함과 인내력을 지켜보며 큰 영감을 받기도 했다. 재난 희생자의 자매와 아버지, 남편과 아들들이 노동조합, 지자체, 경찰과 항공사 앞에서 기조연설을 했다. 그러는 사이 정부 각료들도 서서히 그들 말에 귀 기울이게 됐다. 디재스터 액션이 전달하고자 하는 메시지의 요점은 이러했다. 재난 대응 초기 단계에서 재난에 영향을 받은 사람들에게 좀 더 사려 깊게 대응한다면, 이미 트라우마를 입은 사람들의 상처에 소금을 뿌리는 일만은 피할 수 있다는 것.

브리스톨대학에서 나는 소속감을 느끼지 못해 마음고생을 했지만 이런 행사에서는 항상 환대를 받았다. 보통은 내가 최연소 참가자였다. 활기찬 이탈리아인 빈첸초 달라글리오Vincenzo Dallaglio는 뺨에 가볍게 입맞춤을 하며 나를 따뜻하게 맞아주었다. 그는 마셔니스호가 템스강 바닥으로 침몰했을 때 딸을 잃었다(1953년에 일어난 이 재난에서 43명이 사망하고 51명이 부상을 입었다—옮긴이). 딸이 실력 있는 발레리나였다고 들었다. 빈첸초는 잉글랜드의 럭비 스타 로런스 달라글리오의 아버지이기도 했다. 나는 빈첸초에게 1990년대 내내 나의 꿈이 당신 아들과 결혼하는 것이었다고 고백할 용기는 차마 내지 못했다.

내가 모린 캐버너Maureen Kavanagh를 처음 만난 계기도 디재스터 액션이었다. 그녀의 아들 피터는 환경법 변호사였던 1997년, 스물아홉 나이에 사우스올 기차 사고에서 목숨을 잃었다. 기관사가 적신호에도 멈추지 않고 달리다가 화물차와 충돌하기 바로 직전, 피터는 어머니에게 전화를 걸어 "온 세상을 다 합친 것만큼 많이"

사랑한다는 말과 함께 곧 보자고 인사했다.

그 사건 이후 몇달 몇년 동안 모린은 몇번이고 가까스로 힘을 그러모아서 외투를 걸치고 경찰 훈련 행사와 안전 컨퍼런스로 발걸음을 옮겼다. 사고 직후 경찰은 그녀의 어여쁜 아들을 '7번 시신'으로 칭했다. 그다음에는 다른 경관이 그녀에게 피터가 죽는 순간 자고 있었다고 말했다. 유가족을 위로하려는 어설픈 시도였다. 모린은 사고 직전에 아들과 통화했으므로 그게 거짓이라는 걸 알았다. 아무리 선의에서 우러나온 것이라 해도 한번 거짓말을 들은 이상, 모린은 경찰과 검시관이 하는 모든 말을 의심할 수밖에 없었다.

모린은 검시관 교육 개선, 유가족 권리 증진, 유가족에 대한 더 나은 돌봄을 주장하는 운동을 벌였다. 모린은 재난 예방 분야에서도 변화를 주도하여, 기업 과실치사 관련 법안을 개혁하는 데 중요한 역할을 해냈다. 자신과 같은 아픔을 다른 사람이 겪지 않기를 바란 것이다. 처음 만났을 때 나는 모린이 그렇게 많은 일을 해내는 것에 감탄하며 비결을 물었다. 잠시 그녀의 얼굴이 견딜 수 없을 만큼 슬프고 고요해졌다. "밤에 한단다." 모린이 조용히 말했다. "이제 잠을 잘 수 없거든." 어디서 그런 힘이 나오느냐는 질문을 받을 때면, 그녀는 자신에게 일어날 수 있는 최악의 일이 일어났고 거기서 어떠한 힘을 얻는다고 답하곤 했다.

정의를 위한 싸움을 계속하는 주체는 어머니와 자매들인 경우가 많았다. 나중에 나는 1960년대부터 수천명의 사람이 '증발'한 과테말라를 비롯해 중앙아메리카에서 사회운동을 벌이는 '마드레'madre(스페인어로 '어머니'를 뜻한다—옮긴이)들을 보면서 디재스터 액션 역시 '마드레'와 비슷하다고 생각했다. 물론 이 단체에는 아버지와 형제와 아들 들도 속해 있으며 설립자 역시 헤럴드오브프리엔터프라이즈호 참사에서 아들을 잃은 아버지 모리스 드 로한Maurice de Rohan이다. 디재스터 액션이라는 단체의 구성원들은 우리에게 재난 희생자들이 단순히 시신이나 유류품의 집합이 아님을 기억하게 해주는 강력한 촉매다. 희생자들은 세상을 떠난 뒤에도 생전과 다름없이 소중하고 의미 있는 존재다.

1998년이 되자 내겐 사랑하는 사람이 생겼다. 대학 2학년 때 친구의 친구 소개를 받아 공유 주택으로 이사했다가 그곳에서 톰을 만났다. 활달하고 생기발랄한 성격이었던 나와 달리 톰은 심하게 수줍음을 탔다. 항공우주공학을 전공하던 그는 라디오헤드와 핑크플로이드의 『다크 사이드 오브 더 문』 앨범을 연료 삼아 골똘히 인생의 의미를 고민하고 있었다. 그런 그의 인생에, 음과 양만큼이나 정반대인 내가 뛰어든 것이다. 톰은 여객기 조종사가 되는 게 꿈이었지만 그가 싫어하는 학위와 씨름하고 있었다. 꿈이 있으면 꿈을 좇아야지, 뭘 하고 있는 거야? 옥시토신이 넘쳐흐르는 새 여자친구의 특권으로 나는 그를 재촉했다.

톰은 기술적 능력이 탁월했지만, 항공사 채용 담당자들이 그토록 좋아하는 집단 과제와 면접에서는 수줍음을 극복하기 어려워했다. 나는 끊임없이 톰을 코칭해주고, 토지법 강의를 수강해야 하는 시간에 공항 커피숍에 앉아서 톰이 다른 지원자 여섯명과 무인도에서 뗏목을 짓는 척하는 그룹 과제를 힘겹게 수행하는 동안 기다렸다. 밤이면 밤마다 여객기 조종사가 되는 방법을 조사했고, 그 결과 필수 자격증과 등급을 보유하면 채용 가능성이 훨씬 높아진다는 사실을 알게 되었다. 또한 영국 조종사 훈련생들이 연료가 더 저렴하고 날씨가 더 온화한 미국에서 조종법을 배우고 비행시간을 쌓는 게 흔한 관행임을 알게 되었다. 우리는 함께 가족과 친구들과 은행에서 필요한 돈을 빌려 미국으로 향했다.

대학 방학과 학자금 대출은 죄다 플로리다주의 비행학교를 다니는 톰을 만나러 가는 데 썼다. 허프먼 비행학교는 플로리다주 베니스에 위치한 소형기 열두대를 보유한 학교였다. 해변과 가까운 작은 비행장 주위에는 쇼핑몰과 아일랜드풍 술집, 호텔, 교회, 무한 리필 중국 음식점이 있었다. 톰은 베니스에서 사라소타로 다이아몬드 DA20 카타나 항공기를 몰면서 몇달을 보냈다. 나는 화석이 된 상어 이빨로 유명한 그곳 해변에 앉아, 눈을 가늘게 뜨고 하늘을 나는 기체를 바라보곤 했다. 그 안에 톰이 타고 있기를 바라면서. 똑같이 연습 중인 작은 단엔진 항공기들이 웅웅거리는 소리가 하늘에 울려 퍼졌다.

법학 학위를 받고 졸업한 뒤 나는 어서 세상을 구하는 일에 뛰어들고 싶었지만, 구체적인 방법은 몰랐다. 아빠에겐 각본가로 일하는 친구가 있었다. 지미 맥거번Jimmy McGovern은 웨스트더비에서 영어 교사로 일하던 시절 우리 아빠를 알게 됐고, 그뒤로 힐스버러 참사 관련 프로그램을 작업하여 유명해졌다. 그가 나에게 저명한 TV 제작자 케이티 존스Katy Jones 밑에서 리서처 일을 해보는 게 어떻겠냐고 권했다. 존스는 사회 불의를 폭로하는 작업으로 이름을 알렸고, 「월드 인 액션」World in Action이라는 심층 다큐멘터리 시리즈를 작업한 바 있었다. 그녀는 내게 1972년 북아일랜드에서 일어난 블러디 선데이 사건에 대한 프로그램 제작 일을 맡겼다. 우리는 어수선한 제작 사무실을 채널4, 그라나다 텔레비전 팀들과 함께 썼다. 팝 그룹과 드라마 배우들이 그 안에서 떠들썩한 아수라장을 만들기 일쑤였다. 방송이라는 꿈의 업계에서 일하는 젊은 여자들 가운데, 그저 다른 일을 할 돈을 모으고 있는 사람은 나뿐인 듯했다. 나는 집에서 통근했으며, 남는 돈으론 톰에게 보낼 위문품을 사고 재난 컨퍼런스에 참석했다.

새천년의 시작, 나는 재난 관리 석사 학위를 딸 수 있는 대학을 발견하고 다시 한번 학자금 대출을 받았다. 오늘날도 유지되고 있는 레스터대학의 이 과정은 본래 위기관리 분야, 자선 단체, 경비 업체에서 일하고 있는 바쁜 전문가들을 위해 설계된 것이었다. 재난 사례를 적절하게 이해하고 적용하는 방법, 끔찍한 위기에 관하여 소통하는 법, 기업이 실패하는 이유 등에 관한 수업 모듈을 나와 함께 수강한 동료 학생들은 국제기구라든지 로이드은행, 식품회사 마스, 나이키 같은 조직에서 일하고 있었다.

톰이 허프먼 비행학교에서 비행 자격증을 따는 동안, 몇몇 젊은이가 비행학교 행정부에 여객기 자격증 발급용으로 집중 비행 프로그램을 열 의향이 있는지 문의했다. 학교 측에서는 긍정적인 답변을 내놓았다. 그로부터 얼마 지나지 않아 문의를 넣었던 모하메드 아타Mohamed Atta, 지아드 자라Ziad Jarrah, 마르완 알셰히Marwan al-Shehhi 역시 허프먼에서 비행기 조종을 배우기 시작했다. 그들은 톰과 내가 차를 대던 주차장에 똑같이 차를 대고, 톰과 똑같은 비행기를 똑같은 경로로 조종한 끝에 2000년 12월에 조종사 자격증을 수여받았다.

그로부터 아홉달 뒤, 그들은 다른 조종사 열여섯명과 함께 커터 칼과 무력을 앞세워 제트기 넉대의 조종석으로 강제 침입했다. 그리고 탈취한 비행기를 몰고 미국 곳곳의 상징적인 장소로 돌진했다. 2001년 9월 11일 오후, 나는 버컨헤드의 본가에서 쉬고 있었다. 방송 일을 하면서 석사 과정을 밟는 분주한 일상에서 벗어나 짧은 휴식을 취하던 참이었다. 그렇게 나는 힐스버러 참사 이후 12년이 지나, 다시 한번 아빠 옆에 앉아서 실시간으로 펼쳐지는 재난 보도를 지켜보았다. 이번엔 그 규모가 가히 세상의 종말을 연상케 했다. 우리는 화염이 세계무역센터의 거래소 층들로 번지는 장면을, 사람들이 400미터 높이에서 창문으로 뛰어내리는 것을 보았다. 일상 방송은 중지되었고 아동 프로그램도 송출이 중단되었다. 아빠는 거리로 뛰어나가 집집마다 돌아다니면서 어린아이가 있으면 TV를 틀지 말라고 당부했다.

비행기 두대가 세계무역센터를 들이받고 102분 뒤에 두 건물이 모두 붕괴했다. 뉴욕시, 워싱턴 D.C., 펜실베이니아 섕크스빌 외곽에서 총합 2,977명이 사망했다. 그중 2,753명의 사망자가 세계무역센터에서 발생했다. 최연소 사망자는 두살, 최고령 사망자는 여든다섯살이었다.

테러가 일어나기 여섯달 전이던 그해 초 어느 날, 나는 최악의 상황을 대비하는 비상 계획을 주제로 하는 컨퍼런스에 참석했다.

고위 공무원 한 사람이 나와서 '중요한 건 현실적 태도를 견지하는 것'이라고 청중에게 말했다. "이제는 비행기가 건물로 돌진하는 테러 따위는 대비하지 맙시다. '현실적' 차원에서 계획을 세우자는 뜻이에요." 그가 웅변을 토했다. 3년 뒤, 9·11 테러 상황을 다룬 미 국가위원회 보고서에서는 이러한 믿음을 '상상력의 실패'라고 명명했다.[6]

이 사건이 내게는 촉매 역할을 했다. 이제는 방송계를 떠나, 내가 정말로 해야 할 일을 시작할 시간이었다. 거의 당연한 수순으로 내가 처음 향한 곳은 '케니언 인터내셔널 응급 서비스'Kenyon International Emergency Services였다. 케니언은 최악의 상황이 벌어졌을 때 기관 및 정부에 고용되어 일을 처리하는 극소수 민간 기업 가운데 가장 역사가 오랜 곳으로서, 정신없는 재난 상황에서 현장 관리, 임시 안치소 설치, 시신 송환, 가족과의 소통, 매장 및 화장 준비 등 처음부터 끝까지 모든 것을 아우르는 서비스를 적당한 가격으로 제공한다. 본래 런던의 대형 장례지도 업체로 사업을 시작한 케니언은 거의 100년에 달하는 역사 동안 열차 추돌은 물론 비행선 참사까지 각종 상황에 대응해 왔다. 케니언에서 일한다는 건, 재난의 진원지에 아주 가까이 다가간다는 뜻이다. 비교적 조용한 날에는 예행연습을 하거나 비상 계획을 재검토했지만, 언제든지 실제 상황에 대응할 채비가 되어 있어야 했다. 실제 상황은 거의 매주 벌어졌다. 여객기, 허리케인 피해, 페리 전복…… 잘못될 수 있는 일은 수없이 많다. 보통 사람들은 이에 대해 굳이 생각할 의향이 없을 뿐이다.

9·11 테러의 여파에 법의학적 개입의 필요성이 높아지면서 재난 대응 팀들은 증거 수집과 보존의 새로운 지평을 열게 되었다. 극심한 부담에 시달리고 있던 미국의 재난 대응 팀들은 지원을 요청했다. 케니언은 뉴욕시 최고 검시사무소에 고용되어 현장 관리, 개인 유류품, 시신 보관과 안치소 운영을 보조하게 되었다. 역사상 최대 규모로 이루어진 재난 법의학 인력 투입이었다.

면접에서는 케니언 영국 본사의 관리자 두 사람이 줄담배를 피우며 내게 이것저것 묻더니, 장례식에 입을 어두운 색 정장과 재난 현장에서 입을 주머니가 많이 달린 카고 바지를 사라며 200달러를 주었다. 그렇게 나는 입사했다. 즉각 임무가 떨어졌다. 9·11 현장인 그라운드제로〔대형 폭발 사고가 일어난 지점을 가리키는 말로서, 9·11 테러를 계기로 널리 알려졌다―옮긴이〕와 유류품 및 유해를 보관하는 시설에 파견할 영국 안치소 및 장례 인력을 모집하는 일이었다. 나는 이름과 전화번호가 적힌 목록을 받아들고 팀 구성에 나섰다.●

9·11 테러는 모든 면에서 복잡하고 어려웠다. 사망자 명단을 확정하는 것도, 정치적 상황도, 현장 자체도 그랬다. 서른한가지 이상의 발암 물질이 포함된 가루가 시신과 유류품을 두텁게 뒤덮었으며 공중에도 여전히 짙게 깔려 있었다. 9·11 직후 며칠 동안 우리는 다른 여러 재난대응요원들과 생존자, 맨해튼 주민들과 입

● 전세계를 통틀어 네댓군데의 민간 재난 관리 회사에서는 급여를 받는 직원을 두지 않고 소수 관리자가 사무실을 운영하다가 필요할 때마다 대기 중인 팀원들을 투입하는 방식의 운영 모델을 채택하고 있다.

을 모아 이 먼지에 대해 도움을 요청했다. 나는 우리 팀에 더 나은 호흡 장비와 장치를 제공해달라고 로비했지만 통하지 않았다. 그라운드제로의 미세한 오염 물질이 대응요원들의 폐에 침투했다. 이내 '그라운드제로 기침'에 대한 보도가 나오기 시작했다. 훗날 검사를 통해 그 먼지 속에 아스베스토·수은·크롬·아연을 비롯한 다수의 발암 물질이 포함되어 있었음이 밝혀졌다.● 거의 10년이 지나서야 '9월 11일 호흡기 질환'은 테러 현장에서의 먼지 노출에 따른 유의미한 건강 문제로 인정받았고, 당시 현장 정리 노동자들에게 보상하기 위해 6억 5,750만 달러의 기금이 조성되었다. 이 일에서 나는 성급한 재난 대응과 수년 뒤 치러야 하는 대가에 관해 많은 것을 배웠다. 잠깐만 멈춰서 먼지를 검사하고, 위험을 평가하고, 더 나은 장비를 조달했더라면 많은 부분이 달라졌을 것이다.

  건물들이 무너지면서 법의학적 대응은 차원이 다르게 복잡해졌다. 검시관 사무소에서 가장 이른 시신 번호는 건물에서 떨어져 나온 돌덩이나 높은 층에서 뛰어내린 사람에 머리를 부딪힌 사망자들에게 부여됐다. 거리에서 발견된 이들은 재빨리 검시관의 손으로 이송되었다. 최초로 기록된 사망자, 즉 '희생자 0001번'은 뉴욕시 소방서 소속인 마이칼 저지Mychal Judge 신부였다. 그는 기도를 드리고자 현장으로 빠르게 달려갔다가 노스 타워〔세계무역센터의 두 건물 중 하나였으며 9·11 테러로 완파됐다―옮긴이〕 건

● 석면 수치가 국제 안전 기준보다 47배나 높았다. 피해자 가족을 대리한 변호사는 그라운드제로 사고 현장이 '역사상 가장 독성이 강한 장소'였다고 설명했다.

물에서 떨어지는 파편에 맞아 사망했다. 그의 시신은 건물이 무너지기 전에 수습되었고, 그가 드린 기도의 앞부분은 프랑스 방송 팀과 다수의 언론사 기자들에 의해 영상과 사진으로 남았다. 그리고 몇분 뒤 건물들이 무너지면서, 생존할 가능성이 있었던 너무나 많은 사람이 함께 무너지고 묻혔다. 시신 부위들은 열과 압력에 의해, 나중엔 물에 의해 속성이 달라졌다. 많은 사망자가 아주 작은 시신 조각으로만 돌아왔고 일부는 아예 돌아오지 못했다. 검시관은 팀원들에게 시신을 받을 준비를 시켰으나 현장 발굴이 난항을 겪는 바람에 막상 수습된 시신은 거의 없었다.

검시관은 유가족들에게 과학적으로 최선을 다해 시신의 신원을 확인하고, 신원 확인이 불가능한 유해는 장차 현장에 설치할 매장 공간에 보관하겠다고 일찍이 약속했다. 과학이 발전하고 변화함에 따라 신원 확인을 다시 시도할 것이라고 서약하기도 했다. 무엇 하나 허투루 지나치지 않고 꼼꼼히 신원을 확인하겠다는 약속은 가상하고, 이해할 수 있으며, 인간적인 것이었다. 하지만 재난 대응 공동체에 속한 우리들 사이에선 약간의 동요가 일었다. 한계를 두지 않고 과학적 발전에 따라 신원 확인을 계속하겠다는 약속에 스스로를 옭아맨다는 건, 재난 초기에 유가족의 상처를 무기한으로 열어두는 결정을 내리는 것이었다.

약속을 지키기 위해 법의학자들은 작은 유해의 부패를 늦추려고 필사적으로 노력했다. 내가 구해 온 쿠키 트레이 수백개 위에 뼈와 살점이 놓였다. 콘크리트와 직물 사이에 끼이거나 소방복 옷감에 덮여 보호된 채 발견된 인체 조직은 마치 페이스트리의 얇은 층처럼 보였다. 외투 주머니에 영수증을 넣고 실수로 빨래를 돌렸을 때처럼 작은 종이 뭉치들도 수습되었다. 그것들은 많은 경우 **실제로** 영수증이었다. 한번은 찢어진 바지에서 발견된 영수증이 비탄에 잠긴 어머니 손에 쥐여졌다. 그녀는 아들이 그날 아침으로 커피와 크루아상을 먹었다는 사실을 알고 약간이나마 위안을 얻었다. 때로는 종이 뭉치를 펼치면 건물 안에 갇혀서 적은 글이 나왔다. 어떤 메모에는 단순히 이렇게 적혀 있었다. **84층 서쪽 사무실 12명 갇힘**. 메모에 피 묻은 지문 얼룩이 남아 있었고, 나중에 DNA 검사 결과 우리는 한 가정의 아버지였던 랜디 스콧이 죽기 전 그곳에 있었다는 사실을 유가족에게 확인시켜줄 수 있었다.

9·11 테러 후 뉴욕에서 수습된 유해는 총 2만 2천개였다. 지금까지도 검시관이 정기적으로 데이터를 분석하여 발표하고 있다. 많은 유가족이 여러해 동안 몇차례에 걸쳐 사망자 유해 조각을 회수했다. 가령 앨과 진저 페트로첼리 부부의 아들 마크는 세계무역센터에서 상품 트레이더로 일하고 있었다. 재난 대응 초기에 이미 그의 인적사항과 일치하는 조직 샘플이 발견되었지만● 그뒤로도 작은 유해가 계속 발견되어 마크의 유가족에게 전달되었다. 테러 2주년까지 그들은 다섯번이나 모여 스태튼아일랜드의 공동묘지에 새로 나온 유해를 묻어야 했다. 대응요원들은 유가족이 이런 과정을 원하는지 스스로 결정할 수 있도록 선택지를 주었지

● 마크 페트로첼리의 가족은 2001년 9월 25일 처음으로 DNA 일치 통보를 받았다.

만, 이 절차는 완벽과는 거리가 멀었다.

그러나 이런 뼈를 깎는 노력에도 9·11 테러로 뉴욕에서 사망자 명단에 오른 사람의 40퍼센트는 여전히 그들의 죽음을 물리적으로 입증해줄 유해가 나오지 않았다. 열명 중 네명의 어머니·아버지·형제·자매·연인·아내·남편·자녀 들은 사랑하는 가족의 유해를 돌려받지 못한 채 그저 개인 유류품, 음성 메시지, 계단에서 그 사람을 지나쳤다는 일화, 금융 및 전화 기록 등 사망자가 그곳에 있었음을 간접적으로 암시하거나 입증하는 증거들에 의존하여 죽음을 받아들여야 했다. 그들은 매장할 시신 없이 불확실한 상태에서 애도해야 했다.

뉴욕 세계무역센터에서 벌어진 신원 확인 작업은 역사상 손꼽히는 규모였으며 시간도 오래 걸렸다. 검시관 사무소에서는 유가족들과의 약속을 지키기 위해 수십억 달러를 들여 미래적인 실험실을 구축했다. 9·11 박물관과 벽을 맞대고 있는 이 시설에는 유해에 가까이 다가갈 수 있도록 유가족만 출입할 수 있는 방이 있다.

연구실은 번쩍거리고 미래지향적이며, 테러 발생 후 20년이 지난 지금까지도 계속되고 있는 신원 확인을 향한 끝없는 여정은 우주를 향한 NASA의 여정에 필적할 만하다. 어떤 가족에겐 이런 상황이 위안이 됐고, 어떤 가족에겐 정반대였다. 시신을 단순히 집단 매장하거나 아예 찾으려는 노력조차 하지 않았다면 우리는 마음속 깊은 곳에서 불쾌함을 느꼈을 것이다. 하지만 인간의 정신이 결국 언젠가는 과거와 선을 긋고, 고인이 안식에 들도록 도와야 한다는 것도 아마 사실일 터다.

 2002년 여름까지 뉴욕은 물론 온 세계에서 우리가 할 일이 계속 늘어났다. 가장 큰 재난은 9·11 테러였지만, 우리는 그외에도 여러 재난을 처리해야 했다. 세계의 이목이 미국의 네 현장에 쏠려 있는 동안에도 다른 어딘가에서는 비행기가 추락하고 배가 침몰했다. '이제 잠잠해진' 재난에 갑자기 다시 주의를 쏟아야 할 일도 생겼다. 새로 발견된 유류품이 갑작스레 배송되거나 현장에 대한 접근성이 높아지면, 지나간 줄 알았던 재난에 다시 한번 집중할 시간이었다. 1년 전 일어난 비극의 현장을 다시 방문하고 가족들에게 새로운 고통에 대비할 준비를 시켜야 하는 것이다. 내 할 일도 날마다 달라졌다. 하루는 검시 중에 장비를 들어주고, 유류품을 포장하고, DNA 검사를 보낼 샘플에 라벨을 붙이고, 새 물품을 주문하는 등 잡일을 도맡는다. 다음 날은 총체적 위험 평가가 포함된 안치소 프로그램을 요청한 고객에게 하루 3,500달러의 비용을 받고 파견된다(물론 나는 그 돈을 구경도 못했다). 작은 주방을 말끔히 청소하거나 수리공이 우리 사무실 TV를 고쳐주길 기다리며 보내는 날도 간혹 있었다.

 창고에서 유류품 팀을 이끌고, 항공기 추락 사건이 일어난 글로벌 항공사로 출동하는 업무들을 수행하면서 나는 일할 준비가 되었다는 검증을 받았다. 그리고 마침내 내가 이끌 첫 임무가 주어졌다. 고객사 소속 헬리콥터가 북해의 노퍽 해안에 추락했다는 전화를 받았을 때, 나는 사무실에 혼자 있었다. 두 관리자가 9·11

테러 업무로 부재중이었으므로 대응할 사람은 나 혼자였다. 그 사실을 깨달은 순간, 긴장과 흥분이 동시에 밀려왔다. 렌터카를 빌려서 현장에 출동하라는 말을 끝으로 전화가 끊어졌다. 반문할 틈 따위는 없었다. 나는 내게 주어진 선택지가 무엇인지 생각했다. 제일 시급한 문제는 노퍽까지 어떻게 가느냐였다.

케니언 입사 면접에서 운전이 가능하냐는 질문은 나오지 않았고 지원서에도 운전 관련 항목은 없었다. 운전이야 당연히 할 거라고 생각한 모양이다. 하지만 어릴 때부터 움직임이 서툴렀던 나는 성인이 되어 통합 운동 장애를 공식적으로 진단받았고, 따라서 운전면허를 따지 못했다. 그래서 나는 일을 하다 친해진 장례지도사 앨런에게 나를 노퍽에 데려다달라고 부탁했다. 그는 인생에서 가장 힘든 시기를 보내고 있는 유가족을 안내한다는, 우리 사회에 무엇보다도 필요하지만 남들이 알아주지 않는 일을 묵묵히 해내고 있었다. 그는 내게 단정한 옷차림과 따뜻한 미소, 가족이 험난한 과정을 통과할 수 있도록 이끄는 일에 어떠한 가치가 있는지 알려준 사람이기도 했다. 나는 지난 몇주 동안 이탈리아 항공기 추락 사고의 유류품 탁송을 위한 데이터베이스를 만들면서 앨런과 유대감을 쌓은 터였다. 장난꾸러기 산타 할아버지를 연상시키는 외모의 소유자인 그는 자상하고 관대했으며, 나의 지저분한 유머 감각과 음식에 대한 열정을 공유해주며 내 마음을 사로잡았다.

경찰서에 다다랐을 무렵엔 이미 해가 뉘엿한 이른 저녁이었다. 괴담 속 신혼여행을 떠난 부부처럼 앨런과 나는 목재로 지어진

으스스한 별채로 안내받았다. 한쪽 벽에 더러운 상부 개폐식 냉동고가 놓여 있었다. 우리가 냉동고 뚜껑을 들어 올리는 모습을 경관이 안절부절 못하며 지켜보았다.

"어떻게 해야 할지 몰라서요." 우리가 냉동고 안을 들여다보자 경관이 변명하듯 말했다. 그곳에는 피에 흥건히 젖은 외투, 배낭, 장화, 수표책, 인체 조직과 바닷물이 기괴한 아이스크림처럼 얼어붙어 있었다. 앨런과 나는 얼었던 것이 녹으면서 체액이 상당량 흘러나올 걸 알았다. 냉동이 시신을 보존하는 기법이라는 건 세상에 잘못 알려진 법의학 상식이다. 시신과 유류품 둘 다 냉동하면 더 심하게 손상될 수 있다(냉동이 요긴한 경우는 DNA를 채취한 면봉, 체액 샘플, 법정 제출을 위한 증거물을 장기 보관할 때다).

헬리콥터에 탑승한 사람들은 석유 회사 직원들이었다. 그들은 가스 생산 플랫폼과 시추 장비를 방문한 뒤 노리치공항으로 향하고 있었다. 인근 시추 장비에서 일하던 사람들이 폭발음을 듣고 공포에 사로잡힌 채 헬리콥터가 바다로 처박히는 광경을 지켜보았다. 그들은 미리 훈련받은 대로 추락 지점을 표시하기 위해, 헬리콥터가 가라앉고 거센 파도 속에 연료가 무지갯빛 띠를 남긴 지점을 향해 팔을 뻗고 있었다. 수사 보고서에 따르면 그들은 구조대원이 올 때까지 그렇게 팔을 뻗고 있었다고 한다. 얼마나 팔이 욱신거리고 쥐가 났을지 상상하지 않을 수 없었다.

헬리콥터 잔해와 사망자 네명의 시신이 즉시 수습되었다. 생존자가 있을지 모른다는 희망적인 이야기가 나오기도 했지만 결국은 탑승자 열한명 전원이 사망했다는 사실을 받아들이는 분위기로 흘러갔다. 며칠 동안 시신 수색이 이어졌다. 추락 원인은 제조상 결함이 있었던 프로펠러 날개가 한차례 번개를 맞아 더욱 취약해진 탓이었다. 손상된 날개의 막강한 파괴력 탓에 일부 시신은 심하게 조각난 상태로 발견되었다. 시신은 결국 열구밖에 수습되지 못했다. 어떤 재난에서든 사망자 명단은 하나뿐이다. 그러나 사망자 개개인의 시신 수습은 몇주 몇달이 걸릴 수 있고 영영 이루어지지 않을 수도 있다. 매일 끔찍한 사실이 새롭게 발견될 수도 있다. 유가족 내에서, 시신을 수습한 사람들이 수습하지 못한 사람들에 비해 '운이 좋다'고 여겨지는 위계가 생겨나기도 한다.

　우리 고객인 헬리콥터의 상업 소유주와 석유 회사에서는 우리가 재난 뒷수습을 해주길 바랐다. 특히 그들은 고인들의 유류품을 정리해주길 원했다. 경찰 입장에서 그 물건들은 사고의 단서이자 법정에 보낼 증거물이지만, 우리 재난 대응 업계 사람들은 이를 '개인 유류품'이라고 부르며 업무의 중요한 부분으로서 소중하게 다룬다. 나는 주머니와 가방 안에 들어 있던 것을 포함해 냉동고에서 꺼낸 모든 물건을 제각기 천천히 해동하고 보관해야 했다. 얼었다가 녹은 바닷물, 곰팡이, 피와 대변 냄새가 강하게 코를 찔렀다. 나는 대변에 대해 많이 생각했고, 그것이 이미 뇌사한 인체의 마지막 작용으로 흘러나온 것이기를 기도했다. 고인들이 두려움을 느끼지 않았기를 바랐다.

　이 업계에서 일하면서 캐리어와 아직 해동되지 않은 유류품을 들고 싸구려 민박집에 체크인한 적이 한두번이 아니다. 노퍽 파견이 그 첫번째 경험이었다. 나는 유류품을 죄다 욕조에 넣었다.

혹여 화재경보기가 울리기라도 하면 이 모든 걸 들고 어떻게 안전하게 탈출할지 걱정하느라 잠을 설쳤다. 이튿날 아침 앨런과 나는 차를 타고, 산업 시설들과 자동차 대리점 사이에 위치한 브랙널의 우리 작업 창고로 유류품을 전부 옮겼다. 나의 새로운 동료들은 기름진 고열량 음식을 파는 창고 건너편 작은 카페에서 '푸짐한 한상 차림'으로 아침식사를 해결했지만, 나는 좀처럼 음식을 입에 댈 수 없었다.

나는 창고 열쇠 담당자라서, 창고에 맨 먼저 도착해서 어둠 속을 더듬으며 형광등 스위치를 켜야 했다. 아무리 해도 좋아지지 않는 일이었다. 창고 안에는 작업대가 빼곡했고 그 위에는 플립플롭과 샌들이 담긴 상자들이 놓여 있었다. 어떤 트레이에는 손목시계들이 있었다. 한때 우리는 그 시계들을 단순히 '은' '구찌' 하는 식으로 설명해놓았지만, 경험을 통해 아무것도 추측해선 안 된다는 사실을 배운 지금은 '은처럼 보임/회색 금속' '구찌라고 적힌 라벨이 붙어 있음'이라고 기록한다. 동굴을 닮은 이 공간 맨 뒤쪽에는 편지, 쇼핑 목록, 지폐, 기도문 등이 지류를 말리는 빨랫줄에 널려 있다.

톰과 나는 고양이 여럿을 반려하는 여자의 집에 잠시 세 들어 살다가, 해로우에 있는 케니언 본사 맞은편 블록의 아파트를 빌렸다. 동네의 어린 폭주족들이 금요일과 토요일마다 모이는 분주한 길모퉁이와 신호등이 보이는 집이었다. 톰이 항공사에 입사한 뒤 제복 차림으로 퇴근하는 나를 데리러 온 날, 동료 한 사람이 독일 항공기 추락 사고 때 똑같은 제복 몇벌이 우리 유류품 창고에 들어왔었다며 농담을 했다. 그날부터 나는 버스로 퇴근했다.

　헬리콥터 추락 사고에서 나온 유류품을 전부 정리하는 데 몇달이 걸렸고, 그동안 나는 세상과 보이지 않는 얇은 천으로 분리된 느낌이었다. 창고 입구에 서서 아무것도 모르는 채 걸어 다니는 사람들을 바라볼 때면 기이한 기분이 들었다. 나는 유가족 지원, 안치소, 해외에서 본국으로의 유해 송환까지 재난 대응의 모든 영역에서 일해보았다. 그러나 앨런은 가장 '힘든' 일은 개인 유류품을 돌려주는 것이라며 내게 경고했다. 나는 그 말이 옳다고 생각한다. 고인의 소유였던 배낭을 뒤지는 건 가장 기괴한 형태의 사생활 침해처럼 느껴졌다.

　사망자는 모두 남성이었다. 소지품으로 연령과 성별에 대한 일종의 일반화가 가능했다. 브랜드 속옷, 질레트 면도날과 면도크림이 들어 있는 세면도구 가방. 저녁에 기진맥진해서 집에 돌아오면 나는 우리 집 화장실에 놓인 톰의 똑같은 세면도구 가방을 오랫동안 물끄러미 바라보곤 했다.

* 　* 　*

　케니언 본사 중앙에는 자그마치 1906년 이래 사건 서류가 담긴 파란색 박스 파일이 책꽂이 몇개를 채우다 못해 벽면 하나를 차지하고 있다. 머리 위로 우뚝 선 이 책꽂이에서 제일 높은 칸의 서류를 꺼내려면 사다리가 필요할 정도다. 케니언에 세워진 서류의 벽은 마치 줄줄이 닥치는 재난을 물리적으로 보여주는 것처럼 느껴진다. 때로는 한해에 '대규모 사망 사건'이 열건에서 열두건 정도 일어난다. 몇주가 평화롭게 흘러가다가 갑자기 한달에 두건의 재난이 일어날 수도 있다. 영국 내에서 일어나는 사건도 있고, 해외에서 영국 시민이나 우리 고객사가 사건을 당하는 때도 있다.

  파일은 대부분 완전히 종료되지 않은 채 기록소로 이관되었다. 수십년이 지난 뒤에도 파일에 새로운 항목이 더해질 수 있었다. 신문 기사라든지 법무 팀에서 온 편지 같은 것들. 세월이 지나면서 잘못 철해진 서류가 더러 있었다. 그래서 평온한 날이면 나는 서류를 다시 정리했다. 새로 산 마커를 들고 얼룩이 묻은 낡은 카펫에 앉아 상자들과 그 내용물을 펼쳐놓았다. 검시 파일에서 50개의 서로 다른 사건 속 사망자들의 폴라로이드 사진이 쏟아져 나왔다. 엔지니어들이 쓰는 파란 잉크로 적힌 안치소 배치도가 나왔다. 손으로 쓴 사망자 명단이 나왔다. 나는 상자들에 매료되었다. 이 상자들 역시 디재스터 액션에 속한 가족들과 마찬가지로 상징적인 무언가를 보여주고 있었다. **나쁨**과 **별**의 반복. 거듭하여 나쁘게 정렬되는 별들. 보이지 않는 은빛 실에 꿰여, 사회의 나머지 사람들에게선 가려진 상태로 존재하는 그것들 하나하나에 나는 가만히 손을 얹어보았다.

  재난이 얼마나 많이 일어났는지, 앞으로 얼마나 더 많이 일어날지 생각하자 순간 압도감이 밀려왔다. 인간은 어떤 행동으로도 갑작스럽고 예기치 못한 비극을 막을 수 없다. 그러나 이 상자들은 한편으로는 내 안에서 어떤 결심을 굳혀주었다. 상자 안 서류들은 재난 자체가 아니라, 재난을 구호하러 간 사람들의 행동을 기록한 것이었다. 재난이 존재하는 한, 피해자를 도우려 재난 현장으로 달려가는 사람들 역시 존재할 것이다.

3장

푸르른 들판에서

이라크 파병 군인들이 사망하기 전 미리 안치소를 짓는 임무가 떨어졌다. 구매할 물건 목록이 팩스로 도착했다. 나는 팩스 기계가 천천히 뱉어내는 목록의 항목들을 노려보았다.

시신 운반용 가방 500개
관 700개
관 안감 750개
국기 750개
화학적으로 오염된 시신 운반용 가방 250개

이 목록은 시작에 불과했다. 우리에게는 수천 명의 사망자가 나올 가능성에 대비하라는 지시가 내려왔다. 시신이 화학적·생물학적 물질로 오염되었을 가능성에도 대비해야 했다. 사담 후세인이 보유한 것으로 추정되는 무기가 실제로 사용된다면, 상상조차 할 수 없는 차원의 결과가 펼쳐질 것이다.

내가 케니언 소속으로 일하고 있던 2002년 가을, 국방부에서 이라크 침공에서 발생한 모든 사망자 송환에 대한 지원을 요청해왔다. 상사들은 나를 계획 및 운영 책임자로 승진시켰다. 향후 세워질 가능성이 있는 안치소에 필요한 물건이 전부 마련되도록 준비하는 실행 계획을 세우라는 뜻이었다. 요컨대 나의 임무는 팩스를 현실로 바꾸는 것이었다. 영국 총리 토니 블레어가 유엔을 바쁘게 드나드는 동안, 나는 국기와 관과 시신 가방을 조달하기 위한 섬뜩한 보물찾기를 시작했다.

케니언 업무에 몸을 갈아 넣기 시작한 그즈음부터 일터와 가정은 점점 별개의 세상으로 나뉘었다. 두 세계를 가르는 얇은 천이 점점 두꺼워지더니 수영장 레인처럼 완전히 구별되는 두갈래 길을 만들어냈다. 직장 생활을 묻는 가족과 친구들의 질문 앞에서 말문이 막혔고, 톰과 멀어지는 게 느껴졌다. 전쟁이 일어나는 건 아직 가능성에 불과했으며 특히 안치소를 준비하고 있다는 사실은 대단히 민감한 정보였기에 나는 입도 벙긋할 수 없었다. 안치소를 미리 짓는다는 건 재난 대응 차원에서는 훌륭한 계획이었지만, 반전 시위가 한창이었던 당시에 알려졌다간 호된 비판을 받았을 것이다. 전쟁이 기정사실이라는 얘기 아닌가.

전쟁이 일어날 가능성이 차츰 높아지자, 나는 얼마 있으면 내가 이끄는 작은 팀과 함께 몇주씩 장기 출장을 가야 하리라는 걸 깨달았다. 출장길에 오르기 전 톰과 몇차례 '저녁 데이트'를 시도했으나 전부 형편없이 실패했다. 폭풍이 닥치기 직전의 고요한 나날 동안 조금이라도 톰과 함께 시간을 보내고 싶었지만, 톰에게 내 속내를 털어놓는 건 꿈도 꿀 수 없었다. 하루는 둘이서 영화관에 갔는데 전화가 왔다. 그날 나는 화장실에서 전쟁 지역에서 사용될 '전장용' 관과 왕족들이 참여하는 행렬에서 사용될, 허큘리스 수송기에서 내려질 '의식용' 관의 차이에 대한 통화를 하느라 영화 마지막 부분을 놓쳤다. 생일 파티 초대도 몇건이나 거절했고, 톰네 가족의 집에서 주말을 보내자는 제의마저 거절했다. 톰의 할아버지가 돌아가셨을 때는 갓 파낸 매장지 옆에 세워둔 장례지도사의 차에 앉아 더 많은 통화를 해야 했다. 많이들 그렇듯 톰은 전쟁이 군사적 사안이라고 생각했으므로 내가 어째서 그 일에 연루되어 있는지, 내가 전쟁 사망자와 얼마나 밀접하게 관련되어 있는지 온전히 이해할 수 없었다.

돌이켜보면 나는 톰과 터놓고 대화한 적이 없었다. 이 일이 내게 왜 그렇게 중요한지에 대해, 사망자와 유가족들과 관련된 일에서는 단 한번의 기회밖에 주어지지 않으므로 모든 걸 똑바로 해내야 한다는 것에 대해, 톰에게 이야기하지 않았다.

톰은 방치당하는 상태를 그럭저럭 잘 견뎌냈고, 본인도 항공사에서 이른 새벽 또는 밤늦은 시각의 운항을 배정받아 일에 많은 시간을 쏟고 있었다. 그렇게 우리 사이에는 거리가 생겨났다. 우리는 서로를 인생의 동반자로 여겼으나 서로의 세상에 대해서는 짧은 순간 동안 엿보는 것으로 만족해야 했다.

나는 죽은 사람이 무섭다고 생각해본 적이 없다. 이상하게도 그들이 동족처럼 느껴진다. 나는 어릴 적 부패의 아름다움에 대해 배웠고, 우리가 우리 몸을 구성하는 화학물질과 광물로 다시 분해된다는 것도 알고 있으므로, 시신이 어떤 상태에 있든 겁을 먹지 않는다. 하지만 시신이 들려주는 이야기는 이따금 나를 몸서리치게 만든다. 어떤 시신들은 사냥당하거나 난도질을 당한 것처럼 보인다. 한편 거의 상하지 않은 시신도 있다. 액션 영화에 나올 법한 시신이다. 눈썹 위에 자국이 하나 있고, 복부에 초록빛이 감돌 뿐, 그저 잠든 것처럼 보이는 시신. 그 점을 제외하면 완벽하며 아름답기까지 한 시신이다.

내가 업계에 발을 들이고 얼마 지나지 않았던 날의 일이다. 야간 검시 세션에 내가 제일 먼저 도착했다. 금속 테이블 위에 누워 있는 사람을 보고 나는 피식 웃었다. 신입 여직원을 놀려주려는 동료들에게 일주일 내내 짓궂은 장난을 당하고 있던 터였다. 나는 동료 한 사람이 죽은 척 누워 있는 거라고 확신했다. 나는 까치발을 들고 살금살금 그에게 최대한 다가가서, 귀에 대고 속삭였다. "우!" 반응이 없었다. 유심히 보니 그는 내 동료가 아니라 그와 꼭 닮은 얼굴을 가진, 그날 저녁 사고를 당해 이곳에 실려 온 사망자였다. 그후로 여러번, 나는 스티븐 킹 소설에서나 나올 법한 우연들이 재난 상황에서는 실제로 몇번이고 일어난다는 사실을 알게 됐다.

재난 안치소는 내게 집처럼 편안하다. 그 안에서는 유가족이 있는 바깥세상으로부터 보호받는 느낌이다. 안치소 냄새는 수천가지 기억과 연결되어 있다. 병리학 지침서부터 범죄 실화 스릴러까지 온갖 텍스트가 부패되는 시신의 냄새를 묘사하려 했지만,

사실 그 냄새를 정확히 표현할 단어는 없다. 갓 깎은 잔디, 정액, 몇가지 채소, 동물의 고기, 생리혈에 비슷한 요소가 있긴 하나, 코를 찌르는 그 총체적인 냄새와 일치하는 건 세상에 존재하지 않는다. 하지만 나는 평생 버섯을 입에 대지 않게 됐다. 안치소에서 이 냄새는 특정 브랜드 세척 용액의 톡 쏘는 향기와 뒤섞인다. 이 제품은 온 세상의 학교와 병원에서도 빈번히 사용되며, 부적절한 순간마다 노련하고도 숙명적으로 등장하는 경향이 있다. 나는 기념일 데이트로 간 공연장 화장실에서, 지난 10년 동안 내가 방문한 여러 응급 산부인과 병동의 말끔히 걸레질된 복도에서 그 냄새를 맞닥뜨렸다. 어디서나 죽음과 삶과 상실의 냄새가 났다.

우리는 침공이 시작되기 몇주 전에 옥스포드셔의 브라이즈노턴 공군 기지에 이라크 전쟁을 대비한 주 안치소를 지었다. 재난으로 대규모 사망자가 발생할 때, 지역 안치소에는 시신을 관리할 공간이 없기 마련이므로 임시 안치소를 짓는다. 때로는 그 안치소라는 것이 결혼식이나 여름 야유회에서 사용되는 대형 천막에 불과하다. 혹은 군대 막사를 지을 때 사용되는, 천과 프레임으로 만들어진 더 정교한 구조물일 때도 있다. 운동 경기장이나 군사용 격납고 같은 기존의 공간들을 징발해서 시신 안치용으로 사용하는 경우도 있다. 이미 "일상적" 망자들로 포화 상태인 기존 안치소 시설에 시신을 더 넣으려 시도하는 것은 최악의 실수다.

이라크 전쟁은 군사 행동이었지만 영국으로 송환된 사망자들은 지역 검시관 관할로 들어갔다. 예기치 못한 사망으로 인해 시설을 지어야 할 때 그 자금은 언제나 지방 당국에서 댄다. 따라서 시신 송환과 안치소를 준비하기 위해 케니언을 고용한 주체 역시 지방 당국이었다. 정부 고문들은 얼마간 시간을 들여 어디에 안치소를 짓고 누구를 검시관으로 세울지 결정한 터였다. 그들은 정부에 협조적인 '좋은' 검시관들과, '불법적 전쟁 중 불운에 의한 사망' 같은 흉악한 판결을 내릴 '버릇없는' 검시관들의 목록을 만들었다.● 마이크 삼촌이 목록에 있는 게 재미있었다. 브라이즈 노턴 공군 기지는 원래 군용 항공기를 받도록 설계되었으므로 송환에 적합한 장소로 처음부터 물망에 올랐다. 옥스포드셔의 지방세 납부자들이 영국의 이라크 침공에 대한 대가를 치르게 될 터였다.

우리는 안치소를 공군 기지 내 체육관에 지었다. 군인들이 전쟁을 준비하는 동안 운동을 하고 농구·배드민턴·축구를 하던 장소였다. 벽에는 스키 클럽이 운영하는 여행 공지용 게시판이 붙어 있었다. 이 장소를 그들에게서 빼앗아 안치소로 바꿔놓는다고 생각하니 무척 씁쓸했다. 이라크 전쟁의 사망자를 촬영한 법의학 사진에서, 농구 골대와 코트의 표지를 볼 수 있다. 일부 가학적인 피트니스 강사들은 신입들에게 시신 보관 구역 둘레를 달리게 했다.

그후로 일을 하면서 나는 안치소 계획을 세울 때 비상계획관들에게 안치소로 사용되는 장소의 위치와 그곳에 찍히는 낙인의 장

● 검시관이 사망 원인으로 내릴 수 있는 평결에는 과실치사, 불운에 의한 사망, 사고사, 자살, 미결 등이 있다. 사건의 '이야기'를 서술하는 서사적 판결을 내릴 수도 있으나 이는 명확한 결정이나 판결이라고 할 수는 없다.

기적 영향에 대해 신중히 고려하라고 조언하게 되었다. 학교와 시영 공간들이 지역 사람들이 지켜보는 앞에서 안치소로 탈바꿈하는 이야기는 수없이 많다. 그중 가장 악명 높은 일화를 꼽으라면 사라예보의 아이스링크를 들 수 있다. 토빌과 딘이 1984년 동계 올림픽에서 「볼레로」 공연으로 아이스댄스 금메달을 딴 그곳은 훗날 안치소로 사용되었고 전투 중 화재로 사라졌다. 망자의 기억들로 인하여 아이스링크의 지난날 영광에는 얼룩이 졌다. 10년 뒤, 아이스링크는 다시 사람들이 춤출 수 있도록 재건되었다.

재난 안치소는 온갖 종류의 유해를 대비해야 한다. 오염되거나 질병에 걸린 시신, 팽창하고 비대해진 시신. 물에 빠져 빠르게 부패 중인 시신. 화재 후 남은 작은 뼈와 살점 조각들. 대규모 사망자 조정 그룹의 의장은 제일 먼저 유해에 대한 설명과 그것이 시신 수습과 신원 확인 과정에서 가지는 의미에 대한 보고를 요청할 것이다.

나는 안치소 배치도를 구상할 때 핵심 기능에 따라 구역을 나누었다. 나로선 이런 작업이 처음이었으므로 일을 하는 도중에 배워나가야 했다. 수년의 재난 대응 역사를 지닌 케니언에 보관된 100개쯤 되는 평면도가 좋은 참고자료가 되었다. 오클라호마 폭탄 테러 안치소. 파이퍼 알파 석유 플랫폼 화재 안치소. 전세계에서 일어난 거의 100건에 가까운 항공 사건에서 세워졌던 안치소. 나는 고고학자처럼 이것들을 연구했다. 거의 모든 안치소가 같은 공식을 따른다. '습식' 구역은 부검 작업을 위한 구역으로서 테이블과 수도, 수십명의 인원이 들어갈 만한 공간이 필요하다.

'건식' 구역은 행정 업무와 기록 검토를 위한 공간이다. 나는 각 구역의 기능이 올바르게 이어지도록 흐름도를 구상하는 데 오랜 시간을 썼다. 실수하면서 배워나갔다. 좁은 공간에 온갖 구역들을 밀어 넣은 다음 방사선 촬영사를 배치하려 하면, 안전한 방사선 사용 및 방사선 반경 공간에 관한 모든 국제 규정을 위반하게 된다. 컴퓨터 단층 촬영CT 스캔을 통한 '가상 부검'이 대중화되면서 우리는 그 거대한 기계를 안치소 안에 둘 방법도 모색해야 했다.

나는 언제나 해부 병리 기술자들의 역할을 중히 여긴다. 그들은 부검을 할 때 병리학자들을 보조하는 것 외에도 많은 일을 하며, 안치소를 잘 운영하기 위해 필수 불가결한 핵심 인력이다. 그들은 병리학자에게 수술용 메스와 같은 도구들을 전달하고, 조직 샘플을 채취한다. 시신에서 분리한 조직의 무게를 재고 기록 업무 역시 담당한다. 부검이 끝나면 시신을 재건하고 닦아서 보관하거나 장의사에게 인계할 준비를 한다. 그들은 안치소 서비스가 매일 정상적으로 운영될 수 있도록 책임지는 사람들이다. 안치소에서 시신을 받아서 시신 보관소에 접수시키며 시신과 보관된 모든 소지품 및 샘플을 추적하는 것도 해부 병리 기술자들의 임무다. 따라서 그들은 안치소가 위치한 지역의 법률과 인체 조직 처리 규정을 준수하는 일에서도 핵심 역할을 한다. 내가 만난 거의 모든 해부 병리 기술자는 특히 엄격한 도덕관념의 소유자였다. 그들 덕분에 인체 조직과 건강 및 안전에 관련된 스캔들이 폭로되고 바로잡혔다는 사실이 내게는 전혀 놀랍지 않다. 나는 재난 안치소 계획을 작성할 때 언제나 그들에게 중요한 역할을 맡긴다.

체육관에서 내가 제일 먼저 한 일은 방사선사가 흰색 플라스틱 스캔 장치를 둘러싸고 방사선 제외 구역을 표시하는 동안 줄자를 잡아주는 것이었다. 이라크 전쟁 사망자의 시신에는 금속과 탄약이 들어 있을 가능성이 높았으므로, 영국에서는 새로운 접근법을 시도했다. 법의학 팀은 안치소에 시신이 도착하면 1단계로 총알과 파편을 스캔하는 데 동의했다.

모든 준비를 마친 후 며칠은 고요히 흘러갔다. 군인들이 죽기 시작하기를 기다리는 동안 나는 2층 창밖에서 군인들이 시신 송환에 사용되는 허큘리스 수송기에서 관을 내리는 연습을 하는 광경을 지켜보았다. 우리는 시신의 무게를 재현하기 위해 큰 모래주머니 대여섯개를 머리, 몸통, 다리 모양으로 꾸몄다. 시신을 항공기로 운송할 때 표준적으로 사용되는, 납으로 된 관 안감의 무게로 인해 운구 대원들의 어깨가 흔들렸다. 그들이 이고 갈 전우들의 관에 사용하도록 내가 구해 온 것이었다. 그로부터 몇주 뒤 우리는 이라크 사막에서 피에 붉게 젖은 실제 모래를 송환하게 된다. 찾을 수 있는 시신의 파편을 하나라도 더 가져오기 위한 수습 팀의 결정이었다.

마침내 첫번째 전투에서 나온 사망자의 시신이 곧 도착할 거라는 연락을 받고, 나는 장례지도사들과 다음 날을 위한 준비에 들어갔다. 새벽 4시 30분, 군인들이 마지막 관 리허설을 시작했다. 세시간 뒤에는 다들 배가 고프다고 해서 기지의 매점에 데려가 푸짐한 영국식 아침을 먹도록 했다. 군인들이 접시와 식판을 향해 손을 뻗었다. 나는 그제야 휑뎅그렁한 방 안이 지나치게 조용하다는 사실을 눈치챘다. 끔찍하고 두터운 침묵이 감돌고 있었다. 그도 그럴 것이, 나는 코트·턱시도·모자로 이뤄진 정식 장례복을 갖춰 입은 장례지도사 열여섯명을 에스코트해서 젊은 남녀 군인들이 사막으로 향하는 군용기에 오르기 전 마지막 식사를 하는 장소로 이끌고 있었던 것이다.

일주일의 기다림 끝에 시신들이 도착하기 시작했다. 일부는 파편이 되어 돌아왔지만 마치 잠든 것처럼 보이는 시신도 여러구 있었다. 전투가 끝난 뒤 냉장 온도를 유지하며 빠르게 이송된 덕분에 부패가 시작조차 되지 않은 모양이었다. 우리는 이들 중 일부는 총알이나 사제폭발물로 인해 사망했지만, 일부는 장비를 착용한 상태에서 열사병으로 죽었다는 걸 알게 되었다. 산 채로 몸이 끓여진 셈이었다. 사막의 열기 속에서 갑옷 무게를 덜어보고자 세라믹 판 몇개를 꺼냈다가 그 틈새로 총알을 맞아 죽은 이들도 있었다. 우리는 이라크 군중에게 살해당한 '레드캡' 군사 경찰의 시신도 여섯구 받았다(빨간 모자를 착용해서 '레드캡'이라고 불린다—옮긴이). 몸에 소총 개머리판으로 맞은 자국과 총알 자국 여러개가 남아 있었다. 몸에 남은 멍 자국을 보니 최후의 총격이 쏟아진 순간 그들은 무릎을 꿇고 있었거나 바닥에 누워 있었던 모양이었다.

우리가 받은 몇몇 관 안에는 여러 사람의 팔다리가 뒤섞여 있었다. 이런 관들은 의식 중 다른 관들이 모두 내려진 후에 마지막으로 내려졌다. 이라크와 아프가니스탄에서는 강하고 빠르게 폭발하는 사제폭발물이 사용되었기 때문에 많은 군인들의 팔다리가 잘려나갔다. 팔다리를 잃고 살아 돌아온 사람들도 있었고, 전장에서 숨진 이들도 있었다. 군에서는 이제 모든 군인에게 스스로 사용할 수 있는 지혈대를 보급했다. 지혈대를 사용한다는 건, 결정을 내린다는 뜻이다. 한개 혹은 그 이상의 신체 부위를 희생시킴으로써 출혈 속도를 늦출 수 있다. 그렇게 희생당하여 내던져진 팔다리는 모래에 덮여 불길에서 보호받았으므로 수습이 가능했다. 때로는 그게 우리가 본국으로 가져올 수 있는 전부였다. 과거라면 전장에서 사망했을 군인들이 살아남은 것이다. 이라크 전쟁의 군사적 리스크를 평가한 원안에서는 이런 결과를 예상하지 못했다. 그들은 시신이 돌아올 것을 예상했으므로 팩스에 적힌 것처럼 많은 수의 시신 운반용 가방을 요청했다. 그러나 실제로 우리에게 돌아온 것은 팔다리를 잃은 참전 용사들이었다. 그들의 삶은 심하게 달라졌고, 계획에 없던 수년의 지원을 필요로 할 것이었다.

  나는 힘이 닿는 한 안치소에 머물고 싶었다. 일이 잘 돌아가고 있는지, 규약이 잘 지켜지고 있는지 확인하고 필요할 경우 상황을 바꾸기 위해서였다. 보통 케니언 측 인력 네댓명이 안치소에서 대기했는데 앨런도 그중 한 사람이라는 점이 내게 위안이 되었다. 내가 맡은 임무 하나는 절단된 사지를 정리하는 것이었다. 한번에 여섯개, 여덟개의 팔다리를 붙들고 몇시간을 씨름해야 했다. 어떤 관에는 발만 담겨 있었다. 묵직한 관 뚜껑이 처음 열린 순간 우리는 다 같이 흠칫하여 한발짝 물러섰다. 낮은 휘파람과 숨 들이마시는 소리가 연달아 들렸다. 앨런이 나를 보호하려는 듯한 눈빛으로 바라보는 게 느껴졌다. 케니언에서는 빠르고 깊게 일에 뛰어들게 된다. 실전에서 배우는 것이다. 앨런은 노련한 장례지도사였고 특수 상황과 시신 송환 업무를 전문으로 했으며, 내가 이런 광경을 보는 게 처음일 거라고 예상했다. 하지만 그 역시 이런 광경은 본 적이 없었다.

몇몇 발에는 신발이 신겨져 있었다. 왜인지 발에 잘 맞지 않는 커다란 황갈색 사막용 군화였다. 몇몇 발은 부어서 피가 났는데, 신발 치수가 본래 사이즈보다 두 치수는 작았고 신발의 가죽 부분에는 네임펜으로 다른 사람 이름이 적혀 있었다. 군 연락사무소에서는 영국 군인들이 사막의 열기와 지형 조건에 적합한 군화가 없어서 크기가 맞지 않더라도 미국 군인들에게 여분의 군화를 얻어 쓰는 경우들이 있었다고 내게 설명했다. 그 말을 들은 뒤로 나는 군인들이 발에 맞는 군화조차 없이 전쟁에 보내졌다는 생각을 한순간도 지울 수 없었다.

보통은 발이었지만, 손도 있었다. 엄지손가락과 새끼손가락 둘 다 손상되었을 경우 오른손인지 왼손인지 구분하기가 어려웠다. 한번은 잘린 손을 들고 앞뒤를 살펴보며 어느 쪽 손인지 알아내려 애쓰다가 동료에게 걸렸다. 나는 운동 기능 장애 때문에 오른쪽과 왼쪽을 구분하지 못한다는 약점을 대체로 잘 숨겨왔다. 하지만 이 현장에서는 내 장애가 훤히 드러났다. 동료들은 내 신발과 멜빵바지에 'R'과 'L'을 적어놓고 내 사물함 옆에 오른쪽 신발 두개를 놓는 등 짓궂은 장난을 쳐댔다.

과거였다면 잘린 손발은 전장의 모래에 묻혀 사라졌거나, 별다른 언급 없이 그냥 화장되었을 것이다. 하지만 세상이 변해서 이번에는 절단되어 돌아온 신체 부위를 대상으로 DNA 검사가 실시되었다. 9·11 테러 전에도 미국 대통령 조지 W. 부시는 태평양 전역에서 2차대전 사망자를 고국으로 송환하는 국제적 프로그램을 실시한 바 있었다. 신원 미상의 미국인 시신을 한구도 남기지 않겠다는 목표였다. 영국에서도 시신에 대한 DNA 검사는 새로운 놀잇감과 같아서, 한 검시관은 내무장관에게 통제할 수 없는 램프 속 지니가 풀려나온 셈이라며 불평하는 편지를 보내기도 했다.

잘린 팔다리에 대한 DNA 검사 결과가 도착하자 나는 이미 사망한 각 신체 부위의 주인을 찾아주는 일에 착수했다. DNA 검사 결과 신체 부위의 주인이 생존해 있지만 잘려나간 부위를 다시 몸에 붙일 방법은 없을 경우 신체 부위는 의료폐기물 처리 시설로 보내졌다. 그로부터 2년 뒤 7·7 테러가 벌어졌을 때 런던 메트로폴리탄 경찰에서는 생존자들에게 자신의 팔다리에 작별을 고할 기회를 주기 시작했다. 유가족뿐 아니라 생존자들에게도 자신의 신체 조각을 볼 수 있게 해준 것이다. 일부 경관들은 좀 과한 것 아니냐고 투덜거렸다. 하지만 그게 치유에 도움이 된다면, 우리에게 참견할 권리가 있을까? 아빠가 띠톱에 손가락이 잘렸을 때 의사들은 접합이 불가능하다고 입을 모아 말했다. 간호사들이 손가락을 가지고 나오자 아빠는 손가락에게 앞으로 잘 지내라며 따뜻한 작별의 말을 건네고 병원 안의 의료폐기물 소각로로 보내주었다.

브라이즈노턴 기지에서 재난 대응 인력이 사용하도록 내어준 조명이 어둑한 술집의 구석에서, 우리의 주된 화제는 발이었다. 한명뿐인 술집 직원은 내게는 김빠진 달콤한 코카콜라를, 술을 마시는 사람들에게는 위스키를 내어주고 저녁 10시에 배달 중국 음식을 시켜주었다. 그곳이 우리가 그나마 몇마디라도 안전하게 내뱉을 수 있는 유일한 장소였다. 우리의 존재 자체가 현장이 품은 어두운 비밀이었다. 군인들이 매일 비행기에 올라 전쟁터로 향하기 전 훈련받는 공군 기지에서, 우리가 술을 마시면서 하루 일과를 곱씹는 광경을 보는 건 그다지 바람직하지 않았을 것이다. "오늘 어떻게 보냈니?" 짧은 통화를 할 때면 엄마가 애정 어린 목소리로 묻곤 했다. "좋아요, 음, 괜찮아요. 어, 바빠요." 내가 할 수 있는 말은 이게 다였다.

잔뼈가 굵은 장례지도사들은 유가족들이 전보다 더 많은 권리와 접근권을 요구하는 '신세계'를 경험했다. 과거에는 유가족이 시신이나 재난 현장 자체에 접근하게 해달라고 요구하면 이상한 사람으로 취급받았다. 스코틀랜드 로커비에서 일어난 팬암 103편 항공기 사고로 남동생을 잃은 경험에 대해 글을 쓴 팸 딕스는 동생의 시신이 발견된 장소를 방문하고 싶다고 요청했다가 "병적인 구경꾼" 취급을 받았다고 적었다. 하지만 당시 영국 수상이었던 마거릿 대처는 이미 VIP의 특권으로 사건 현장에 들어가본 뒤였다.

이라크 전쟁 중에 나는 유가족이 온전한 시신 혹은 시신의 부위를 볼 수 있도록 조율하는 역할을 자주 맡았다. 시신 면회는 과학적 검사를 통해 공식 신원 확인 절차를 마친 뒤의 과정이었으므로, 그 목적은 순전히 감정적으로 작별인사를 건네는 것이었다. 면회를 준비하기 위해 우리는 시신의 얼굴에 방부처리용 파운데이션을 두껍게 바르고, 조명 아래에서 파운데이션이 유지되도록 아트릭스 핸드크림을 덧바른다. 면회실에서 인스턴트커피 냄새가 강하게 나는 때도 있다. 방부처리용 파운데이션 키트는 지나치게 백인 피부에 맞춰지는 편향이 있기 때문이다. 나는 2000년대까지도 이 문제를 해결할 임시방편으로 망자의 피부가 분홍색이 아닐 경우 네스카페 가루를 섞어 넣는 걸 보고 기함했다. 최근 더 다양한 피부색에 맞는 사후 방부처리 및 얼굴 재건용 화장품을 생산하려는 움직임이 생겨났다는 소식을 듣고 얼마나 안도했는지 모른다.

재난대응요원들과 대중은 종종 가족들이 부상 흔적을 보길 원하지 않을 거라고 가정하지만, 실제로 나의 경험상 그런 일은 드물다. 유가족들은 사랑하는 고인이 어떤 일을 겪었는지 생생하게 느끼고 만지길 원한다. 나는 어머니·아버지·배우자들이 총알 자국과 멍 자국을 손끝으로 어루만지고, 손상되지 않은 얼굴 부위에 입을 맞추고, 살점이 찢어져 벌어진 상처 안쪽을 눈물로 적시는 모습을 보았다.

나는 이 일을 하면서 시신의 얼굴을 화장하거나 재건할 때 언제나 신중한 균형이 필요하다는 깨달음을 얻었다. 유가족의 마음을 다독여주어야 하지만, 과하면 오히려 고통을 주게 된다. 브라이즈노튼 기지에서도 일찍이 그런 일을 겪었다. 동료가 유가족의 의사를 잘못 짚었고, 그 후폭풍을 내가 수습해야 했던 것이다. 방금 과부가 된 여자가, 죽은 남편의 얼굴을 할퀴며 얼굴의 부상을 '화장'으로 가려놓았다며 분개하고 있었다. 설상가상으로 목에 입은 치명상이 주름 칼라로 가려져 있었다. 여자가 고래고래 소리쳤다. "그이는 군인이었다고요. 젠장. 망할 놈의 성가대원처럼 꾸며놨잖아요." 나는 업계 사람들을 교육할 때 먼저 유가족의 의사를 물으라고 당부한다. 하지만 죽음 앞에서 솔직하게 질문을 던진다는 건 여전히 많은 이에게 불편하다.

  같은 맥락에서, 군인들의 소지품과 관련해서도 섬세한 균형이 요구되었다. 우리는 군인들이 지니고 있던 더러워진 편지를 깨끗하게 복구하고 코팅하라는 지시를 받았다. 유가족의 허락은 받지 않은 터였다. 우리는 열을 가해 편지를 코팅했다. 군인들이 규제를 피하기 위해 속옷이나 제복에 몰래 숨겨둔 편지들은 피와 체액으로 젖어 있기 일쑤였다. 나는 먼저 스펀지로 편지의 물기를 닦아내고 목재와 철사로 만들어진 격자망에 올려 말렸다. 머리를 길게 기른 해부 병리 기술자 한 사람이 레블론 드라이기를 빌려줘서, 나는 자리에 앉아 드라이기를 가장 낮은 온도로 틀고 부드럽게 앞뒤로 움직이면서 편지를 읽었다. 편지의 내용이 머릿속에 열로 새겨지는 기분이었다. 대부분은 가족 소식과 따스한 애정 표현, 서로를 몹시 그리워하는 남편과 아내의 일반적인 대화가 섞인 내용이었다. 오늘까지도 나는 그 편지들에 적힌 표현들을 기억한다. 나는 그 표현들을 다시는 톰에게 사용할 수 없게 되었다.

처음에 나는 편지를 코팅하라는 지시를 듣고 머리끝까지 화가 났다. 모서리가 뾰족한 딱딱한 플라스틱으로 편지를 코팅한다니, 있을 수 없는 일이었다. 지휘관들은 코팅을 해야 혹시 모를 병원체의 전파를 막을 수 있다고 말했다. 내겐 과한 처사로 느껴졌고, 또한 애초에 군인들이 죽은 이유가 윗사람들이 리스크 관리를 제대로 못했기 때문인데 병원체 따위를 걱정하는 게 아이러니하다는 생각도 들었다. 죽은 군인의 아내가 편지를 접어서 몸 가까이에 두길 원하면 어쩌려고 코팅을 한단 말인가?

제일 먼저 준비된 편지들을 유가족에게 돌려보내고 몇주가 지난 어느 날, 나는 조금 일찍 퇴근해서 톰과 체육관 오리엔테이션에 갔다. 체육관은 내 마음이 편안해지는 공간은 아니었지만 무척 아름다운 수영장이 딸려 있었다. 헬스 트레이너가 우리에게 러닝머신 사용법을 가르쳐주고 있는데, 체육관 여기저기 놓여 있던 TV 화면에 뜬 이미지가 눈에 들어왔다. 지역 뉴스에서 뉴스캐스터가 최근 이라크 전쟁에서 남편을 잃은 여자를 인터뷰하고 있었다. 내가 서툴게 러닝머신 속도 조절 버튼을 누르는 사이 그녀는 코팅된 편지를 들어올렸다. 체육관 안에 그녀의 목소리가 울렸다. 남편이 자신의 마지막 편지를 받았고, 사랑한다는 말을 듣고 죽었다는 걸 알게 되어 감사하다고 말하고 있었다.

10년 뒤 나는 같은 여자가 이라크 침공 10주년 기념 다큐멘터리에 등장한 것을 보았다. 그녀는 여전히 카메라에 편지를 보여주고 내용을 읽을 수 있었다. 그 편지가 얼마나 소중한지 말했다. 편지를 코팅하지 않았다면 이미 오래전에 낡아서 떨어져버렸을 것이다.

사무실에는 항상 TV 뉴스가 큰 소리로 틀어져 있었다. 우리는 기자 테리 로이드의 취재를 보고 2003년 3월 21일에 상황이 급변했다는 걸 알았다. 이라크 군은 퇴각하여 북진하고 있었다. 그 취재는 로이드의 마지막 취재가 되었다.

이튿날 로이드와 그의 취재 팀은 군의 프로파간다에 얽매이지 않고 현장을 생생하게 보도하기 위해 바스라로 향하려 했다. 그러다가 그는 그만 이라크군과 미군 사이의 전선 너머로 넘어가게 되었다. 최초 보도에서는 로이드가 적대적인 이라크 영토로 넘어가서 총살당했다고 주장했다. 그의 친구이자 동료 기자인 트레버 맥도널드가 시신의 신원을 확인했다. 카메라맨과 통역가의 시신은 실종 상태였다.●

우리는 브라이즈노턴 기지에서 송환된 테리 로이드의 시신을 맞이했다. 신문마다 앞다투어 그의 사진과 어린 아들딸의 사진을 실었다. 그의 시신을 관리하는 절차는 내가 담당했다. 테리의 시신이 도착했을 때, 나는 내게 어떤 자격도 없다는 걸 잘 알면서도 그를 보호하고 애도하고 싶었다. 테리의 용기와 진실을 추구하는 태도에 깊은 감사의 마음이 들었다. 테리의 시신은 송환된 다른 군인의 시신들과 따로 관리되었다. 그가 군인이 아니라 기자였으니 합당한 조치였지만, 나는 그가 스스로 위험을 무릅썼으므

● 통역가 후세인 오스만의 시신은 나중에 발견되었으나, 카메라맨 프레드 네락의 시신은 아직도 발견되지 않았다.

로 다른 사람들의 시신과 떨어지는 벌을 받고 있다는 생각이 들었다. 우리 안치소 테이블 위에 누워 있는 이 남자가, 여러해 동안 우리 가족이 시청해온 정기 뉴스에 나오던 사람이었다는 사실을 받아들이는 데에는 약간의 노력이 필요했다.

병리학자가 작업하는 동안 테리와 트레버의 친구이자 ITN 편집자인 데이비드 매니언이 복도에서 기다렸다. ITN 측에서 직접 병리학 담당자를 보내고 싶어했지만, 검시법상 불가능했다. 다른 신문사와 정치인들은 테리의 죽음이 ITN의 잘못이자 그의 편집자인 데이비드의 잘못이라고 생각하고 있었다. 나는 몇차례 데이비드에게 차를 가져다주었지만 말은 거의 걸지 않았다. 당시 나의 차 타는 실력이 형편없다는 평이 파다했기 때문에 다소 위축되어 있기도 했다. 그로부터 여러해 뒤에야 친절한 동료가 내 손을 부여잡고, 우유를 붓기 전에 티백을 컵에 잠시 담가둬야 한다고 설명해주었다.

부검이 이루어지는 동안 나는 근처에서 일하고 있었다. 그런데 언제나 온화한 병리학자가 돌연 작업을 멈추더니 중얼거렸다. "씨발, 씨발, 씨발." 그는 금속 족집게로 테리의 시신에서 찾아낸 총알을 꺼내서 강낭콩 모양 금속 접시에 올려놓았다. 검시대 근처 사람들은 그 순간 직감했다. 우리가 보도에서 들은 내용과 부검으로 밝혀진 내용이 일치하지 않는 것이다. 테리의 몸에서 나온 총알들은 언론 보도와는 전혀 다른 이야기를 들려주고 있었다. 테리는 여러차례에 걸쳐 다수의 부상을 입었는데, 훗날 밝혀지기로 두번째 총격은 미군이 가한 것이었다. 요컨대 테리는 '나쁜 이라크 놈들'의 손에 죽은 게 아니었다. 나중에 밝혀진 사실대로라면, 오히려 이라크 민간인들이 미군과 이라크군의 교전에 휘말린 그를 구해주었다. 테리는 교전 중 어깨에 총상을 당했고 경상을 입은 다리는 더러운 붕대로 감겨 있었다. 하지만 목숨을 잃을 만한 부상은 전혀 아니었다. 테리가 도움을 청하러 가는 길에, 미군에서 그가 탄 차량을 공격하라고 지시했다. 차량에는 'ITN' '언론'이라고 똑똑히 적혀 있었지만, 장교들은 나중에 차량이 이라크인들에게 납치되었으며 자살 테러에 사용될 것이라 믿고 총격을 가했다고 증언했다.

이 사실은 자그마치 3년 동안 법정에서 '심리 중'인 상태였으므로 공개적으로 논의될 수 없었다. 나는 종종 사람들에게 내가 하는 일에서 무엇이 제일 어렵냐는 질문을 받는다. 보통은 시신이나 냄새나 재난 현장에 대한 답변을 기대하고 던지는 질문이다. 하지만 내게 가장 괴로운 건, 유독한 정보들을 머릿속에 넣은 채 미래의 상처를 안고 사는 것이다. 테리의 죽음을 둘러싼 진실과 같은 사실들은 법정에서 적법하게 다뤄지기 전까지는 은폐되며, 심지어 유가족조차 알 수 없다. 나는 머리와 어깨로 이 진실의 무게를 짊어지고 36개월을 살았다. 그만큼 시간이 흐른 뒤에야 조사를 통해, 테리가 부상을 치료하려고 전선을 떠나려 하는 도중에 미군 해병대에서 민간인들이 탑승한 미니버스에 총격을 가했다는 사실이 밝혀졌다. 법정에서는 과실치사라는 판결을 내렸다.

10년 뒤, 한 다큐멘터리에서 테리 로이드의 딸이 미니버스에 총격을 가한 해병대원들을 인터뷰했다. 군인들은 당시 사건을 잊지 못한 채 살아가고 있었다. 그들은 현장이 얼마나 혼란스러웠는지 이야기했다. 충격이 오는 방향이 분명하지 않았고 전선 역시 또렷하지 않았다. 미니버스에 누가 타고 있는지에 관해서도 혼선이 있었다. 그들은 미니버스에서 미사일을 발사할 걸 걱정하고 있었다.

갑작스러운 죽음은 언제나 다수의 경험을 동반한다. 동일한 하나의 시간 프레임에 대한 100가지 서사가 존재한다.

이라크 전쟁 후 여러해가 지난 뒤, 부모님은 은퇴 생활을 위해 웨일스와의 경계에 위치한 단층집으로 이사하고 지붕을 수리하기로 결정했다. 전역 후 창업을 했다는 지역 청년이 합리적인 견적을 제시했다. 아빠는 상대가 누구든 입을 열게 할 수 있는 사람이다. 몇주 동안 사다리를 오르내리고, 끊임없이 차를 마시고, 다이제스티브 비스킷과 애플 턴오버를 먹으면서 청년은 인생 최고의 시간과 최악의 시간에 대한 이야기보따리를 풀어놓았다. 이라크와 아프가니스탄에서의 무모한 임무들. 리 차일드와 톰 클랜시 소설 애독자인 아빠는 유혈이 낭자한 그 청년의 이야기에 홀딱 빠졌다.

청년은 자신이 영영 극복하지 못할 일이 하나 있다고 털어놓았다. 브라이즈노턴 기지의 안치소에서 보낸 시간이었다. 그의 전문 분야는 탄약이었고, 사령관들은 그의 가장 절친한 친구의 시신에서 총알을 꺼내면서 총알의 종류를 확인해달라고 요청했다. 불현듯 다리에 힘이 풀렸다. 수치스럽게 상관 앞에서 기절할 수는 없었다. 그는 어떤 젊은 여자가 기절하려는 자신을 붙잡아주었다고 아빠에게 말했다. 가슴이 컸다고 했다. 자기를 데리고 나가더니 형편없는 차를 타주었다고 했다. 그 여자를 평생 잊지 못할 거라고 했다.

  아빠는 그 이야기에 대해 별다른 생각이 없었다. 8월의 어느 뜨거운 날 내가 부모님 댁에 도착하여 차에서 내리기 전까지는. 사다리 제일 아랫단에 서 있던 청년이 순간 휘청했다. 순식간에 얼굴이 허옇게 질렸다. 나는 다시 한번 그를 붙잡아주었다. 그가 승합차에 올라 황급히 떠나기 전까지, 우리 둘 다 아무런 말이 없었다.

  그는 계산서를 우편으로 보냈다.

4장

박싱데이

2004년 크리스마스 다음 날, 박싱데이 아침이었다. 나는 새 플리스 잠옷 차림으로 톰의 본가 1층으로 내려갔다. 공기 중에는 아침 식사를 요리하는 냄새와 명절 특유의 향신료 냄새가 진하게 감돌고 있었다. 거실 TV에서는 긴급 속보가 흘러나왔다. 영화에나 나올 법한 거대한 파도가 화면에 비춰졌다. 비명소리가 마치 배경음악처럼 바탕에 깔렸다. 산산이 부서진 집들과 나무를 들이박은 자동차의 이미지가 이어졌다. 나는 그 자리에 얼어붙었다. 보통 심각한 사태가 아니었다.

화면을 보면서 나는 영국 시각 오전 7시 58분, 14개국에 지진해일이 닥쳤다는 사실을 알게 되었다. 버마 지각판과 인도 지각판 사이에서 발생한 대규모 해저 지진이 인도양에 지진해일을 일으킨 것이었다. 이 재난은 역사상 가장 많은 사망자를 낸 자연재해 중 하나가 되었다. 인도네시아·스리랑카·인도·태국에서 수만 명의 사망자가 발생했다.

"TV 끄자." 톰이 급히 속삭였다. 또 한번 내 시선이 눈앞에 펼

처지는 재난에 고정되는 것에 당황하는 눈치였다. 뉴스가 크리스마스의 가족적인 분위기를 망치고 있었다. 나는 차를 한잔 마시고 화장실에 가겠다는 핑계로 자리에서 일어선 다음, 핸드폰이 울리기를 기다렸다.

그로부터 얼마 전 나는 케니언을 떠나 케임브리지 시의회에서 연구 및 위기관리 담당으로 일하기 시작했다. 성공적으로 석사 학위를 받고, 나의 궁극적 꿈을 향해 나아가는 길이었다. 나는 기업과 정부를 비롯해 각종 기관을 대상으로 재난과 관련된 모든 단계에서 자문에 응하는 소규모 1인 컨설팅 기업을 창업했다. 고객은 재난이 일어나기 전에 연락해서 비상 계획과 훈련을 요청할 수도 있다. 물론 재난 당일에 연락할 수도 있고, 재난 1주년에 지난 재난을 검토하고 다음 재난을 대비하기 위해 연락할 수도 있다. 나는 교육과 검토와 출장에 대해서는 소액의 비용을 청구했으나 최초의 재난이 벌어지는 동안에는 비용을 받지 않았다.

비상 계획이라는 업은 수십년 전부터 존재했지만 우리의 직업은 이제야 형체를 갖추고 정부와 공식적으로 연관되기 시작한 터였다.● 국정을 관리하는 핵심 부서들인 내무부, 내각부, 외무·영연방부는 내게 자문을 구하는 일에 익숙해 있었다. 2004년 12월 26일, 내게 제일 먼저 걸려온 전화는 시신 보관용 가방을 구하려면 이 사람에게 전화해야 한다는 말을 듣고 수화기를 든 젊은 공무원이었다.

● 국가적 사건 및 국제적 사건에 대한 계획 및 대응을 공식적인 법적 틀로 규정하는 2004년 시민 비상사태 법이 당시 의회를 통과하는 도중이었다.

내가 외무부와 처음 견고한 관계를 쌓기 시작한 건 케니언에 입사하고 얼마 지나지 않았던 2002년, 발리섬에서 폭탄 세개가 폭발하여 202명의 사망자가 발생한 때였다. 밤의 유흥을 즐기는 관광객들로 붐비는 발리의 쿠타 지역에서, 자살 테러범이 배낭과 대형 차량에 폭탄을 설치하고 터뜨린 것이다. 사망자 중 23명이 영국인이었다.

영국 정부에서는 발리 폭탄 테러 직후 병리학자, 해부 병리 기술자, 인류학자, 형사 및 치과의사로 구성된 소규모의 팀을 현장에 파견했다. 내가 맡은 임무는 히스로공항에서 사망자의 시신을 기다리는 일이었다. 그 와중에 화이트홀(영국의 의회와 관청이 밀집한 구역—옮긴이)에서는 일부 고위 공무원들이 정부가 시신 송환 비용을 부담하는 것에 반대하는 바람에 품위 없는 실랑이가 벌어지고 있었다. 문제는 영국인 사망자 일부가 여행자 보험을 들지 않았다는 것이었다. 공무원 측에서는 정부가 비용을 부담한다면 추후 휴가객들이 여행자 보험을 들 동기가 없지 않겠느냐고 주장했다. 정부 사람들이 이를 두고 옥신각신하는 동안 이미 훼손된 시신들의 상태는 시시각각 악화되고 있었다. 발리에 파견된 팀의 고통도 나날이 가중되었다. 시신들이 눈앞에서 부패하고 있는데, 송환을 시작하라는 허가가 떨어지지 않았다. 결국 케니언에서 무상 서비스를 지원하기로 결정했다. 상황이 워낙 나빠서 호주 사망자들의 시신을 송환하러 온 호주 사람들이 무상으로 영국 사망자들의 시신을 관리해주겠다고 제안할 정도였다.● 영국 정부에서는 외교적 이유로 이 제안을 받아들일 수 없었다.

웨스트민스터 국회 복도에서 말다툼으로 시간을 흘려보내는 동안 발리에 남겨진 고인들의 시신은 상태가 더욱 악화되고 있었다. 차츰 인간의 형체가 사라져갔다. 부패가 심해지기 전에 얼른 시신을 송환하는 것과, 신원 확인을 너무 급하게 하느라 돌이킬 수 없는 오류를 저지르는 것 사이에서 균형을 잡는 데에는 언제나 섬세함이 필요하다. 절묘한 균형점에 도달하기란 거의 불가능하며, 우리는 언제나 너무 늦고 만다. 정치적 교착 상태에서 3주가 흐른 뒤에야 마침내 히스로공항을 경유하여 시신을 송환하고 임시 안치소로 보낼 자금이 지원되었다. 내게는 시신이 전부 송환되었는지 확인하는 임무가 주어졌다.

시신을 이송하는 항공기가 영국에 착륙하기 전, 톰과 나는 과학박물관으로 나들이를 가서 가능하면 점심을 함께 먹기로 계획을 세웠다. 일주일이 넘도록 같이 시간을 보내지 못했다. 나는 송환 작업을 준비하느라 밤낮없이 일하고 있었고, 톰은 아일랜드의 항공사로 적을 옮긴 터였다. 그런데 박물관 입구로 들어가자마자 핸드폰이 울리기 시작했다. 인체 전시회를 찾은 수많은 신난 아이들과 부모들 틈에서, 거대한 폐가 펌프질을 하고 심장에 불이 들어오는 와중에, 나는 계단을 오르면서 관 하나가 부족하다는 소식을 들었다.

미안하다는 말을 허겁지겁 주워섬기며 톰을 박물관에 홀로 남겨두고, 나는 지하철 피카딜리 선을 타고 히스로공항으로 달려가

● 해당 테러에서 사망한 호주인은 88명이었다.

기 시작했다. 내 인생에서 가장 긴 여정이었다. 머릿속에 갖가지 끔찍한 시나리오가 떠올랐다. 불안해서 속이 뒤집어질 것 같았다. 내가 히스로공항에 도착했을 무렵, 사라진 관은 다시 돌아와 있었다. 단순한 행정상의 오류였다. 관이 실수로 다른 장소로 옮겨졌을 뿐이었다.

  끔찍한 일이 벌어진 직후의 초기 대응 단계에서, 이미 수많은 재난을 겪어본 비상계획관은 진정용 연고와 같은 역할을 한다. 우왕좌왕하는 사람들에게 괜찮을 거라고, '내가 어떻게 할지 안다'고 안심시켜주는 것이다. 사망자가 발생하는 재난을 계획할 때 첫번째 단계는, 어떻게 사망자의 시신을 수습하고 보관하고 보호하여 다음 단계 작업을 가능하게 할지 계획하는 것이다. 공기에 노출된 시신은 부패하기 마련이며, 그뿐 아니라 인간의 감수성과 문명에 대한 감각을 심히 거스른다. 그러므로 시신 관리의 첫번째 임무는 시신을 냉장 보관소에 정리해 넣는 것이다.

  지진해일이 발생하고 내게 처음 전화를 건 사람들은 상황을 이해하고, 공포를 극복하고, 어떤 식으로든 질서를 만들어보려고 발버둥치고 있었다. 실용적인 문제들도 처리해야 했다. 나는 시신을 보관하는 데 필요한 물건들의 목록을 만들었다. 대부분은 과일과 채소를 운반할 때 사용되는 것과 똑같이 일상적인 물건들이었지만, 우리와 똑같은 상황에 처한 다른 나라의 팀들이 현지에서 발빠르게 확보한 뒤였다. 나중에 복기해보니 당시 상황에서 내가 아무리 신속하게 대응한대도 늦을 수밖에 없었다. 박싱데이 아침에 TV 화면에서 본 더러운 갈색 물, 반으로 쪼개진 집들, 대로 한복판에 떠다니는 배들, 수많은 시신들의 이미지는 세상에서 손꼽히게 크고 광범위한 재난에 속해 있었다. 지금까지도 인도양 지진해일 대응은 역사상 최대 규모로 벌어진 다국적 '대규모 사망자' 작전의 자리를 지키고 있다. 그러니 수많은 문제가 쏟아진 건 당연했다. 23만명이 넘는 사망자● 중 일부를 위해 영국에서 파견된 팀원들과 과학자들은 평생 본 적 없는 상황에 내던져졌다. 내가 여기서 '일부'라고 표현한 건, 재난 후 며칠 동안 영국 말고도 서구 세계 곳곳에서 사람들이 달려와 자국민의 시신을 되찾고 본국으로 송환하려 애쓰고 있었기 때문이었다. 지역사회의 사망자들은 신원 확인을 하지 못하고 집단 매장지에 묻히거나 화장되는 일이 잦았다. 사인에 집중할 시간은 없었고, 반드시 사인을 밝혀야 할 동기도 딱히 없었다. 사지가 절단되었거나 심한 두부 외상을 입은 시신의 경우에도 사인은 일괄적으로 익사로 처리되었다.

  신원 확인과 시신 송환을 위해 태국으로 온 영국 경찰과 과학자들은 뼛속까지 덜컹거리는 비포장도로를 따라 세시간을 달려서 여러구의 시신들이 안치된 절로 향했다. 시신 위에 드라이아이스 블록이 놓여 있었고 얼굴은 시시각각 검게 부패해갔다. 실종자의 가족들은 붐비는 병원을 미친 듯이 뒤졌다. 실종된 여행자 수백명의 이름을 손으로 쓴 목록이 게시판에 나붙었다. 지역 사람들은 아기나 어린아이의 시신을 보면 근처에 있던 여자의 시

● 인도양 지진해일의 정확한 사망자 수에는 논란의 여지가 있다. 공식 발표된 수치는 과소평가되었을 가능성이 있으며, 미등록 이주 노동자들이 집계에서 누락되었을 수 있다.

신 위에 올려놓곤 했다. 어머니와 자식을 다시 만나게 해주는 것이길 소망하는 마음이었을 것이다. 어떤 지역에서는 현지의 재난대응요원들이 남자와 여자와 아이를 공동묘지에 함께 묻었다. 실제 친족인지는 알 수 없지만 가족과 닮은 모양새로 만들어준 것이다. 영국 경찰과 과학자들은 시신이 매장되기 전에 수습하기 위해 시간과의 경주를 벌여야 했다.

지진해일로 사망한 시신의 부패도는 영국의 재난대응요원들이 일찍이 본 적 없는 수준이었다. 해수에 오래 노출되었던 시신은 뜨거운 인도양의 햇볕 아래, 우리 눈앞에서 실시간으로 부패해갔다. 영국으로 송환되었을 무렵에는 시신 대부분이 찢어진 살점과 녹아내린 몸이 뒤섞인 죽처럼 변해버렸다.

* * *

재난으로 인한 죽음은 결코 온화하거나 평화롭지 않다. 시신은 온전한 경우가 드물고 대개는 신원 확인이 어렵다. 따라서 비상 계획에서 가장 중요한 부분의 하나가 사망자의 이름을 되찾아주는 것이다. 육안 신원 확인(예를 들어 가족에게 사랑하는 사람의 시신을 보여주거나, 재난대응요원이 시신을 사진과 대조해보는 것)은 어떤 사망 사건에서나 어려울 수 있지만 재난 상황에서는 한층 복잡해진다.● 부패는 놀라울 정도로 빠르게 진행된다. 몸

● 육안으로 신원 확인을 하는 것은 정확하지 않을 수 있다. 하지만 유가족이 치료적 목적으로 시신을 보는 건 별개의 문제다. 나는 유가족이 시신을 보고 사망자에게 작별을 고할 권

이 부풀어오르고, 눈에서 체액이 흘러나오고, 피부가 흘러내리고 색이 변하기 시작한다. 시신을 서로 구분하기 어려워지며 태그와 라벨이 벗겨지기도 한다. 잘못된 시신이 다른 나라로 송환되는 일도 있다.

내가 재난 업계에서 일하는 동안, 재난 희생자의 신원을 확인하는 과학적 기술 및 관행은 꾸준히 발전해나갔다. 특히 클라크 법관이 작성한 마셔니스호 참사 사망자 처리에 관한 보고서가 2001년 발표되면서 혁신적 발전을 이루는 계기가 됐다. 그뒤로 클라크 법관의 보고서는 재난 사망자를 처리하는 기준 역할을 해왔다.

1989년 준설선 한척이 런던 템스강을 지나던 유람선 마셔니스호와 충돌하면서 50명이 사망했다. 템스강 검시관 밑에서 일하던 병리학자는 모델·피아니스트·발레리나 할 것 없이 거의 절반에 달하는 사망자들의 손을 잘라냈다. 1980년대에는 익사자의 손을 자르는 게 관행이었다. 물에 잠겨 있던 손에서 지문을 채취하려면 손을 자르는 편이 더 수월하기 때문이다. 지문이 있는 중요한 부분인 피부 외층의 표피가 장갑처럼 벗겨지기 시작한다. 어떤 병리학자들은 장갑처럼 벗겨진 표피를 자기 손에 끼우고 손가락을 꾹 눌러 지문을 찍기도 한다.

병리학자는 나중에 누군가 손을 다시 시신에 꿰매고, 꿰맨 자국은 통이 넓은 소매나 외투로 숨길 거라고 생각했다. 하지만 잘

리를 보호하기 위해 싸워왔다.

려나간 손은 그저 관에 들어간 시신 아래에 낀 채로 발견되기 십상이었다. 손 몇개는 안치소 냉장 시설에서 뒤늦게 발견되기도 했다. 나는 마셔니스호 유가족 행사에 참석한 적이 있다. 재난이 일어나고 10년 뒤, 검시관이 유가족에게 손이 잘린 사망자 명단의 최종 버전(이길 희망하는 것)을 제공한 뒤였다. 많은 가족이 충격과 고통으로 얼굴이 허옇게 질려 있었다. 최종 목록이 정확한지에 대해 여전히 불신을 품은 사람들도 있다.

재난 사망자를 잘못 대하여 유가족의 고통을 가중시키는 사례는 이밖에도 많다. 디재스터 액션의 구성원들은 이런 상황을 거듭 목격했다. 모린 캐버나가 들은, 아들이 충돌의 순간에 자고 있었다는 선의의 거짓말. 마셔니스호 피해자 션 록우드크로프트의 어머니 마거릿은 정부에서 관을 열지 못하게 한다는 이유로 여전히 관에 든 시신이 션이 아니라고 믿고 있다. 나중에 법의학 서류에는 관에 든 남자가 대머리였다고 적혔는데, 션은 검은 머리칼이 풍성한 청년이었다. 마거릿은 지금까지도 관을 땅에서 파내서 열어보기 위해 싸움을 벌이고 있다.

클라크 법관의 마셔니스호 참사 처리 보고서에는 자세한 권고 사항뿐 아니라, 중대 재난 대응에 적용되어야 하는 일련의 중요한 원칙들이 포함되어 있다.

그 원칙들은 다음과 같다.

─모든 시점, 모든 단계에서 가능한 한 정확하고 정직한 정보 제공

─사망자와 유가족에 대한 존중
─전반적으로 공감하고 배려하는 태도
─잘못된 신원 확인 방지

조사위원회에 참석한 유가족 대표 변호사는 유가족들 시선이 닿지 않는 안치소의 닫힌 문 안쪽에서 일하는 사람들에겐 사망자를 특별히 존중하는 태도로 대할 책임이 있다고 강조했다. 그뒤로 여러해 동안 마셔니스호 보고서는 내가 하는 모든 일을 스스로 검토하는 렌즈가 되어주었다. 나는 신원 미상 사망자에게 도움을 주는 사람들 모임에도 가입했는데 그들은 '클라크 경 기준에 부합'한다는 점을 자부하고 있었다.

마셔니스호 보고서 이후로 영국의 재난 사망자 관리는 크게 변했다. 우리는 재난 사망자 신원 확인에 관한 한 전세계를 선도하는 나라가 되었다. 그 시점부터 영국에서는 신원 확인에 전문 훈련을 받은 경찰 팀이 파견되었고, 고위 경관들이 검시관의 지시대로 증거가 수집되는지 감독했다. 병리학자·인류학자·법의치의학자가 각각 사망자의 살·뼈·치아를 담당하여 신원 확인에 조력했으며 필요한 증거를 수집하는 일은 해부 병리 기술자들과 방사선사들이 도왔다. 추후에는 DNA 과학자들도 합류했다. 많게는 수백명에 이르는 사람들이 재난 안치소에서 협업했다.

그러나 재난 사망자 신원 확인에서 부검은 이야기의 한 면에 불과하다. 안치소에서 업무가 진행되는 동안, 가족 연락 전문으로 훈련받은 경찰관들이 증거를 수집하기 위해 유가족에게 파견된다. 언뜻 보면 단순히 유가족을 지원하는 역할 같지만, 알고 보면 그들에게는 나름대로 조사를 하는 동시에 더 폭넓은 수사가 이루어지는 동안 가족과의 연결고리로서 행동한다는 구체적인 임무가 있다. 가족 연락 담당 경관들은 조사와 관련된 정보를 유가족과 주고받는 일에 밤낮없이 개인적으로 대단한 노력을 기울인다. 그들의 임무 하나는 유가족과 함께 기나긴 '생전' 정보 양식을 채워 넣으면서 사망자에 대해 대단히 세세하고 개인적인 정보를 수집하는 것이다. 이것이 죽음 전, 즉 '생전' 정보라고 불리는 이유는 재난이 발생하기 전 사망자에 대한 세부 사항을 담고 있기 때문이다. 경찰 교육에서 다소 잔인하게 '생전 정보 수확'이라고 일컬어지는 이 절차는 질문의 사적인 속성으로 인해 유가족들 사이에서 뜨거운 논란이 된다.

생전 정보 양식은 20쪽이 넘으며, 코(알코올중독자의 특징이 있는 코인가?), 귀(튀어나왔는가?), 음모 상태(제모했는가? 장신구를 달았는가?), 타투, 양쪽 다리 길이의 차이 등에 대한 설명을 요구한다. 이 양식은 인터폴이 교통 참사 사망자가 나왔을 때 안치소에 보관된 시신의 몸통 혹은 팔다리의 해부학적 구조와 가족의 설명을 비교하여 신원을 확인하던 시절의 잔재다. 여기서는 신체를 생물학적 성별을 기준으로 이분법으로 나누기 때문에, 재난대응요원들이 트랜스젠더의 시신 앞에서 혼란에 빠지는 상황이 여러번 있었다. (항공기 추락 현장에서 수습할 수 있었던 것이 약간의 인체 조직과 척추 뼈, 기도, 골반뿐이라면 그중 생전에 약물이나 수술로 바꿀 수 있었던 부위는 없을 것이다. 수습된 유해는 일단 사망자가 생전에 살아간 정체성이 아니라 생물학적 성별로 기록될 것이다.) 유가족은 인생 최악의 순간에 생전 정보 양식을 마주하게 된다. 아직 사망자가 비행기를 타지 않았거나 쇼핑 나들이를 취소했을 가능성에 매달리고 있을 수도 있다. 그럼에도 그들은 머리를 싸매고 그 사람의 신체적 특징을 가장 사소한 것까지 기억해내야 한다.

 생전 정보는 노란색 종이에 적힌 양식의 형태로 수집된다. 수집된 양식은 분홍색 종이에 적힌 사후 정보와 대조된다. 양식은 다음으로 검시관, 법의학 전문가, 경찰 고위 신원 확인 관리자로 구성된 신원 확인 위원회에 넘어가고, 그들은 공식적으로 신원이 확인되었음을 선포한다. 신원 확인 위원회는 이름은 거창하지만 실상은 단순히 경찰 본부나 시청에서 열리는 회의다. 이 과정을 살펴보면 신원이 시신 자체와는 별개의 것이라는 결론에 다다르게 된다. 신원은 주어졌다가 회수될 수 있고, 옳을 수도 있지만 틀릴 수도 있다. 이 모든 과정이 오랜 시간이 걸리며 유가족을 더 깊은 비통함의 구렁텅이로 밀어 넣는다.

 나는 사망자가 단 한명 나왔을 때조차 신원 확인을 잘못하는 일을 목격한 적이 있다. 단 두구의 시신, 또는 한명의 생존자와 한구의 시신 사이에서도 혼동이 일어날 수 있다. 특별히 주의를 기울여야 하는 사건도 있다. 한번은 조부모·부모·자녀 3대가 차 한대를 타고 가다가 고속도로 다중 충돌 사고에 휘말린 사건에서 자문에 응한 적이 있다. 똑같이 네온핑크색 티셔츠를 맞춰 입고 처녀 파티를 하러 가던 젊은 여자들과 신부 어머니, 이모 두명이 사고를 당한 적도 있었다. 티셔츠 어깨에 모조 크리스털로 신부와의 관계가 수놓여 있었다. 2018년 4월 6일, 나는 새스캐치원 리그 플레이오프 경기를 하러 가던 훔볼트 브롱코스 주니어 하키팀이 타고 있던 버스가 치명적인 사고에 휘말렸다는 TV 보도를 보았다. 사진에 담긴 젊은 하키 선수들은 신체적으로 너무나 비슷했다. 똑같은 장비를 착용하고 있었고, 운명의 장난인지 경기 전에 다 같이 머리를 샛노랗게 염색했다. 캐나다 재난 사망자 신원 확인 팀은 분명히 최선을 다하겠지만, 이런 상황에서 올바른 신원 확인은 거의 불가능할 터였다. 과연 사고로부터 48시간이 지난 일요일 밤 신원 확인에 오류가 있었다는 첫번째 소식이 유가족에게 전달되었다. 죽은 줄 알았던 청년이 살아서 병원에 입원해 있었다. 반대로 다른 청년은 가족의 소망과 달리 응급실이 아닌 안치소에 있었다.

소소한 실수는 거의 매일 발생한다. 신원 확인이 잘못된 상태로 시신이 유가족에게 전달되기 전에 실수가 바로잡히면 그나마 다행이다. 나도 몇번 실수를 했다. 라벨들이 사고로 뒤바뀌거나 글씨가 씻겨 지워지기도 한다. 두개의 양식이 뒤섞이거나 샘플이 엉뚱한 가방에 담기는 것도 보았다. 어떤 조사위원회에서 유가족들은 경찰과 과학자들의 행동 오류를 심각한 음모론의 증거로 해석하기도 한다. 실제로 그럴 때도 있긴 하다. 하지만 내 경험에 비추어볼 때, 그런 오류는 단순히 글씨를 잘못 쓴 실수나 지쳐서 머리가 잘 돌아가지 않은 결과일 가능성이 더 높다. 그래서 우리는 계획 단계에서 향후 일어날 수 있는 실수들을 방지하고 검토할 장치를 넣으려고 최대한 노력한다.

재난 사망자의 신원을 확인할 때 어째서 실수가 일어나는지 이해하고 싶다면, 재난 사망자와 많은 시간을 보내보면 된다. 재난 현장에서는 한때 살아 있는 사람의 신체였던 부위를 알아보기가 어려워질 수 있다. 겉으로 상한 부분이 없는 온전한 시신도 바닷물이나 태양에 노출되면 훼손된다. 얼굴이 푹 꺼지고, 안구 색깔이 달라진다. 여기에 신원 확인 팀의 인지적 편향과 가정도 슬며시 끼어든다. 1987년 킹스크로스 지하철 화재로 인해 서른한명이 사망했을 때 대다수의 사망자는 친족에 의해 신원이 확인되었다. 나머지 사망자들의 신원을 확인하기 위해 경찰은 개인 유류품을 살펴보았고 특히 장신구에 집중했다. 안치소에서 일하던 병리학자는 신원 미상의 사망자 한 사람이 백인 남성이라고 결론을 내렸다. 같은 시점에 존 피츠제럴드 세인트 프릭스의 어머니가 아들이 실종되었다고 신고했다. 존은 흑인이었고, 금 장신구를 착용하고 있었다. 존의 어머니는 신원이 확인되지 않은 사망자들 중에 아들과 신체적으로 부합하는 이가 없다는 말을 들었다. 그로부터 거의 한달이 지나서야 지문 대조를 통해 세인트 프릭스 부인의 염려가 현실로 밝혀졌다. 혼동이 일어났던 것이다. 화재는 흑인의 피부를 변형시켜 백인의 피부처럼 보이게 한다. 금 장신구는 열기 속에서 형체조차 없이 녹아버렸으므로 신원 확인에 아무런 도움이 되지 않았다.

교통사고로 인해 사망하거나 병원에서 사망하는 경우, 검시관은 유가족이 육안으로 신원을 확인하는 것만으로도 충분하다고 결정할 수 있다. 눈에 띄는 장신구, 상처, 표지, 타투, 신체 부위 절단, 의료 기록, 엑스레이, 신분증 등은 신원 확인을 보조하는 '이차적' 단서로 간주된다. 그러나 더 큰 사건과 재난으로 인한 사망자의 경우엔 지문, 치아 기록, DNA, 그리고 가능하다면 고관절 치환술, 유방 보형물과 같은 의료적 식별자가 더 선호된다.●

신원 확인 초기에 가장 유용하게 사용되는 식별자는 치아다. 치아는 단단하며, 신체의 나머지 부분이 훼손되더라도 온전하게 보존될 가능성이 높다. 또한 정기적으로 검진을 받고 기록이 남는다. 법의치의학자는 서류 또는 전산상의 기록과 눈앞에 놓인 시신의 턱뼈와 치아를 대조해본다. 그러나 언제나 사망자의 치아 기록을 얻을 수 있는 건 아니다. 예를 들어 도심 네일숍에서 일하는 현대판 노예들에게 치과 보험이 있을 리 없다. 인도양 지진해일 후에도 신원이 확인되지 않은 미등록 이주노동자 수천명이 매장되었다고 믿어진다. 이렇듯 치아는 특권을 수반하는 식별자이다. 한편 아이러니하게도 치의학이 발전한 것 역시 신원 확인에서 문제를 낳는다. 이제는 훌륭하게 관리된 균일한 치아를 가진 사람이 너무 많아서, 우리 입안에 들어 있던 우리만의 고유한 지도가 사라져버렸다. 그래도 영국에서는 여전히 치아를 살피는 것

● 본래 '고유 의료 식별자'라고 불릴 정도로 정확하다고 여겨졌던 금속 인공 고관절은 재활용된 관절이 거래되기 시작하면서 오류의 여지가 생겼다. 영국에서는 2000년대 초반에 유방 보형물의 일련번호 등록이 폐지되었으므로 보형물 역시 법의학적 식별 장치로 사용하기 어려울 수 있다.

이 신원 확인의 첫 단계다.

 2001년 발표된 클라크 경 보고서와 2004년 인도양 지진해일 대응은 영국 재난 사망자를 관리하는 과학자, 안치소 인력, 경찰에게 새로운 활기를 불어넣었다. 모든 나라가 영국과 같은 접근법을 개발하진 않았기 때문에, 지진해일과 같은 국제적 참사가 일어나면 우리는 다른 국가의 대응요원들이 시신에서 손과 턱뼈를 잘라내기 전에 영국 국민들의 시신을 수습하기 위해 빠르게 움직여야 했다. 인도양 지진해일에서 사망한 영국인의 시신이 본국으로 송환되자, 검시관은 그들의 손과 턱뼈가 타국의 재난 사망자 신원 확인 팀에 의해 잘려나간 점에 대해 사과 성명을 발표해야 했다.

 지진해일의 힘과 인간의 노력이 맞붙는 전투에서, 자연의 숨막히게 강렬한 파괴력은 현장에서 사망자의 신원을 확인하려는 어떠한 노력도 짓뭉갤 것이 분명하다. 그러나 영국으로 돌아온 신원 확인 팀이 앞으로 사망자와 유가족을 돌보는 방식을 개선하겠다는 열정을 불태우는 것을 보면서, 내가 가장 흥미롭고 혁신적인 시기에 이 업에 발을 들였다는 확신이 더욱 굳건해졌다. 마지막으로 한번 더 시신에 손을 얹고, 알아낼 수 있는 모든 것을 그러모아, 그 시신의 이름을 찾아주는 것. 그것이야말로 내가 할 수 있는 가장 중요한 일처럼 느껴졌다.

5장

44분의 대혼란

2005년 7월 7일 목요일 아침, 나는 런던에 있었다. 화이트홀에서 열리는 회의에 지각하는 중이었다. 회의의 주제는 비상 상황 후에 사람들을 어떻게 돌볼 것인지였다. 바야흐로 비상 계획 분야에 활기와 흥분이 감돌고 있었고 우리의 일이 집중되는 장소는 당연히 영국의 수도인 런던이었다. 그로부터 정확히 일주일 전, 나는 영국이 마주한 리스크와 위협을 주제로 하는 국가 비상계획관 컨퍼런스에 참여했다. 그중 한 세션은 런던 지하철망 전체에서 대규모로 사람들을 대피시켜야 하는 가상 상황을 다루었다.

나는 피카딜리 선의 레이너스레인역에서 지하철을 탔다. 원래 계획보다 30분이 늦은 시점이었다. 출산한 지 얼마 안 된 친구를 만나 아기를 안아주고 머리 냄새를 맡다가 늦어버린 것이다. 9시 정각이 지나자마자 돌연, 기차가 예정에 없이 멈췄다. 우리는 정적 속에 가만히 앉아 있었다. 나는 지하철 직원들이 빠르게 움직이고 있다는 걸 눈치챘다. 그들은 달리고 있지는 않았지만, '행동 모드'에 돌입한 얼굴이었다.

대략 20분 뒤 나는 어딘지 알 수 없는 역에서 대피하고 있었다. 우리를 안내하는 경관은 목이 터지도록 고함을 질러댔다. 그는 젊었고 공황에 빠진 것처럼 보였다. 가운을 걸치고 턱수염을 기른 노인이 객차에서 너무 느리게 내리자 경관이 그를 거칠게 붙잡고 고함을 쳤다. "젠장, 빨리 좀 움직이라고요! 밖에서 사람들이 뒈지고 있는데."

경관이 노인에 대해 보인 적대감, 내 핸드폰 노키아 3210에 뜬 '사용 가능한 통신망 없음' 메시지. 이것만으로도 상황을 파악하기엔 충분했다. 9·11 테러 이후 우리가 영국에 닥칠 수 있다고 생각하고 대비해온 위협이 마침내 현실이 된 것이다. 아마 대의를 위해 기꺼이 목숨을 내놓고자 한 누군가가 조끼나 배낭에 사제 폭발물을 설치했을 것이다. 수많은 나라들에서 자살 폭탄 테러가 성공하는 걸 보면서 영국 차례가 오는 건 시간문제라는 걸 알았다. 역사 밖으로 안내받으면서 나는 정확히 이런 사건을 어떻게 대비할지 적은 공책이 내 배낭에 들어 있다는 걸 깨달았다. 다만, 사건이 일어났을 때 내가 이쪽 편에 서 있을 거라고는 예상하지 못했다.

런던 지하철망 내의 일선 대응요원들은 이런 위협에 대해 인지하지 못하고 있었던 것 같다. 몇주 뒤 평가 회의에서 우리는 당시 현장에서 오간 통신 내용을 들었는데, 일부 지하철 근로자들은 처음에 단순한 전기 문제라고 생각한 모양이었다. 선로에서 드물지 않게 일어나는 전력 급증 현상으로 인해, 연기와 불꽃이 발생하기도 한다. 그럴 때는 몇시간 동안 경미한 혼란이 뒤따를 수 있다. 하지만 부상자들이 나오기 시작하자 녹음된 목소리의 어조가 급격히 변하는 것도 확인할 수 있었다. 일부는 부상이 어찌나 심한지 병원을 찾은 가족들이 알아보지 못할 정도였다.

2005년 7월 7일, 런던 지하철 역사 세군데에서 자살 테러범 세 명이 거의 동시에 폭탄을 터뜨렸다. 테러 사망자의 사인 조사를 담당한 검시관은 그 직후 상황을 '44분의 대혼란'으로 묘사했다. 네번째 테러범은 기차역을 폭발시키려던 최초 계획이 어긋나자 빨간색 런던 버스를 타고 타비스톡 광장에서 폭탄을 터뜨렸다. 광장 옆의 영국 의학협회 건물은 흰 벽에 핏빛 얼룩이 져서 세척하고 새로 페인트칠을 해야 했다. 프레임이 엉망진창으로 뒤틀린 버스는 테러를 상징하는 이미지로 자리매김했다. 운전기사가 덜컹거리며 모퉁이를 돌 때마다 사람들이 붙들던 기둥들이 온갖 각도로 꺾여 튀어나오면서, 몇몇 생존자는 얼굴 한가운데에 특이한 멍 자국을 얻었다. 미디어와 컨퍼런스 조직자들은 테러 현장 이미지를 멋대로 가져다 썼다. "런던 버스로 런던을 테러하다." 업계 사람이 아니고서는, 이 이미지 속에 육안으로 식별 가능한 신체 부위들이 함께 찍혀 있다는 것을 알아차리지 못한다. 항공기 추락과 전쟁 현장 영상을 보도하는 방송사에서도 종종 같은 실수를 한다.

일부 미디어 보도에서는 '44분의 대혼란'이라는 검시관의 표현이 대응요원들을 비판한 것이라고 해석했다. 그러나 알고 보면 44분 만에 혼란이 종식되었다는 것이야말로 실은 기적에 가까운 일이다. 초기 대응은 언제나 혼란스러우며 우리를 압도하여 정신을 마비시킨다. 런던에서 테러가 일어난다는 건 전적으로 예측 가능한 리스크였다. 테러가 일어날 경우 사람들에게 어디로 가야 하는지, 어떤 말을 해야 하는지, 무엇을 가져가야 하는지 알려주는 비상 계획이 마련되어 있었다는 뜻이다. 그러나 아무리 계획을 잘 세워두었더라도, 비일상적인 상황과 변덕스러운 인간 행동을 감안하면 혼란은 불가피하다.

나이 지긋한 군 출신 비상계획관들은 "웬만한 계획은 적과 마주치는 순간 폐기된다"라고 즐겨 말한다. 이 말에는 일말의 진실이 깃들어 있지만, 패배를 시인할 때 나는 좌절감을 느낀다. 우리가 세운 비상 계획이 재난이라는 현실을 맞닥뜨렸을 때 완벽히 순탄하게 실행될 거라고 기대하는 사람은 아무도 없다. 그럼에도 계획에는 여러 중요한 기능이 있다. 충격으로 떨리는 손을 진정시켜주는 것도 그중 하나다. 재난 계획은 사건의 지휘관이 미처 인지하지 못한 문제가 터지기 전에 무엇을 준비해야 하는지 경고하는 역할을 한다. 아무리 노련한 대응요원도 대형 사건의 초기 단계에서는 마구 분출되는 코르티솔과 아드레날린 때문에 판단력이 흐려질 수 있다. 이런 순간에 클립보드에 끼워져 있거나 전자 태블릿 기기에 띄워진 비상 계획은 우리가 의지할 곳이 되어준다. 생각을 정리하고 초점을 명료하게 해줄 심리적 장치로서 기능하는 것이다. 비상 계획은 재난에서 우리가 취해야 할 중요한 행동들을 나열한 단순 체크리스트일 수도 있지만, 여기엔 우리의 두 눈을 당장 해야 하는 일들에, 그리고 그 일들을 처리해야 할 순서에 집중시켜주는 효과가 있다. 사람들을 이동시키는 것. 필요한 자원을 가져오는 것. 뉴스 헬리콥터와 최근 빈번해진 뉴스 드론을 막기 위해 비행 금지 구역을 신청하는 것.

이보다 더 처치 곤란한 문제는, 비상 계획의 단계별 절차를 실행에 옮기겠다며 현장을 찾아오는 사람이 대개 지역에서 가장 직위가 높은 사령관이라는 것이다. 우리는 그가 도착하는 순간을 "스크램블 에그 도착"이라고 부른다. 사령관의 어깨띠에 부착된 구불거리는 트월 직물이 아침 식사 접시에 자주 오르는 계란 요리를 닮은 것에 착안한 농담이다. 재난에 대해 지원 요청이 오면 사령관들은 직접 행동에 나서려 하지만, 평소에 최신 훈련이나 연습에 참여하는 법이 없으므로 자주 일을 그르치고 만다.

런던 지하철은 이름에서 알 수 있듯 대부분 런던 도심의 지하를 달린다. 그 말인즉 소방, 경찰, 구급, 법의학 팀에서 곧 7·7 테러라는 줄임말로 불리게 될 재난 현장의 접근권을 쉽게 통제할 수 있었다는 뜻이다. 그럼에도 현장에는 지하라는 공간에서 비롯하는 작전상 어려움이 무수히 산적했다. 가령 설치류가 있었고, 대기 질은 끔찍했으며, 석면이 존재했다. 러셀스퀘어역에서 폭탄이 터진 뒤 경찰과 구급대원들은 구조를 시도하기 위해 호흡기 완전 보호 장비를 착용한 채 갖가지 장비를 끌고 20분 동안 깜깜한 어둠 속을 걸어야 했다. 버스 테러에 대응하던 사람들은 다른 종류의 난관에 부닥쳤다. 버스가 쪼개져서 사람들의 시선에 노출되어 있었다. 현장에서 무슨 일이 일어나는지 훤히 들여다보였다.

버스 테러 현장에서 초기에 발생한 매우 심각한 문제의 주범은 내가 전에도 대적한 바 있는 상대였다. 범인은 바로 비둘기였다. 9·11 테러 임무를 경험한 이래, 나는 비둘기의 존재에 대단히 예민해졌다. 그때 나는 그라운드제로를 둘러싼 건물에 지어진 비둘기 둥지와 홈통에서 인간 뼈를 찾기 위해 뉴욕에 파견될 팀을 소집해야 했다. 아직 유해를 수습 중이었던 현장에서, 비둘기와 다른 새들이 손가락뼈와 같은 아주 작은 인간의 뼈를 모아서 둥지를 짓고 있었다. 그렇게 비둘기 둥지 재료로 쓰인 새끼손가락 뼈 하나가 세계무역센터에서 사망한 누군가의 유일한 유해이자 그의 신원을 확인할 유일한 열쇠일 수도 있었다. 뼈를 찾아내 DNA 검사에 보내야 했다.

하지만 수색 작업을 통해 발견된 뼈 대부분은 인간의 것이 아니라 식당에서 나온 것이었다. 세계무역센터 안에는 레스토랑이 스물두곳 있었고 식료품점과 구내식당도 있었다. 여기에 더해 근무자들이 싸온 점심 도시락도 있었을 것이다. 대규모 인류학 팀은 DNA라는 새로운 분야의 기술자들과 힘을 모아서, 수년에 걸친 작업 끝에 뼈들을 구별해냈다. 우리는 뉴욕의 법의학 검시관medical examiner(일반 검시관인 coroner와 달리 의학 학위가 필요하여 더 전문성 있는 직책이다—옮긴이)에게 힘을 실어주고자 영국 최고의 안치소 팀을 보냈다. 이 경험으로 나는 비둘기에 대한 경계심이 생겼고 현장에서 작은 뼈를 보존하는 일에 진심으로 임하게 되었다.

버스 테러처럼 개방된 현장의 경우, 비둘기를 쫓아줄 매를 날리는 것이 비상 계획의 첫 단계에 들어간다. 7·7 테러 현장에서는 매년 윔블던 테니스 대회에서 비둘기를 쫓는 용도로 계약된 매를 사용했다. 비둘기들은 매라면 질색했다. 테러 일주일 뒤, 동물권 운동가들이 런던 시장 사무실에 매에 대한 민원을 넣었다. 신원 확인 팀의 고위 관리자는 네군데 테러 현장에서 진행되고 있던 시신 수습 및 검토 작업을 잠시 중단하고 시장 사무실로 불려가서, 매가 비둘기를 잡아먹는 게 아니라 겁주어 내쫓는 것뿐이라고 해명해야 했다.

한편 수습된 시신을 이송할 안치소도 필요했다.

7월 7일 아침에 다른 탑승객들과 함께 근처 공립 도서관으로 안내받고 유선 전화끼리 통화는 가능하다는 설명을 들었을 때, 내 머릿속엔 이런 것들이 하나도 떠오르지 않았다. 내가 기억할 수 있는 유선 전화번호는 하나도 없었다. 지역 당국에서는 본래 몇몇 장소를 회복 공간으로 지정해두었지만, 나중에 동료들 이야기를 들어보니 사람들은 그냥 사용할 수 있는 아무 건물로나 안내받은 모양이었다. 재난 상황에선 워낙 흔한 일이다. 경찰은 계획상 대피 장소로 지정되지 않은 학교와 도서관을 멋대로 징발하여 비상계획관들을 답답하게 만든다. 재난이 닥치면 어떤 공간이 공식 재난 계획에 포함되어 있는지는 상관이 없어진다. 우리는 조명이 밝게 켜져 있고, 찻주전자가 있으며, 미소 짓는 얼굴이 우리를 반겨주는 장소를 향해 비틀거리며 나아갈 따름이다.

그날의 사건에 대해 내가 제대로 이해하게 된 건, 몇주 뒤 열린 검토 회의에서였다. 사건 당일에 내가 알 수 있었던 사실은 재난의 계층 구조에서 나처럼 대피한 사람들이 한참 후순위라는 것뿐이었다. 우리는 생명에 즉각적 위협을 받지 않았다. 부상을 당하지도 않았다. 도서관 사서가 다른 지역에선 뭔가 심각하고 생명이 오락가락하는 일이 벌어지고 있다고 힘주어 말했지만 그 일이 정확히 무엇인지 아는 사람은 없었다. 나중에 나는 그런 혼란스러운 상황에서 대피했던 사람들이 자신을 재난의 '생존자'라고 칭하는 것을 여러번 듣게 된다. 하지만 사실 우리는 생존자가 아니라 단순히 지나가는 행인이었다. 대피한 사람들 일부는 근처의 개방된 공간에서 일곱시간 가까이 대기하라는 지시를 받았다. 그날 하루 우리의 계획은 물거품이 되었지만, 시간이 좀 지연되었을지언정 결국은 볼 일을 보러 떠날 수 있었다.

그날 아침 내 머릿속에는 오로지 집에 가고 싶다는 생각밖에 없었다. 아드레날린이 온몸을 타고 흘렀고, 배낭 속에 비상 계획이 적힌 종이가 들어 있다는 사실을 깨달은 뒤에도 나아지는 건 없었다. 트라우마 상황에서 일어나는 '투쟁 혹은 도피' 반응은 고대부터 우리의 DNA에 새겨진 일반적인 즉각적 반응이다. 그러나 비상 계획에서는 사람들에게 대기하고, 연락처를 남기고, 설명을 하라고 요구한다. 이렇듯 가장 기본적인 인간의 본능을 무시하는 계획은 따라서 결실을 맺기 어렵다. 본능을 거슬러 그 자리에 머무는 동안 우리의 몸은 호르몬을 분출하며 우리에게 당장 일어나서 이곳을 떠나라고 비명을 지르고 있다. 최근의 한 사건에서 심하게 다친 어느 피해자는 차분하게 남편에게 전화하고, 차를 타고 집에 돌아가서 찻물을 끓이기 시작한 뒤에야 치명상에 가까운 부상을 입었다는 걸 깨달았다고 한다. 나중에 수술을 해보니 비장을 떼어내야 할 정도로 대단한 중상이었다.

  도서관에서 나오는 동안 내 마음속엔 거의 500킬로미터 떨어진 곳에서 일하고 있는 톰을 만나고 싶다는 바람만이 간절했다. 하지만 킹스크로스역이나 유스턴역에는 북쪽으로 가는 기차가 없었다. 나는 택시를 타고 히스로공항으로 향했다. 운전수와 나는 공항에 가는 길에 손을 드는 사람이 있으면 누구든 합승시키기로 미리 합의했다. 이내 택시가 가득 찼다. 요금은 나눠서 지불했다. 공항으로 향하는 택시 안에서 한번씩 초조한 웃음이 터져 나왔다. 재난 직후에 찾아오는 황홀하고 들뜬 허니문 단계다. 살아 있음에 감사하며, 서로 조금 지나치게 몸을 붙이고 앉는다. 나와 택시를 함께 탄 사람들은 갑작스럽게 찾아온 생에 대한 갈망에 감격하며 아내와 연인을 꼬옥 안아줄 태세가 되어 있었다.

  운전기사와 나 단둘이 택시에 남았을 때, 그는 내가 급히 뒷자리에 타면서 "히스로공항으로 가주세요!"라고 외쳤을 때 조금 경계했다고 털어놓았다. 계속 룸미러로 내 상태를 확인했다고 했다. 18년 전, 킹스크로스역 화재가 일어났던 밤에 그는 기차역 밖에서 택시를 몰고 있었다. 그때 서류가방을 든 정장 차림의 남자가 뒷좌석에 급히 타더니 나처럼 히스로공항으로 가달라고 했다. "뒤를 돌아보았죠. 그 남자 몸에 불이 붙어 있더군요. 제가 말해줘야 했어요. '손님, 몸에 불이 붙었어요. 병원으로 데려다드릴까요?'" 그래서 그는 룸미러를 보고 있었던 것이다. 혹시 내 몸에도 불이 붙었을까봐.

* * *

테러 당시에 나는 내무부와 총리실 양쪽에서 고문으로 일하고 있었다. 테러가 발생하기 단 7일 전에 런던 내 모든 검시관의 합의로 테러 공격 및 '대규모 사망자 계획'에 대한 프로토콜이 승인되었다. 법의학 전문가, 선임 검시관, 고위 경찰관으로 구성된 막강한 팀이 내무부에 효과적인 로비를 펼친 결과, 영국 내 어떤 지역에서든 충분한 전문성과 자원을 갖춘 국가 안치소 서비스를 이용할 수 있게 되었다. 승인 일주일 뒤 안치소 서비스는 즉시 시험대에 올랐다.

런던 테러 후 세워진 안치소는 사망자 수백명, 어쩌면 수천명까지도 관리할 수 있는 규모였다.● 이라크와 아프가니스탄에 세울 군사 기지용 조립식 구조물을 제공했던 군 거래처 한곳에서 구조물을 조달했다. 안치소가 세워진 곳은 올드스트리트 근처에 있는 명예 포병 연대 본부 잔디밭이었고, 그 때문에 고위 군사 기획관 자제 몇 사람의 결혼식 계획이 망쳐졌다. 안치소는 폭탄 테러 현장 네군데의 공간을 분리해 운영할 수 있을 만큼의 수용 능력과 설비를 갖추고 있었다. 내부에 사무실, 탈의실, 휴게 공간, 식당 공간이 있었으며 유가족이 고인의 시신을 볼 수 있는 예배

● 일반적으로 자살 폭탄 테러의 공식 사망자 수에 테러범 본인은 포함시키지 않는다. 그러나 그들 역시 사망자로 관리되며, 그들에게도 신원 확인과 조사가 필요한 시신 또는 신체 부위가 있다. 테러범의 시신은 최근에는 따로 분리하여 보관하는 경우가 더 많다. 7월 7일 런던 테러 당시에는 메인 안치소에서 분리된 공간에 테러범들을 위한 별도 구역이 마련되었다.

당도 딸려 있었다. 심지어 런던 경찰청에서 '웰빙'에 관한 조언을 받아들인 덕분에 마사지 치료사를 위한 공간마저 마련되었다.

재난 뒤에는 유가족과 피해자를 지원하고 정보를 제공하는 인도적 지원 센터 역시 필요하다. 디재스터 액션의 주요 안건 하나가 센터의 물리적 공간을 개선하는 것이었다. 7·7 테러 유가족을 위한 첫번째 인도적 지원 센터는 시의회 레저 센터에 졸속으로 세워졌다.● 그곳은 위치로 보나 음향으로 보나 심히 그릇된 선택이었다. 상상할 수 있는 최악의 소식을 듣고 유가족이 울기 시작하면 그 소리가 벽에 부딪혀 온 사방으로 울렸다. 설상가상으로 건물 안에서는 수영장 냄새가 났는데, 후각적 트라우마와 기억의 중요성을 인식하고 있던 디재스터 액션에서는 가족을 잃은 부모나 아이가 휴식을 취하고자 수영장이나 수영장 딸린 호텔을 찾을 수도 있지 않겠느냐는 우려를 제기했다. 재난에 대한 후각적 기억에 수영장의 염소 냄새를 더하는 게 지나치게 가혹하다는 지적이었다. 당시 문화부 장관이었던 테사 조웰은 용감하게도 유가족에게 맞지 않는 장소를 골랐음을 인정하고, 디재스터 액션의 조언을 받아들여 빅토리아역 근처 왕립원예홀에 '7월 7일 인도적 지원 센터'를 새로 열었다. 이 센터는 영국에서 시도된 인도적 지원 센터 중 가장 규모가 크며 가장 오랜 기간 운영되었다.

나는 모든 재난을 그 안에서 마주친 유류품들로 기억한다. 7·7 테러의 여파에는 외투와 가방과 회사원들의 점심 도시락을 수없

● 이전에는 '가족 지원 센터'라고 불렸으나, 파트너나 친구들이 소외감을 느낄 수 있다는 우려로 인해 명칭이 변경되었다.

이 보았다. 샐러드가 든 밀폐용기, 지갑, 폭발에 날아간 옷과 장신구. 관광객들이 들고 다니는 카메라, 캐리어, 노트북, 제출이 코앞이었던 두꺼운 박사 논문. 폭탄이 터지는 순간까지도 주석을 달고 있었던 모양이었다. 길고 불편한 지하철 통근 중 시간을 보내도록 도와준 페이퍼백 책들이 불에 탄 고무 조각과 좌석에서 뜯겨진 천 조각, 뒤틀린 금속들과 엉겨 붙어 있었다. 핸드백에서는 립스틱, 향수, 탐폰이 쏟아져 나왔다. 손목시계는 충격의 순간 금이 간 채 멈춰 있었다. 유가족은 시계가 멈춘 시각을 고인의 사망 시각으로 해석하고 마음 깊이 괴로워하기도 한다.

개인 유류품 관리에 대해 조언을 부탁받은 나는 케니언에서 스무번의 재난 대응에 참여하고 디재스터 액션 사람들의 100가지 사연을 들으면서 배운 교훈 전부를 대응에 쏟아부었다. 다행히 유류품 담당 형사가 남의 말을 잘 들어주는 사람이었다. 내가 그녀와 경찰 증거물 팀에게 당부한 첫번째 원칙은, 사람들이 무얼 어떤 상태로 돌려받길 원할지에 관해 어떠한 가정도 하지 말라는 것이었다. 이 교훈은 몇번이든 거듭 알려줄 필요가 있다.

나는 유류품을 보관하는 창고에 여러차례 방문했고, 경찰과의 회의와 브리핑을 위해 반짝이는 회전 표지판이 달린 유명한 런던 경찰청의 신규 본부를 방문하기도 했다. 재난 업계 외부의 사람들은 흔히 우리가 실제보다 훨씬 더 세련되고, 첨단 기술을 활용하며, 중요한 순간마다 정부의 방해를 받는다고 오해한다.● 나

● 이러한 인식의 불일치는 '확신의 골짜기'라는 사회과학 이론으로 일부 설명된다. 도널드 매켄지가 처음 만들어낸 이 개념으로 핵무기를 다루는 사람들이 외부인들보다 오히려 해

는 이를 007 시리즈의 제목을 따서 '스카이폴 효과'라고 부른다. 대니얼 크레이그가 주인공을 맡았던 제임스 본드 영화들에서 본드는 영국을 보이지 않는 위협에서 안전하게 지켜내는 어마어마하게 멋진 기구 안에서 일한다. 그에겐 'M'과 'Q'가 있고, 인공지능 차량과 미래적인 컴퓨터 화면도 있다. 그는 언제든지 런던 곳곳을 볼 수 있다. 하지만 현실에서 이런 공간은 창틀에 먼지떨이가 놓여 있고, 활동 내역이 기록된 종이 플립차트가 쌓여 있으며, 천장에선 물이 샌다. 우윳값을 납부하라는 메모와 싱크대에 컵을 그냥 놔두지 말라는 주의사항도 적혀 있다.

나는 형사들에게 개인 유류품이 파도처럼 몇차례에 걸쳐 밀려 들어올 것이라고 미리 경고했다. 처음에는 안치소에 들어온 시신에서 벗겨낸 납작한 귀걸이나 결혼반지 같은 물건들이 들어온다. 이것들은 증거품을 담는 비닐 팩이나 밋밋한 합지 상자에 담겨 유가족의 품으로 돌아간다. 해부 병리 기술자들이 열심히 벗겨내고 보관해둔 물건들이다. 유가족은 물건을 직접 보관하는 것과 다시 시신에게 착용시키고 함께 매장하는 것 중 원하는 쪽으로 선택할 수 있다.

두번째로 들어오는 물건들은 보통 현장에서 발견된 짐과 배낭들이며 화물과 뒤섞여 있다. 사망자 신원 확인 과정에서도 한 무더기는 되는 물건들이 나온다. 이것들은 신원 확인에 사용한 뒤 되돌려 보내야 한다. 가족들은 또한 초기 단계에서 생전 정보 수

당 과학을 덜 신뢰하는 경향이 있다는 사실 역시 설명할 수 있다.

확의 일환으로 DNA나 지문을 채취할 수 있는 증거물들을 요청받는다. 칫솔, CD 케이스, 이빨 요정에게 주려고 모아둔 유치, 그리고 내 마음속 아주 깊은 곳을 건드렸던, 하이체어 트레이에 찍힌 작고 통통한 발자국 같은 것들. 7·7 테러 이후 형사들은 가족들이 제공한 이런 증거물을 개인 유류품 취급 절차에 포함시켜서, 유류품과 마찬가지로 세심한 관리를 통해 가족에게 되돌려줄 수 있도록 했다. 영국 경찰 작전상 처음 시도된 접근법이었다.

　가족에게 마지막으로 돌아가는 유류품은 경찰 및 정보기관에서 압수했던 물건들이다. 테러 사건이나 항공기 추락의 경우 경찰에서는 보통 핵심 증거가 저장되어 있을 가능성이 있다는 이유로 핸드폰을 가져가서, 데이터 삭제 시도를 비롯한 외부 접근을 차단하는 페러데이 가방이라는 작은 기능성 그물 파우치에 보관한다. 그렇게 압수되었던 핸드폰은 한참 시간이 흐른 뒤에야 가족의 품으로 돌아가며 어떤 경우에는 영영 돌아가지 못하기도 한다. 1988년 록커비 항공기 폭파 사건 유가족은 10년이 넘도록 고인의 물건을 돌려받지 못했다. 가족의 품으로 돌아왔을 무렵, 몇몇 유류품은 곰팡이 때문에 거의 완전히 망가져 있었다.

　나는 유류품이 최적의 상태에서 보관되고 보호될 수 있도록 7·7 테러의 형사들과 많은 시간을 보냈다. 그들이 자칫하면 빠질 수 있는 함정을 피하도록 돕고 싶었다. 예를 들면, 형사들은 정해진 시간표에 연연하기 쉽다. 그러나 유가족은 보통 외부 기관의 시간표에 순순히 따르기보단 좀더 시간을 갖길 원한다. 개인 유류품이 담긴 함지 상자를 받아들고, 그 안에 담긴 물건들을 확인하고, 수령증에 서명한다는 과제 앞에서 많은 유가족이 그 일을 해내기가 불가능하다고 느낀다. 그래서 우리는 좀더 기다리기로 결정했다. 또한 유가족에게 솔직하게 선택권을 주었다. 모든 유가족에게 각각의 물건을 어떻게 하고 싶은지 물었다. 어두운 지하철 객차 바닥에 떨어져 반짝였을 목걸이. 한 젊은 여자가 들고 있다가 바닥으로 떨어져서 구급대원이 다른 여자의 머리받침으로 사용한 책. 어떤 유가족은 모든 의류를 세탁하되 청바지는 그대로 받고 싶어했다. 우리 아이는 갓 빨아서 빳빳해진 청바지를 싫어했다고, 그들은 말했다. 그래서 그들은 청바지를 "원래 상태로" 돌려받았다.

 나는 디재스터 액션의 유가족 여럿에게서, 그들의 의사를 묻지 않고 사망자의 유류품을 너무 깨끗하게 세탁해서 돌려받았다는 이야기를 들었다. 재난이 일어나기 오래전부터 그 자리에 있었던 흠집, 누군가에겐 즐거운 기억을 떠올리게 해주는 얼룩, 그 모든 게 지워져 사라졌다. 고인이 사망하기 전 재킷이 거쳐간 역사를 보여주는 작게 찢어지고 긁힌 자국들이 수선되었다. 힐스버러 참사 사망자의 어머니들은 아들이 행운의 징크스로 여기던 셔츠가 세탁된 것을 알고 마음이 아렸다고 했다. 아들이 컵이나 리그에서 우승할 때까지 세탁하지 않겠다고 결정한 옷이었기 때문이다.

 이라크 전쟁 도중, 브랙널의 케니언 창고에서 한차례 긴장이 고조되는 사건이 있었다. 금속 광택제를 지나치게 사랑하는 중년의 신입 프리랜서 팀원이 우리 창고에서 보관하고 있던 결혼반지, 군번줄, 그리고 안타깝게도 성 크리스토퍼 메달마저 마음대로 세척해버린 것이었다. 이것들은 폭발로 사망한 젊은 군인이 착용하고 있던 것이었다. 장신구에 관한 한, 서면으로 가족의 동의를 받기 전까지는 절대 유류품을 수선하거나 세척하지 않는 게 우리의 철칙이었다. 여행자들의 수호성인인 성 크리스토퍼 메달은 고인의 집안 대대로 내려오는 가보였으며 메달에 남은 세월의 흔적에는 중요한 의미가 있었다. 그것은 여러 세대에 걸쳐 전장에 나간 집안사람들이 착용하며 남긴 흔적이었다. 나는 너무나 큰 충격을 받았고(팀 책임자로서 부끄럽기도 했다), 잠시 유류품을 일부러 더럽히거나 사고를 숨겨야겠다는 생각마저 스쳤다. 하지만 물론 유가족 앞에서는 반드시 정직해야 했다. 그들은 특히 메달을 세척한 것에 대해 대단히 속상해했다. 한번 세척해버리면, 물건에 묻어 있던 세월의 흔적들은 되찾을 수 없는 법이다.

  7·7 테러를 수사한 형사들이 내게 던진 또다른 질문은 유류품 검열에 대한 것이었고 내게는 준비된 대답이 있었다. 그날 사망하거나 부상당한 청년 다수가 핸드폰을 가지고 있었다. 당시로서는 신기술이었던 핸드폰은 가격이 저렴해지면서 인간관계의 새로운 장을 열어주었다. 나와 톰도 핸드폰을 가지고 있었다. 우리는 서로 떨어져 보내는 야심한 밤에 유치한 문자 메시지를 보내는 것으로 우리 사이의 친밀감과 연결감을 유지했다.

  예상했듯이 테러 대응 수사관들은 현장에서 수습한 핸드폰을 보관하겠다고 결정했다. 정보상의 비밀이나 증거를 확인한 다음, 핸드폰에 저장된 데이터를 길고 상세한 문서로 인쇄해 가장 가까운 친족에게 전달하겠다는 것이었다. 그 친족은 보통 부모였다.

그로써 두번째 데이트를 마치고 썸을 타고 있는 상대와 성적 긴장감을 쌓아올린 메시지들이 인쇄되어 엄마 아빠에게 읽히는 고통스러운 상황이 벌어졌다. 수사관들은 이런 메시지들을 검열하거나 아예 전달하지 않으면 어떨지 고민했지만, 나는 검열은 그들의 역할이 아니며 유가족에게 더 큰 고통을 안길 수 있다고 주장했다. 나는 그 메시지들이 유가족에게 다른 의미로 다가온다는 걸 잘 알았다. 고인이 비극이 닥치기 직전까지 가능성과 설렘으로 가득한 삶을 살고 있었음을 여실히 보여주기 때문이다. 메시지는 끔찍한 고통 속에서 자그마한 위안을 전달했다.

케니언에서는 고객과 계약하기 전에 미리 관련 법 집행 기관의 담당자와 함께 검열과 금지 물품을 관리할 방법에 대해 상의했다. 불법적인 물건, 수위 높은 포르노, 마약이나 무기 등은 수사기관 및 경찰 측으로 이관될 것이며 그 물건에 대한 소식은 우리에겐 더이상 전해지지 않을 것이다. 그러나 때로는 경찰이나 군에서 불법은 아니되 야하거나 논란이 될 만한 물건들을 없애기도 했다. 예를 들면 비아그라나 콘돔 같은 것들이었다. 중동 항공사의 항공기가 실종되어서 이슬람 문화권 사람들과 협업하던 때에는 검열 품목 목록이 훨씬 길었고, 수영복과 속옷, 수표책, 체크카드 같은 물건이 포함되어 있었다.● 특히 군에서 검열해온 또다른 분야는 과거에 일탈적이라고 여겨진 생활방식이나 연애를 드러내는 것들이었다. 예를 들자면, 남성 사망자가 지니고 있던 남

● 모든 사건에서 지갑과 분리된 동전이나 지폐는 주인을 특정하기 어렵기 때문에 한데 모아 은행에 반환된다. 은행은 이 금액을 재난 기금에 기부한다.

자친구의 편지 같은 것들이 여기 해당된다. 나는 경찰들이 "포르노 같다"는 이유로 유류품에서 제외시키려고 한 잡지 『로디드』와 『FHM』을 지키기 위해 분투했다. 결국 내가 이겨서 이 잡지들은 가족의 손으로 돌아갔다. 나중에 나는 지옥 같은 전장이나 석유 시추장치에서 일하는 아들에게 조금이나마 위안이 될까 싶어 어머니가 이런 잡지를 구독시켜주는 집도 있다는 걸 알게 되었다. 그들은 아들이 죽기 전 최신호를 받았다는 걸 알고 위안을 받았다. 우리는 비탄에 빠진 어머니, 아버지, 자녀, 연인, 배우자에게 무엇이 소중하게 느껴질지 알지 못한다. 그것을 멋대로 결정하고 우선순위를 매기는 건 우리의 일이 아니다.[7]

한번은 창문 없는 무더운 방 안에서 남성 경찰관이 어린아이에게 설명하는 듯한 말투로 사망자의 핸드폰을 파괴하기로 결정했다고 설명하는 장면을 목격한 적이 있다. 유가족은 핸드폰의 사진만 볼 수 있다는 얘기였다. 고인의 사진이 아니라, 핸드폰을 찍은 사진만. 고인에게서 남은 건 타버린 인체 조직 몇조각과 정장 바지의 다리 한쪽뿐이었다. 주머니에 핸드폰이 들어 있었다고 했다. 경찰관 맞은편에 앉아 있던, 체구가 그의 반밖에 안 되는 아리따운 여자가 작은 목소리로 물었다. "왜죠?"

경찰관은 더듬거리며 건강이니 안전이니 보호니 같은 단어들을 주워섬겼다. 당신을 위한 조치라고 했다. 그 순간 경찰 앞에 서 있던 여자가 의자에 똑바로 앉더니 호랑이 열마리를 합친 만큼의 기세를 내뿜었다. 그녀는 법의학 분야를 개척한 세계적으로 유명한 연구소의 고위 과학자였다. 그런 그녀에게 경찰은 남편의

DNA와 혈액과 생명의 흔적이 핸드폰에 남아 있을지도 모른다고 어설프게 설명하고 있었던 것이다. 여자는 당연히 그 모든 걸 이해했다. 하지만 그래도 핸드폰을 되돌려받고 싶었다. 그 핸드폰은 남편의 것이었고, 이제는 그녀의 것이었다. 세척도 원하지 않았다. 체액에 함유된 인간 병원체의 위험과 그것들을 안전하게 관리하는 방법에 대해서는 눈앞의 경찰관보다 그녀가 훨씬 잘 알고 있었다. 여자는 핸드폰을 받아낼 작정이었다.

경찰관은 한풀 위축되어 방을 나섰지만 마지막까지 복수를 잊지 않았다. 여자는 자신의 안전을 위해 핸드폰을 절대 비닐 안에서 꺼내지 않겠다는 다수의 면책 조항에 서명해야 했다. 나는 경찰에게 왜 그런 걸 요구하느냐고 물었다. "미친 여자일 수도 있잖아요." 그게 경찰의 대답이었다. "핸드폰을 꺼내면 죽은 남편을 복제하려고 들 수도 있어요…… 무슨 짓을 할 줄 알고요."

내가 유가족들에게 돌려주었던 소중한 보물들을 매일 생각한다. 그 경험이 내가 내 일상의 물건들과 맺는 관계를 바꾸어놓았다. 계산대에서 카드로 결제할 때, 나는 카드에 볼록하게 새겨진 숫자들을 쓰다듬으면서 유가족의 품으로 돌려줄 수 있는 유일한 물건이 카드였던 날을 떠올린다. 마스터카드나 비자 로고가 선명하게 찍혀 있지만 끄트머리는 검게 그을린 카드. 열쇠를 짤랑거릴 때, 헝클어진 엘사 인형의 머리카락을 빗을 때, 아직 몸이 들어가길 바라며 청바지를 입을 때, 다른 기억들도 물밀듯 들이닥친다.

사람들은 돌려받은 물건들을 어떻게 할까? 재난 현장에서 살아남은 사람들은 돌려받은 물건을 소중한 기념물으로 취급한다.

파편의 자국이 남은 신발을 선반 위에 올려 두거나, 재난 당시 입고 있던 옷의 섬유를 이용하여 그림 작품을 만들기도 한다. 한편 어떤 사람들은 몇달 동안 보관되고 때론 몇주에 걸쳐 조심스럽게 수선되고 세탁된 물건들을 그냥 내다 버린다. 가지고 있기가 너무 고통스러워서다. 유가족들은 보통 유류품을 간직하고 거기서 큰 위안을 얻는다.

내가 가장 많이 생각하는 유류품은 2005년 7월 7일에 발송된 문자 메시지들이다. 다툼의 한가운데에, 새로운 연애가 시작되던 찰나에, 단순히 "무슨 차 마실래?" 묻던 도중에 급작스럽게 끝나버린 대화들. 수신인 말고는 그 누구도 보지 못하리라 생각하고 적었을 메시지들.

분노, 욕망, 희망, 낙담으로 엮여 나아가던 실이 뚝 끊긴다.

사랑과 인생이 그렇게 돌연 중단되어버린다.

6장

히라이스

문틈으로 스며들어와 걸레받이 아래로 차오르는 불쾌한 혼합물은 물보다는 진한 그레이비를 닮았다. 그 안에 담긴 모든 것이 위험한 오염 물질처럼 느껴진다. 쥐와 고양이의 사체, 엔진 오일, 인간의 배설물, 화장지 조각들이 집으로 마구 밀려든다. 비가 멈추지 않고 내리거나 강둑이 더는 버티지 못하고 터질 때 주민들은 지역 당국에 모래주머니를 요청할 수 있다. 하지만 모래주머니는 보통 플라시보나 진정제의 역할을 하는 데 그친다. 슬러지의 속도를 잠깐 늦추거나 약간의 오물을 걸러낼 뿐, 실질적으로는 아무 짝에 쓸모없다는 걸 누구나 알고 있다.

물은 모두를 당혹시키는 빠른 속도로 침투한다. 홍수를 겪은 적이 없는 사람들은 대응할 시간이 훨씬 많으리라 예상한다. 물건들을 2층으로 옮길 시간, 어떤 물건을 소중히 간직해야 할지 신중하게 골라낼 시간이 충분히 있을 거라고 생각하는 것이다. 하지만 파괴는 보통 아주 신속하게 일어난다. 홍수를 겪은 사람들은 물이 여기까지 차올랐었다고 표현하기 위해 자기 몸에서 물의 높이에 해당하는 부위를 손으로 긋곤 한다. 자기 목에 손날을 대 보이는 사람도 있다. 물이 목까지 차올랐다는 뜻이다.

내게 2000년대는 영국에서 비상계획관으로 활동하기에 근사한 시기였다. 장관들과 정부 부처의 자문에 응하고, 계획을 개선하고, 사람들을 돕는 삶에서 나는 짜릿한 흥분을 느꼈다. 재난 후 유가족을 돌보는 방법을 혁신하고 개선하기 위한 회의를 했고, 정책 문서를 전면 개정했으며, 컨퍼런스를 주최했고, 동시에 안전 문화와 관련한 문제들을 해결했다. 그즈음 나는 언제나 눈코 뜰 새 없이 바빴다.

나는 내각과 내무부 일에 상당히 깊이 관여하게 되었다. 그 이유 하나는 당시 정부가 비상 계획을 몹시 중하게 여겼기 때문이었다. 나는 이미 대학에서 직위가 있었는데, 재난 인력을 훈련하는 국가적 거점인 비상계획대학에서 강의를 해달라는 제안을 받았다. 재난 후에 지난 대응을 평가하고 교훈을 나누는 행사를 마련해달라는 요청도 자주 들어왔다. 비상계획관들은 그런 자리에 모여서 지난 재난에서 무엇이 효과적이었는지에 대해 각자 얻은 교훈을 나눴다.

개인적인 삶도 술술 풀리고 있었다. 톰과 나는 한때 탄광이었던 던캐스터의 땅에 새로 올린 집을 구입했고 이지라는 이름의 개도 키우기 시작했다. 톰은 대형 항공사에 취직해서 집 근처 던캐스터공항으로 출근했다. 나는 이 집을 우리의 진정한 보금자리로 꾸미는 작업에 착수했다. 드디어 나의 수많은 짐을 보관할 공간이 생긴 것이다. 친구들은 우리 집을 보고 "아늑하다"거나 "생활감이 든다"고 표현하는데 내가 해석하기로 이 말은 온갖 잡동사니가 너무 많다는 뜻이다. 나는 별의별 걸 다 보관한다. 가족 나들이에서 나온 버스표, 결혼식과 장례식 식순 안내문, 오래된 장난감과 책들. 그 옆에는 과거의 비상 계획이 담긴 먼지로 덮인 상자들과 낡아가는 바인더가 쌓여 있다. 내 집 마련에 성공한 뒤로 나는 재미 삼아 인테리어 디자인 잡지를 넘기면서 밝은색의 포인트 벽이나 실속 있게 꾸민 손님방에 대해 상상해보기도 했다.

새집으로 이사하고 1년쯤 지난 2007년 6월 24일, 나는 런던에서 기차를 타고 퇴근하는 중이었다. 비가 무섭게 퍼붓는 바람에 평소보다 몇시간이 더 걸렸다. 마지막엔 결국 택시를 타야 했다. 어느 시점엔가 우리 기차는 "선로에 백조가 떠다니는 관계로" 피터버러를 막 벗어난 지점에서 멈췄다. 나와 함께 이스트코스트 메인 라인을 타고 있던 동료 승객들은 구조대원들이 방수복을 입고 백조들을 옮기는 모습을 지켜보았다. 작업이 완료되자 기차는 다시 초현실적인 풍경 속을 달릴 수 있었다. 양쪽 창문 너머로는 들판이 완전히 침수되어 소와 양들이 헤엄치고 있었고 물이 선로 가장자리까지 밀려들어왔다. 내가 던캐스터로 복귀한 시점에는 이미 재난이 일어나기 시작한 터였다.

비상계획관들은 많은 시간을 들여 홍수가 일어날 가능성이 있는 경로를 지도로 그리며, 홍수 당일에 해야 할 일에 대한 일반적인 양식을 공유한다. 대부분은 사람들을 고지대와 체육관이나 학교 등으로 이동시키는 것과 관련된 일들이다.

그해 6월에 영국 전역의 여러 지역이 심한 홍수를 경험했지만, 특히 피해가 심했던 지역은 사우스요크셔였다. 던캐스터가 속한 구에서도 48에이커에 이르는 땅이 침수되었다. 다행히 우리 집은 고지대에 위치해서 침수를 면했으나, 주위를 둘러보면 도로가 폐쇄되고 가옥에 대피령이 내려졌으며 각종 차질이 빚어지고 있었다. 구내에서 침수된 집은 3,286호, "심한 수해"를 입은 것으로 판정된 집은 2,275호에 달했다. 톨바 마을 사람들은 밤늦게까지 두려움에 떨며 대피해야 했다.

지질학적으로 톨바 마을은 주위를 흐르는 이베크강 댐이 터지면 침수를 피할 수 없는 분지에 위치해 있다. 마을의 가옥 대다수가 단층 주택이어서 수면 아래로 사라져버렸다. 지자체에서 버스를 보내주었지만 금방 만원이 되었고 휠체어는 탑승이 불가능했다. 많은 주민이 비를 뚫고 물속을 걸어 지역 체육관으로 대피했다. 홍수 전만 해도 그저 동네의 골칫덩이로 여겨졌던 지역 청년들은 그날 밤 배를 찾아서 나이 든 주민들을 안전한 곳으로 이동시킨 공로로 빠르게 위상이 올라갔다. "그 배가 어디서 난 거냐고는 아무도 묻지 않았죠." 주민들이 피식거리며 말했다.

내가 다음으로 무엇을 해야 하는지 조언해달라는 요청을 받고 체육관에 도착했을 즈음엔 이미 간이 건조대, 의자, 아기 유모차 손잡이, 농구골대 위에 젖은 옷이 잔뜩 널려 있었다. 지자체에서는 옷이 마르는 동안 입을 아스다 표 트레이닝복을 구매했다. 많은 사람이 반려동물의 행방을 걱정하고 있었다. 소방구조 서비스에서 이미 한 가족에게 그레이하운드가 별채에서 숨진 채 발견되었다는 소식을 전해주었다.

나는 영국 방방곡곡의 지자체에서 자주 호출을 받았는데 그중 가장 좋아하는 곳은 내가 새로 보금자리를 차린 던캐스터였다. 홍수가 일어나기 전에 나는 기쁜 마음으로 던캐스터 지역 워크숍에서 강연을 하고, 지역 위험 목록 관리를 돕곤 했다. 지역 위험 목록이란 지역에서 일어날 수 있는 위험들을 미리 알아두고 대비하기 위한 계획 수단이다. 화학 공장, 강, 붐비는 버스 터미널 등이 여기에 들어간다. 홍수가 일어나자 던캐스터 지자체에서는 앞으로 펼쳐질 긴 여정에 대해 내게 조언을 청했다. 던캐스터 지자체에는 정치적 혼란이 끊이지 않았지만, 그 안에서는 내가 만나본 가장 헌신적인 비상계획관들과 지역사회 협력 담당자들이 일하고 있었다. 특정 지역에서 발생한 재난, 즉 장소가 정해진 재난에서는 대응요원과 주민을 구분하기 어려운 경우가 잦다. 재난 현장이 본디 삶의 터전이었던 대응요원들은 지역을 보호하려는 열의가 강하며, 단순한 대응보다 더 장기적인 '회복'에 더 큰 관심을 보인다.

케니언에서 근무하던 시절에 나는 가족 지원 센터와 송환식 같은 곳에서 짧은 시간 내에 많은 임무를 해내는 데 능숙해졌다. 하지만 "회복 경청"이라는 개념에 대해 들어본 건 던캐스터 홍수 때가 처음이었다. 회복 경청의 본질은, 입을 다물고 재난을 당한 사람들에게 조용히 귀를 기울이는 것이다. 홍수가 일어나고 며칠 뒤 자기 집에서 가장 역할을 하고 있던 동네 여자 둘이 나를 찾아오더니 이 상황이 해결되려면 얼마나 걸릴지 물었다. 나는 재난 상황에서 신중하되 솔직한 태도를 취해야 한다는 걸 배워가고 있었다. 그런 면에서 우리의 직업은 나쁜 소식을 전하는 종양학자와 비슷할지도 모르겠다. 나는 "조금 걸릴 겁니다"라고 답했고, 다른 대응요원들이 떠난 뒤에도 몇몇 인력이 이곳에 머물며 복구를 도울 것이라는 말로 그들을 안심시켰다.

홍수는 비상계획관에게 하나의 상수와 같다. 영국의 어떤 지역은 봄, 여름, 가을, 초겨울, 늦겨울을 가리지 않고 끊임없이 수해를 당한다. 비상계획관들은 수해가 닥칠 때마다 재난을 계획하고, 예방하고, 대응하고, 복구하는 방법을 배운다. 그리고 그 모든 과정을 되풀이한다.

2007년 이전에 우리는 홍수가 다소 따분한 재난이라고 생각했다. "또 지겨운 홍수 타령이군." 연간 국가 비상 계획 컨퍼런스 프로그램을 빠르게 훑어보며 동료들은 투덜대곤 했다. 돌아보면 나 역시 처음에는 홍수의 영향에 대해 대수롭지 않게 여겼으며 내가 파견되었던 폭탄 테러나 항공기 추락과 같은 사건만큼 '드라마틱'하거나 '트라우마'를 유발하지 않는다고 생각했다. 홍수에는 대규모 재난 희생자 신원 확인 팀이 파견되지 않는다. 번듯한 재난 관리 업체들은 홍수 후의 뒤처리에는 별 관심이 없다. 재난 복구는 지역 당국, 주택 소유주, 고집 센 보험회사의 손에 맡겨진다. 사망자는 보통 발생하지 않거나 있더라도 아주 소수이다. 가축을 구하려다가 물에 갇힌 농부. 물이 빠진 뒤에 자신의 단층 주택에서 발견된 노부인의 시신.

홍수에 대한 대중의 관심 역시 이와 비슷하게 한정적이다. 홍수 당일에는 지역 방송국에서 나온 기자들이 허벅지 높이까지 올라온 물속에 장화를 신고 들어가서 숨찬 목소리로 보도를 한다. 그리고 현장에 두번 정도 더 찾아간다. 이틀에서 사흘쯤 지난 뒤, 물에 젖은 소파와 더러운 물 위에서 까닥거리는 장난감들을 보여주며 "거실의 모든 집기가 물에 떠다닙니다" 따위 멘트를 한다. 집주인이 울고 있다면 더할 나위 없는 그림이다. 그리고 홍수 일주년을 맞으면 한번 더 현장을 찾아, 지역사회가 어떻게 재건되고 있는지 보여주고 때로는 강의 수위가 다시 높아지고 있다고 지적한다. 영국에서 홍수는 끔찍하게도 피할 길이 없으며 기후 변화로 인해 더욱 빈번해지고 있다.

홍수는 언뜻 따분해 보이는 재난이지만 내게 참으로 많은 것을 가르쳐주었다. 홍수의 우울하고 불쾌한 힘과 그 참혹함을 절감하면서 나는 재난이 남기는 만성적 여파에 집중하는 법을 배웠다. 홍수는 재난 상황에서 내가 하는 일에 세 단계가 있다는 사실을 완벽하게 예증한다. 먼저, 결코 쓰일 일이 없기만을 바라는 '계획'이 있다. 다음으로, 만일 최악의 상황이 발생하면 즉시 '대응'과 단기적 안정화를 위한 노력이 시작된다. 마지막으로 똑같이 중요하지만 거의 주목받지 못하며 훨씬 더 장기적인 '복구' 단계가 있다. 우리가 교육에서 사용하는 도표에서 파란 불로 표시되는 최초 대응요원(소방차와 구급대)은 짧게는 몇시간, 길어야 며칠 동안 머물러 있다. 경찰 조사는 더 오래 걸릴 수 있으므로 좀더 긴 선으로 표시된다. 가장 긴 선은 지역 당국의 대응을 뜻한다. 주

황색으로 표시된 이 선은 도표의 가장자리까지, 그리고 거의 페이지에서 벗어날 때까지 수년 동안 이어진다. 이 선은 여러 세대에 걸쳐 재난 후의 상실감을 느끼는 지역사회의 녹색 선과 얽혀 있다.

지금부터 다음 단계로 넘어간다고 알려주는 경적 소리 같은 건 없다. 억지로 그런 표시를 만들려는 시도는 조악하게 느껴지기 마련이다. 2007년에 나는 내각 사무국으로부터 '대응'에서 '복구' 단계로 접어들었다는 의미로 경찰이 서명하여 지역 당국에 전달할 수 있는 '전환' 증명서 같은 것을 디자인해달라는 요청을 받았다. 하지만 현실에서 재난 이후의 삶은 '뱀과 사다리' 게임을 닮아서, 직전의 재난에서 아직 회복하는 사이 또다시 수해를 당해 새로운 대응 단계에 돌입할 수 있다.

우리 비상계획관들은 '복구'를 어떠한 재난의 구체적인 단계인 동시에, 재난의 구체적인 부분들을 알지 못해도 미리 계획할 수 있는 대상으로 보게끔 서로를 가르친다. 그러기 위해 권장되는 방법은, 학교가 다시 정상 운영하고 도로가 재건되는 것과 같은 재난 복구의 바람직한 결과들을 체크리스트로 작성하는 것이다. 영국 정부에서 정의하는 '복구'에는 재난을 계기로 그 지역을 '재생'시킨다는 의미도 담겨 있다. 재난 피해를 입은 지역사회에 더 내구성이 강한 주택을 짓거나 교육 프로그램을 장려함으로써 지역에 힘을 실어주는 것이다. 개선된 홍수 방지 시설이 지어지고, 새 놀이터가 만들어진다. 이렇듯 조금씩 발전할 기회가 생기는 걸 보면 나는 희망이 샘솟는다. 그리고 이 모든 노력이 1년 뒤

물거품이 되지 않게 해달라고 신들에게 남몰래 기도한다.

홍수를 경험해본 적이 없는 사람들은 몇주 동안 집기를 말리고 페인트칠을 새로 하면 수해를 입은 집이 다시 살 만해질 거라고 생각한다. 하지만 그런 경우는 드물다. 물리적 피해에 때론 재정적으로 복잡한 상황까지 얹히면, 수해 가족은 짧게는 18개월에서 길게는 24개월까지 임시 거처에 머물러야 한다. 대부분의 사람들은 어떤 관계망에 속한 집에서 살아간다. 즉 다른 집과 가게, 공원, 중요한 장소와 공간이 그려내는 '생활풍경'lifescape● 안에서 살아가는 것이다. 그러므로 수해로 인해 다른 장소의 임시 거주지로 이주한다는 건, 수해 전의 삶에서 거의 모든 것을 잃게 된다는 의미다. 피해자들이 잃은 것은 물리적인 물건들뿐 아니라 보금자리라는 개념, 집이 안전하다는 느낌, 그리고 아늑함이다. 편안하고 친숙해야 마땅한 내 집으로 돌아온 뒤에도 이런 상실감은 한참 계속될 수 있다. 복구가 "양호하게 진행"되고 이쯤이면 사람들이 치유되었으리라 여겨지는 단계에서도, 내가 본 많은 주민들은 '집'이라는 단어 자체를 입에 담지 못하고 있었다.

2007년 톨바 홍수 당시, 지자체 관리 주택에 살던 주민들은 카운티 곳곳의 임시 거주지로 뿔뿔이 흩어지지 않고 다 함께 이주하기를 요청했다. 아니, 요구했다. 대부분이 현지 사람들이었던 지자체 공무원들은 이 요구에 부응하기 위해 농지에 52채의 이동

● 재난학·인류학·지리학에서 사용되는 '생활풍경' 개념으로 지역사회가 커뮤니티 센터나 학교 같은 자원을 어떻게 활용하고 상호작용하는지를 분석할 수 있다. 이러한 장소와 공간은 주민들의 사회적 정체성과 얽혀 있으며 지역 공동체를 만드는 필수적인 요소다.

식 주택과 세탁공간을 포함한 대규모 단지를 조성하고 관리했다. 이곳으로 이주하지 않은 나머지 주민들은 친척집으로 이동하거나, 물에 잠겼던 집 1층이 '복원'•되는 동안 2층에서 생활했다. 그 덕분에 주민들은 원래 살던 지역에 머무를 수 있었고, 결과적으로 이런 접근법이 수해를 입은 다음에도 관계망을 유지하고 재건하는 중요한 방법이라는 사실이 입증되었다.

나는 매주 톨바 마을을 방문했고 특히 지자체에서 마련해준 이동식 주택을 유심히 보았다. 처음 톨바에 가는 나를 차로 데려다주면서 톰은 엉망으로 파괴된 마을 풍경을 보고 낮게 휘파람을 불었다. 판자를 덧댄 가게 문과 빗물에 쓸려나간 앞뜰들. 어떤 가게 문에 붙은 판자에는 "돌아올 것임"이라고 스프레이로 적혀 있었다. 그 옆집에는 "우리도"라고 적혀 있었다. 모든 주택의 문이 하나도 빠짐없이 열려 있었고 앞뜰 잔디와 새로 설치된 쓰레기 수거통에는 집기들이 널려 있었다. 팬이 돌아가는 소리가 났다. 제습기 수백대에 빨간 불이 들어와 있는 장관을 보니 마치 작은 외계인들이 그 지역을 침공하고 접수한 것 같았다.

홍수 생존자들은 아주 조금이라도 집이 침수되었을 경우 물에 젖은 물건들을 건조시키는 데 그렇게 오랜 시간이 걸릴 거라고 예상하지 못한다. 집이 입은 침수 피해는 홍수 이전의 삶을 쪼개고 부러뜨리지만, 화재와 달리 모든 걸 완전히 쓸어버리지는 않는다. 하지만 그 자리에 남은 물건들을 전부 오염시키고 망가

• '복원'(remediation)이라는 용어는 비상 대응 및 재난 관리에서 자주 사용되며, 무너진 구조물을 다시 세우거나 오염을 정화하는 등의 의미를 갖는다.

뜨린다는 것이 홍수의 잔인한 점이다. 물에 쓸려나가지 않은 개인 소지품은 쓰레기통으로 들어간다. 2층에 있던 물건들도 곰팡이가 슬거나, 집을 재건하는 작업이 시작되기 전에 약탈당하거나 망가진다. 톨바 주민들은 지자체에서 나온 사람들에게 "대장균…… 그, 똥에서 나온 것"에 모든 게 오염되었으니 전부 내다 버리라는 말을 들었다. 그 모든 것에는 "할아버지의 전쟁 메달"과 "온 가족의 출생증명서"까지 포함되었다. 홍수라는 재난에서는 고액의 개인 유류품 계약이 이루어지지 않는다. 물건들을 말릴 공간도, 선물 상자도 없다. 나중에 나는 지역 관계자들에게 복구 단계를 조금 천천히 진행해서, 주민들에게 아끼는 물건을 보호하고 말릴 시간을 주라고 교육하기 시작했다. 언젠가 웨일스에 홍수 후 복구 지원을 다녀온 뒤, 웨일스 의회의 어느 의원이 미친 학자 하나가 똥물 속에서 낚시를 하라고 사람들을 설득하고 돌아다닌다며 미디어에 불평을 토로했다.

   던캐스터의 대응자들은 수해민을 수용하기 위해 초등학교 맞은편, 피해 주택 대부분이 몰려 있는 동네에 임시 카라반 캠프를 지었다. 수해를 입은 주택의 내장재를 철거하는 데에만 거의 1년이 걸렸다. 그동안 주민들에게는 자신의 집이 언젠가 다시 복구될 거라는 믿음이 필요했다. 1층은 철저히 청소되었고, 오염물질이 모래 분사기로 제거되었고, 콘크리트가 드러났다. 하지만 2층 침실 창틀에는 여전히 두터운 먼지와 흙에 뒤덮인 수많은 곰 인형이 놓여 있었다.

   재난 생존자들은 꾸준히 연속적인 상실을 경험하며, 그중 가장 이른 시기에 맞닥뜨리는 것은 사생활의 상실이다. 카라반들은 서로 가까웠으며 코앞에 도로가 지나갔다. 나는 그들의 삶을 훤히 들여다볼 수 있었다. "커다란 금붕어 어항 같죠." 어느 직원이 말했다.

어떤 카라반은 텐트를 달고 마치 야외에 설치된 거실처럼 꾸몄다. 나는 카라반 캠프를 방문할 때마다 계절에 따라 다른 장식을 걸친 그 카라반에 시선이 갔다. 가을엔 핼러윈에 어울리는 호박이 놓여 있었고 12월에는 크리스마스 장식이 달렸다. 그것은 그 안에서 삶을 계속해나가려는, 그러니까 먹고 놀고 숙제를 하려는 전투가 진행되고 있다는 꾸준한 증표였다.

영국에서 재난이 일어나면 으레 그렇듯, 피해 가정 중에는 보험을 전혀 들지 않은 이들도 있었다. 영국 전역을 통틀어 보험을 들지 않은 가정은 최대 20퍼센트로 추산되며 지역에 따라 수치가 더 높은 곳들도 있다. 보장이 충분하지 않은 보험에 가입한 가정은 그보다 더 많다. 보험을 아예 금지하는 종교들도 있다. 그나마 보험에 가입한 가정조차, 보험회사로부터 피해에 대해 보상을 받는 것이니 집 안의 어떤 물건이든 간직하려고 시도하면 사기죄로 취급된다는 말을 들었다. 모든 물건이 쓰레기통으로 들어가야 했다. 보험회사에서는 이 점을 확실히 하기 위해, 노인들이 살던 단층 주택으로 용역을 불러 가구를 그들 눈앞에서 부수게 했다. 보험이 없는 가족들을 위해선 지자체 직원들이 막후에서 자선단체나 교회를 절묘하게 연결시켜주기도 했다. 내가 방문한 한 가족은 냉장고와 전자레인지를 기부받았지만, 카펫은 없었다. 그들은 바닥에 신문지를 깔고 카라반 공사 인부들이 남겨놓고 간 야외용 플라스틱 의자에 앉아서 생활했다.

나는 주민들과 대화하면서, 몇시간에 걸쳐 그들이 풀어놓는 회한에 귀를 기울였다. 자주 화제에 오르는 주제는 그들이 무얼 가장 그리워하는지, 그리고 무엇으로 그것들을 대체할 수 있는지였다. 나는 그들이 뭘 버리라고 지시받았는지에 유독 관심이 많아서, 주민들 사이에서 "쓰레기통 아주머니"라는 별명으로 불렸다. 쓰레기통은 몇주 동안 썩는 냄새를 풍기며 자리를 지켰다. 그 안에는 물론 자갈들과 음식 쓰레기가 들어갔지만 너무나 많은 소지품도 함께 들어갔다. 크리스마스 장식, 신발, 수많은 어린이 장난감, 수표책, 100장은 될 법한 사진들.

모든 주민들이 가장 많이 언급한 상실물은 사진이었다. 내가 처음 현장을 방문했을 때는 여전히 물웅덩이에 4×6 사이즈의 유광 사진들이 떠다니고 있었다. 젊은 여자들은 임신 중 찍은 태아 초음파 사진을 잃어버린 것에 큰 상실감을 느꼈다. 던캐스터 왕립병원에서는 초음파 사진 한장을 5파운드에 팔았다. 기계에 5파운드 동전을 넣고, 토큰이 나오면 그걸 산파에게 준다. 기계 옆에는 사진을 복사하지 말라는 경고 문구가 붙어 있는데 그 이유는 알 수 없다(초음파 사진은 열을 가하면 검게 변하기 때문이다—옮긴이). 핸드폰 카메라가 보편화되기 이전에 초음파 사진은 한장뿐이었다.

다음번에 주민들을 만났을 때 나는 두 노부인이 내가 새로 작성한 개인 유류품 반환에 관한 국가 지침을 다운로드해서 읽었다는 걸 알게 되었다. 그들은 버스를 타고 마을 도서관에 가서 기후 변화에 대한 책들과 내가 쓴 문서를 대출해서 슈퍼마켓에서 주는 비닐봉지에 담아 왔다. 그들은 왜 자기들의 물건은 폭탄 테러 피해자들의 유류품 처리에 대한 권장 지침과 같이 살뜰한 관심을 받지 못하는 거냐며 따졌고, 나는 답할 말이 없었다. 나는 내각부에 현장 조사 결과를 보고했고 영국 보험회사 협회와 긴급 세미나를 열었지만, 그후로 10년 동안 똑같은 일이 되풀이되었다. 홍수는 그냥, 여타 재난과는 **다르게** 취급된다. 심한 파괴를 일으키지 않는다고 여겨지는 것이다.

우리가 소유하는 것은 사회학자 카이 에릭슨Kai Erikson이 "자아의 가구"라고 부르는 것을 구성한다.● 우리가 소유하는 물건은 우리를 **우리로** 만들며, 우리의 소유물을 상실한다는 것은 사람이나 장소를 잃는 것만큼이나 마음을 후벼 파는 일일 수 있다. 나는 톨바 마을을 방문한 다음 집으로 돌아와 내 물건과 잡동사니를 보면서, 소파와 욕조를 가진 것에 대해 진한 죄책감을 느꼈다. 다리미판을 펼칠 공간이 있다는 것마저 미안했다. 톨바 주민들은 그 모든 걸 그리워했고 자주 입에 올렸다.

홍수 2년 차에 접어들자 나는 마을의 단골손님으로 대우받고 있었다. 여러 주민이 내게 자기 집이 어떻게 고쳐졌는지 와서 구경하라고 청했다. 공사 인부들과 배관공과 전기기사가 떠나고, 비로소 집으로 돌아갈 시간이었다. 그들은 되찾은 앞뜰에 화분과

● 카이 에릭슨은 재난이 사회에 미치는 영향을 연구하는 세계적 권위자로, 핵 낙진과 1972년 미국 버펄로 크리크 홍수 이후의 삶 등을 다룬 저서를 남겼다.

아이들 장난감, 재활용 쓰레기통, 바퀴 달린 쓰레기통을 놓았다. 되찾은 일상을 밝은색 플라스틱 화분과 빙글빙글 돌아가는 플라스틱 꽃으로 축하하는 건 만국 공통이다. 지역 센터는 이제 없어졌다. 카라반 캠프는 다시 원래대로 들판으로 돌아갔다. 하지만 그것들의 기억은 여전히 그림자를 드리우고 있었다. 카라반이 세워졌던 자리에 구멍이, 흔적과 공간이 남아 있었다. 물이 차올랐던 최고 수위 선은 지울 수 없는 상처를 새겼다. "수위 선은 우리의 흉터죠." 몇몇 주민은 그렇게 표현했다.

내가 캐런을 만난 건 2년 전 여름 체육관에서 열린 초기 회의에서였다. 그녀는 물건들을 잔뜩 채워넣은 자기 집을 보여주었다. 무언가 놓여 있지 않은 구석이 없었다. 물에 잠겼던 집을 마지막 공간까지 되찾으려는 결의가 느껴졌다. 거실은 장난감으로 가득했고, 컴퓨터·TV·소파가 있었으며, 벽난로 위에는 캐런의 세 아이를 찍은 커다란 사진이 걸려 있었다. 강아지 둘이 차지한 부엌에는 밥그릇과 침구가 흩어져 있었다. 홍수 이후 집에서 뭔가 사라졌다는 느낌을 받느냐고 캐런에게 묻자, 홍수 이후 집에서 남은 건 "과일 코끼리" 하나뿐이라는 우문현답이 돌아왔다. 구성품이 많았던 대형 세트에서, 과일 그릇을 든 작은 도기 코끼리 하나만이 남았다. 몇주 전 그녀는 중고품 가게에서 코끼리의 친구가 되어줄 다른 작은 도기 코끼리들을 샀지만, 무엇도 전과 같지 않았다. 코끼리의 서사는 물에 휩쓸려 이미 사라져버린 것이다.

캐런과 다른 주민들은 다시 수해를 입을 수 있다는 두려움을 안고 살았다. 팸은 정보를 알지 못하는 막막한 기분이 싫어서 지자체의 홍수 보안관으로 일하기 시작했다. "정보를 얻으려면 관련자가 되어야 한다고요." 그녀는 장난기 없이 심각한 얼굴로, 마치 음모를 꾸미는 사람처럼 말했다. 주민들은 무슨 소식이 들리면 서로에게 바로 알려주기로 약속했다. 그뒤로도 폭우가 내릴 때마다 사람들은 무척 걱정했고 1월에 럭비장이 잠겼을 때에도 근심이 깊었다. 학교에 다니는 어린이들은 비가 내리는 걸 보고 바지에 실수를 하기도 했다.

주민들은 연례 축제를 준비하고 있었다. 황소 타기 놀이기구를 주문했고, '갈라의 여왕' 콘테스트 계획을 세웠다. 그들은 아이들을 위해 뭔가 희망찬 것을 하고 싶었다. 회복의 새싹이 자라고 있다는 희망을 주고 싶었다. 일부 주민들은 내각부의 국가 회복 팀에서 주최하는 정부 워크숍에 초대를 받았다. 그들은 자신들의 경험을 공유할 수 있겠다며 기뻐했다. 하지만 그 상태에서 더이상 아무것도 진척되지 않았다. "워크숍에 못 갔어요. 초대장은 보내놓고, 언제 어디로 오라는 얘기는 끝까지 안 해주더라고요. 확인 전화도 없었고요…… 그냥 잊힌 거죠." 사람들은 머리끝까지 화가 났다. 막판에 생각이 나서 구색을 맞추고자 초대장을 보냈다는 생각이 든 것이다. 워크숍에 가려고 회사에서 연차를 낸 사람도 있었다.

그들은 자신들이 감정적인 사람들은 아니라고 말했지만 "표면 아래"에 언제나 눈물을 눌러 참고 있었다. "아무래도 전보다 감정을 많이 드러내게 됐어요." 캐런이 말했다. 캐런의 집 밖으로 나가자, 두 집 건너 팸네 집 정원 대문이 열려 있었다. 깔끔하게 다듬어진 앞뜰에는 꽃과 멋진 잔디가 자라고 있었고 작은 창고도 세 개나 있었다. 팸의 남편이 뭔가 작업을 하고 있었다. 팸이 키우는 검은색 래브라도가 장난감을 물고 내게 다가오더니 내 다리 사이에 밀어 넣었다. 2년 전에 녀석은 정원 대문 밖으로 헤엄쳐 나와서 팸네 가족과 함께 체육관으로 향했다. 팸은 잔디가 시들었다가 수해 이후 다르게 자란 부분을 보여주었다. 잔디는 즉시 시든 게 아니라, 시간이 조금 지난 뒤 드문드문 시들었다고 했다. "지자체에서 뭐라고 했는지 알아요?" 팸이 말했다. "잔디가 홍수 후에 **스트레스**를 받았대요." 그 말이 얼마나 아이러니하냐며, 팸은 심하게 웃었다.

나는 10년이 넘도록 톨바를 드나들었고, 그 기간 동안 영국 방방곡곡에서 호출을 받아 수해 1일차에 체육관 라디에이터에 젖은 옷을 널어둔 사람들에게로 달려갔다. 그후로 나는 회복이 선형적으로 이루어진다느니 하는 이야기는 절대 하지 않게 되었다. 홍수 앞에서 지역사회의 노력이 얼마나 쉽게 물거품이 되는지 비로소 이해한 것이다. 나는 또한 어째서 많은 사회운동가들이 '자연재해'라는 단어에 반대하는지도 알게 되었다. 재난의 원인인 홍수나 지진은 지질학적인 원인으로 일어나지만, 합병증을 만드는 건 인간의 오류와 인간의 약함이기 때문이다. 머지않아 나는 지구 반대쪽에서 다시 한번 그 사실을 실감하게 되었다.

2년에 한번, 세계의 복구 전문가들이 한자리에 모이는 국제 재난 재건 및 복구 컨퍼런스가 개최된다. 2008년 나는 뉴질랜드 크라이스트처치에서 열리는 컨퍼런스에서 논문 두편을 발표해달라는 요청을 받았다. 나는 던캐스터 지자체가 지역 사람들의 '생활 풍경'을 지켜내기 위해 어떤 노력을 했는지, 그리고 내가 그들의 개인 소지품을 수호하기 위해 어떤 싸움을 벌였는지에 관해 발표했다. 나는 뉴질랜드에 완전히 매료되었다. 뉴질랜드는, 말하자면 사람들이 서로에게 친절한 영국 같았다. 특히 크라이스트처치에서의 시간이 즐거웠다. 성당 밖의 광장 의자에 몸을 기대고 앉아 거대한 아이스크림콘을 먹으면서 나는 세상에 이보다 더 아름다운 곳은 없으리라 생각했다. 그로부터 4년 뒤, 나는 다시 한번 크라이스트처치에 연사로 초청받았다. 이번에는 폐허가 된 성당을 둘러싸고, 재건을 언제 어떻게 시작해야 할지에 관한 과격하고 파괴적인 논쟁이 벌어지고 있었다.

2010년 9월 4일 새벽 4시 35분, 리히터 척도 7.1에 달하는 강진이 뉴질랜드 캔터버리 지역을 강타했다. 40킬로미터 거리의 시골 마을 다필드 지표면 아래 11킬로미터 깊이에서 시작된 지진이었다. 건물과 기반시설이 광범위한 피해를 입었으나 사망자는 없었다. 캔터버리 주민들은 안도의 한숨을 쉬었다. 이만하면 다행이라는 생각이었다. 하지만 첫 지진이 일어나고 5개월 넘게 지난 2011년 2월 22일, 리히터 척도 6.3에 해당하는 여진이 크라이스트처치 남동쪽 5킬로미터 거리, 지표면 고작 5킬로미터 깊이에서 일어났다. 평일 점심시간에 일어난 이 지진으로 인해 도시는 무시무시한 피해를 당했으며 185명이 사망했다.

그로부터 1년 뒤 내가 크라이스트처치를 방문했을 때 땅은 여전히 흔들리고 있었다. 나를 초대한 매시대학 연구원이자 대응요원으로 일하는 크라이스트처치의 주민 브렌다는 자신의 집과 직장도 심한 피해를 당했다고 설명했다. 그녀는 파괴의 규모를 한눈에 보여주겠다며 크라이스트처치 밖의 고지대로 나를 데려갔다. 눈앞에 펼쳐진 풍경은 정말이지 처참했다. 그전에 나는 지진의 여파에 '액화' 과정이 어떤 피해를 일으키는지 완전히 이해하지 못하고 있었다. 직접 눈으로 확인해보니, 지표면 아래에서 거품처럼 올라온 액체 상태의 진흙은 지진 못지않게 파괴적인 영향을 미쳤다. 크라이스트처치에서는 90만 톤이 넘는 밀도 높은 회색 실트를 걷어내야 했다. 액화로 인해 수도가 장기적으로 오염되었고 여러 구조물도 피해를 입었다.

그러나 크라이스트처치가 지진으로 무얼 잃었는지 내가 정말로 실감한 건, 도시 중심부의 '적색구역' 최대한 가까이까지 차를 타고 갔을 때였다. 지진 직후 빠르게 이루어진 지질학적 조사에서, 수천채의 집·학교·가게·교회·사원이 너무 위험해서 들어갈 수 없다고 판정되었다. 그중엔 직접적 피해를 당하지 않은 곳도 있었지만 여하간 거주는 불가능했다. 브렌다는 사람들이 이곳을 통해 몰래 들어가서 앞뜰의 잔디를 깎는다며 철제 울타리의 틈을 보여주었다.

브렌다의 안내에 따라 도착한 그녀의 집에서는 커다란 금이 간 벽과 크라이스트처치의 '기울어짐 현상'을 확인할 수 있었다. 건물이 내려앉는 통에 선반들이 죄다 기울어져 있었다. 그녀는 내게 퇴비화 화장실도 보여주었다. 뉴질랜드 지역 하수도 시스템이 피해를 입었으므로, 가능하면 집에서 이런 화장실을 만들어 사용하라는 권고가 내려왔다는 것이었다. 창고에 있는 브렌다의 퇴비화 화장실은 긴 구덩이 위에 번듯한 좌변기를 설치한 형태였다. 천장에는 꼬마전구가 달려 있었고 벽에는 친구들이 써준 희망의 메시지가 붙어 있었다. 화장실에서 나는 크라이스트처치 사람들의 결의와 회복력을 실감했다.

내가 톨바에서 보낸 시간이 그러했듯, 크라이스트처치에서 보낸 시간 역시 물리적 구조물들과 인간 행동들이 얽히고설켜서 어떠한 장소를 만들어내는 복잡한 관계망을 보여주었다. 그즈음 나는 상당수의 재난 대응에 참여한 뒤였고, 교육 훈련에서 세운 최초 시나리오를 테니스공처럼 던지면 지나치게 깔끔한 솔루션이 되어 돌아오는 일을 충분히 경험했다. "요양원 거주자들을 대피시켜야 합니다." 픽, 하고 공이 돌아온다. "문제없습니다. 요양원 스무곳에 자리가 남아 있습니다. 알파벳 순서로 배정하겠습니다." 임무 완료. 하지만 잘 운영되고 있는 안전한 요양원은 그 자체로 하나의 공동체다. 우리는 방금 그 공동체를 찢어놓았다. 지진이 아니라, 지진에 대응하는 *우리가* 저지른 일이다. 10분을 더 들여 그게 최선의 결정인지 고민해볼 수도 있었다. 이런저런 대응을 하느라 분주한 상태에서는, 그런 고민에 시간을 들이고 마음을 쏠 가치가 있다고, 이런 연결고리의 의미를 소중히 여기고 보호할 방법을 찾아야만 재난에서 회복하는 생활이 좀더 편해질 거라고 설득하기 어려울 수 있다. 하지만 여기엔 보통 간단한 해결책이 있다. 오후에 시간을 내어 거주자들이나 거주자를 돌보는 사람들과 차를 마시면서, 일부 사람들을 함께 지내게 할 방법이 없을지 이야기해보는 것이다. 크라이스트처치에서는 요양원 거주자 250명이 지역 바깥의 요양원으로 "재배치"되었다.

뉴질랜드 사람들은 영국 재난 피해자 신원 확인 팀에 지원과 인력을 요청했다. 나는 2월의 대규모 여진 이후 파견된 사람들에게 기술적 조언을 주는 역할을 맡았다. 사망자의 대부분이 건물 붕괴 후 발생한 화재에서 나왔으므로, 지진 영향을 받은 지역에서 대규모 재난 희생자 신원 확인 작업이 펼쳐졌다. 영국 팀의 비행기가 뉴질랜드에 도착했을 무렵 뉴질랜드 미디어에서는 이미 신원 확인이 너무 느리다며 경찰과 지역 당국에 비난의 화살을 돌리고 있었다.

내가 보기엔 지역 당국이 유가족과의 소통에서 심한 차질을 겪고 있는 게 분명했다. 그들은 내가 이미 몇차례나 본 실수를 저질렀다. 경찰은 유가족에게 고인이 즉사했다고 거짓말을 했지만, 조사에서 재생된 CCTV 화면에서 고인이 창밖으로 손을 흔들며 도움을 청하는 모습이 포착되었다. 이런 선의의 거짓말은 대응요원들과 유가족 사이의 신뢰를 없애고 회복 과정을 후퇴시킨다. "그게 거짓말이었다면 다른 것도 거짓말이 아닐까?" 한번 의심이 들기 시작하면, 유가족은 날것의 고통 속에서 애타게 소식을 기다리던 처음의 심연으로 다시 내동댕이쳐진다.

* * *

내가 여러 재난의 여파에서 찾아낸 가장 고통스러운 공통점은, 지역사회와 대응요원을 포함한 거의 모든 사람이 아픔이 오래가리라는 사실을 부정한다는 것이다. 그들은 재난 후의 삶이 일시적으로 지나가는 것이라고 믿길 원한다. 상실의 5단계〔엘리자베스 퀴블러로스의 이론으로, 상실을 받아들이는 데에는 부정, 분노, 우울, 타협, 수용의 5단계가 있다는 내용이다—옮긴이〕 중 부정과 타협 사이에 머무르며, 자신의 고통을 덜어주지 못하는 기관들에게 비난을 퍼붓는다.

크라이스트처치의 복구 전문가들은 제일 먼저 내게 긴급한 질문을 던졌다. "다음 단계는 무엇입니까?" 그들은 수천군데에 이르는 피해 공간을 복구하고 나면 다음 단계로 나아갈 기회가 오리라 생각했다. 소방차가 지나갈 때 환호성을 지르고, 곳곳에 꼬마전구를 설치하고, 젊은이들이 '학생단'을 결성하여 거리에서 액화 현상의 잔해를 치우는 등 초기 협력의 달콤한 밀월이 지속될 것이라고 짐작했다. 사람들이 건물 통제나 수색 구조 서비스가 아니라 지구의 지각판을 탓할 것이라고 생각했다. 한편 그들은 법적인 여파와 법의학적 불확실성에 대해서는 조금도 준비되어 있지 않았다. 생각과 달리 점점 나아지기는커녕 오히려 악화되는 것처럼 보이는 상황 앞에서 그들은 심하게 당혹했다. "언제까지 이런 상황이 지속될까요?" 그들은 나를 재차 채근했다.

하지만 재난은 총체적인 상실을 일으킨다. 사람, 집, 장소처럼 형태가 있는 것의 상실. 안전감, 권위에 대한 신뢰처럼 형태가 없는 것의 상실. 그리고 재난 이전의 삶에 대한 참담한 애도. 이를 묘사하는 가장 좋은 방법은 웨일스어 단어 '히라이스'^{hiraeth}일 것이다. 나는 끔찍한 재난으로 144명이 사망한 웨일스의 에버판 마을에 대해 강연하고 글을 쓰는 사람들에게서 이 단어를 처음 들었다. 1966년 10월, 탄광의 폐석 더미가 무너지면서 아래쪽의 학교와 주택을 덮쳤다. 사망자 가운데 116명이 어린이였다. 히라이스는 돌아갈 수 없는 장소에 대한 그리움, 결코 찾지 못할 것의 메아리, 더이상 존재하지 않는 것과 다시는 돌아갈 수 없는 시간에 대한 향수를 뜻한다.

한번은 내가 강연 중에 매년 리버풀 풋볼 클럽 경기장에서 열리는 힐스버러 참사 기념식 영상을 틀었다. 참사 20주년인 2009년에 찍은 것이었다. 정부 장관이 뭔가 말하던 중 갑자기 지역사회 구성원들이 그의 목소리를 뒤덮을 만큼 큰 소리로 '96명을 위한 정의를'이라는 구호를 외친다. 장관은 감정에 압도되어 고개를 숙인다.[8] 경기장에 있는 사람들은 20년 전 그때만큼이나 생생한 고통과 당혹과 분노를 느끼고 있다.

강연을 마치고 커피를 마시는데, 뉴질랜드 사람들이 나를 둘러싼다. 힐스버러에선 실수가 있지 않았느냐고 묻는다. 그러니까 힐스버러에만 국한된 상황이 아니냐고 묻는다. 이렇게 20년을 살 수는 없다고 그들은 말한다.

재난이 최초의 '빅뱅'만을 뜻하는지 아니면 그뒤의 세월도 뜻하는지에 대해선 논란의 여지가 있다. 톨바와 크라이스트처치를 경험한 나로서는, 재난 후의 삶이 영속적이고 만성적이며 밀물과 썰물처럼 들락이는 고통으로 차 있다는 사실이 또렷이 보인다. 잘못된 대응이 회복 과정을 방해하고, 지역사회 전체의 심리사회적 건강을 장기적으로 해칠 수 있다는 것 또한 분명하다.

 수해를 경험하기 전에 나는 트라우마가 무엇이며 어떻게 유발되는지 안다고 생각했다. 하지만 던캐스터를 뒤덮은 물과 크라이스트처치의 돌멩이들을 보면서, 나는 모든 것을 잃었을 때 느끼는 새롭고 길고 만성적인 상실에 대해 알게 되었다. '자아의 가구'가 쓰레기통에 버려진다. 히라이스가 우리에게 가하는 고통은 끝이 없다. 하지만 이 두번의 재난은 내게 다른 가르침 또한 주었다. 헤엄쳐나갈 목적지가 되어주는 수평선이 얼마나 소중한지, 재난 뒤에 무언가 다시 지으려고 노력하는 것이 얼마나 중요한지 나는 알게 되었다. 살아서 숨 쉬기 위해 우리에게는 목적이, 미래가, 더 푸른 하늘이 필요하다.

7장

작은 상실들

톰과 나는 2007년 11월에 뉴욕에서 결혼했다. 말하자면 사랑의 도피를 한 셈인데, 둘 다 야단을 피우고 싶지 않아서 내린 결정이었다. 우리가 가장 좋아하는 영화 「페리스의 해방」에 나오는 배우 앨런 럭이 우리 결혼의 증인이 돼주었다. 때로는 별들이 기가 막히게 정렬되는 날도 있다. 그는 자신의 결혼 허가증을 받으려고 우리 앞에서 줄을 서 있었고, 미국의 관행상 증인을 대동하지 않은 예비부부에겐 줄에 선 앞사람이 증인이 되어주어야 했다. 나는 새신랑과 함께 카페에서 점심을 먹었고, 다음으로 공공 도서관에 가서 가족에게 소식을 알리는 이메일을 보냈다.

톰은 보잉 737 여객기를 모는 기장으로 활약하고 있었다. 그는 내가 어딘지 묘한 회사를 운영한다는 걸 알았지만, 내가 대학에서 강의를 한다는 것도 알았으므로, 자기 동료들에게 나를 소개할 때는 재난에 대해 굳이 언급하지 않고 학자이자 계획관이라고만 말했다. 내가 정확히 무슨 일을 하는지에 대해 부기장과 대화를 나누기 시작하면 조종실 분위기에 된통 찬물이 끼얹어졌을 것이다. 그리고 그때 톰은 아직 내가 정확히 뭘 하는지 모르고 있었다. 내게 일과 가정을 분리시키는 건 대단히 중요했다. 세상의 모든 기술적·공학적 노하우와 더불어 확실한 안전 체계를 등에 업고도, 수십 톤의 등유를 싣고 하늘을 나는 항공기 조종석에 앉기 위해선 맹목적인 믿음이 필요하다. 톰은 매일 조종석에 앉기 위해 버드 스트라이크나 엔진 고장과 같은 최악의 시나리오를 주기적으로 시뮬레이션하고, 그런 상황에 대응하는 법을 훈련했다. 하지만 그가 훈련한 시나리오는 언제나 그가 통제할 수 있는 것이었다. 매일 밤 톰의 옆에 눕는 나는, 문제 상황에서 벗어나지 못하는 최악의 시나리오를 기괴하게 상기시켜주는 존재였다. 어느 날 밤, 톰이 기차역으로 마중을 나왔다. 항공기 추락 현장에 다녀오는 길이었는데 중간에 샤워할 시간이 없었다. 톰이 문득 물었다. "왜 항공기 연료 냄새가 나지?" 톰이 물었다. 그리고 곧 질문한 걸 후회하는 기색이 되었다.

   우리는 집으로 가는 내내 말이 없었다.

   톰과 내가 처음 아기를 잃었을 때 나는 임신 테스트기와 초음파 사진과 산파를 만날 약속이 적힌 카드를 간직하기로 했다. 그 물건들은 나를 위안해주었다. 그보다 더 중요하게는, 아기가 있었다는 증거가 되어주었다. 나의 아기가 한때 존재했었음을 증언하는 나만의 기억 상자가 생긴 것이다. 그 시점 나는 전세계의 경찰과 안치소 팀과 함께 '기억 상자'의 설계와 내구성을 개선하는 작업을 5년째 진행하고 있었다. 기억 상자란 가족에게 몇 안 되는 유류품을 담아 건네줄 상자다. 그 안에는 불에 그슬린 여권, 핸드폰 사진 인화본, 도장이 달린 금반지, 박하사탕 포장지 같은 것들이 담겨 있다.

상자의 종류와 구조가 대단히 중요했다. 너무 '선물'처럼 느껴지면 절대 안 된다. 내구성이 약하면 가족에게 건네주는 순간 바닥이 떨어져나갈 수도 있다. 뉴욕 메트로폴리탄 경찰은 어느 시점에 야생화와 섞어서 만든 재활용 종이로 유류품을 포장하는 시행착오를 거쳤다. '장인의 손길이 닿은' 고급스러운 포장이었지만 유가족들은 종이의 작은 자국들이 혈액이나 재의 조각이라고 오해하고 충격을 받았다. 나는 나의 첫 기억 상자로 밝은색 신발 상자를 골랐다.

아기가 죽으면 매번 느낄 수 있었다. 초음파 스캔이나 혈액 덩어리가 나오기 적어도 사나흘 전엔 눈치를 챘다. 잠에서 깨어 배에 손을 얹으면, 내 앞의 수많은 여자들이 그랬듯, 그냥 알았다. 여성과 관련된 의학과 돌봄에서 장본인인 여성들의 목소리는 언제나 주변부로 밀려나며, 우리의 직감을 무시하는 "엄마들은 다들 걱정이 많아요" 따위 대화가 며칠 동안 이어진다. 세번째 유산 후 나는 혈전증을 진단받았다. 그게 내가 보통 12주 차 초음파 검진을 받은 직후 아기를 유산하게 되는 이유였다. 태반이 작동하지 않게 된 시점엔 이미 살아서 심장이 뛰고 있는 태아를 본 뒤다. 심장이 뛰는 걸 확인했으면 이제 괜찮은 거라고 산파들은 나를 안심시킨다. 이번 아기는 괜찮을 거예요. 이번엔 정말요. 톰은 그들의 말을 믿는다. 그는 직업상 지식과 경험의 위계가 높은 사람의 말을 듣고 존중하도록 훈련받은 사람이다. 톰은 내게 마음을 진정시키는 차를 타주고, 의사의 말에 안심한 채 장시간의 야간 비행을 하러 일터로 떠난다.

나는 어둠 속에 앉아 그에게 잘 다녀오라는 인사를 한다. 그러고 나선 나의 전담 택시 운전사인 제이에게 전화한다. 그는 이제 나에게 문신을 한 큰오빠와 비슷한 존재다. 그가 바로 말한다. "병원?" 몇차례 같은 문답을 반복한 뒤였으므로, 굳이 대답할 필요는 없다. 제이는 몇차례 내가 토할 수 있도록 차를 멈춰준다. 마지막으로 남은 임신 호르몬이 못된 장난을 치고 있다. 제이가 나를 데려가는 곳은 초기 임신 클리닉이다. 그 역시 아내와 함께 여러차례 방문해본 곳. 그리고 그는 소식이 있으면 메시지를 보내달라고 말한다.

"괜찮을 거야, 루스." 차에서 힘겹게 내리는 내 뒤에 대고 그가 말한다. 오늘 얘기는 아닐 거다. 오늘은 괜찮지 않으리란 걸 우리 둘 다 잘 안다. 그의 말은 아마 장기적으로 결국은 괜찮아질 거라는 뜻일 테다. 제이는 훌륭한 재난 복구 계획관이 되었을 것이다. 그는 사제나 목사 못지않게 자신만의 신념 체계를 지키며 살아간다. 그에겐 결국은 괜찮아질 거라는 굳건한 믿음이 있다.

첫 유산 뒤 출혈이 너무 심해서 그뒤로 내가 품었던 태아들의 일부는 잔류수태물 제거 수술(ERPC)을 통해 제거되었다. 내가 그 용어를, 간호사와 의사들의 혀끝에서 ERPC라는 약어가 흘러나오는 것을 얼마나 질색하게 되었는지. 병원에서 약어를 사용하는 건, 영국의 재난 대응 업계에서 외부인을 배제하고 경계를 짓

기 위해 RVP나 SCG나 SAGE라는 용어를 남발하는 것과 다르지 않다.●

 수술을 받고 전신마취에서 깨어나면, 나는 다른 여자 예닐곱명이 먼저 들어와 있던 무더운 산부인과 병동에 누워 있다. 그곳에서 형성되는 이상하고 과하게 친밀한 동료애는 내게 안치소를 연상시켰다. 그 공간을 벗어나면 어떠한 이해도 의미도 지니지 못할 대화들이 이어졌다. 나는 슬리밍 월드 센터에 다니는 여자가 난소와 자궁을 제거한 덕분에 체중을 얼마나 감량했을지 계산하는 걸 도왔다. 한번은 마취에서 깨어나니 병원 목사가 내 손을 잡고 내 귓가에 기도를 읊으면서 울고 있었다. 뭔가 혼선이 있어서 잘못된 환자를 찾아온 것이다. 나는 목사를 불러달라고 하지 않았다. 나는 38주에 아기를 잃은 여자가 아니었다. 목사는 당황해서 급히 자리를 떴지만, 나는 그녀의 기도를 내 것으로 간직했다.

 사생활은 당연히 보장되지 않았으며 기대할 수도 없었다. 옆 침상 여자가 방금 전문의가 내게 한 말에 대해 자기 생각을 떠들곤 했다. 옆 침상에 나이 든 여자가 있으면, 그녀는 자기 이야기로 내 마음을 달래주곤 했다. "걱정 마, 자기. 다음엔 괜찮을 거야. 우리도 다 겪은 일이야. 나는 그러고 나서 딸을 셋이나 얻었거든. 그 애들도 다 딸을 낳았고……" 그나마 임신이라도 되었으니 행운이라는 말도 들었다. 시험관 임신에는 비용이 많이 든다. 나의 경우

● RVP(Rendezvous Point)는 집결 지점, SCG(Strategic Co-ordinating Group)는 전략적 조정 그룹, SAGE(Scientific Advisory Group in Emergencies)는 긴급 상황 과학 자문 그룹을 뜻한다.

는 딱한 내 몸뚱이가 아기를 잘 붙들고 있게 할 방법을 찾기만 하면 되었다.

톰이 자동차 좌석에 낡은 수건을 깔고 병원으로 나를 데리러왔다. "어머나, 파일럿 양반이잖아." 내가 핸드백과 피 묻은 잠옷을 그러모으는 동안 나이 든 여자들이 환호했다. "멋지기도 해라."

톰은 다정하게도 첫 아기에게 그리스 신을 따서 타이탄이라는 이름을 붙였다. 그 이름이 자신의 자그마한 후계자에게 생존할 힘을 불어넣길 바라면서. 우리는 그뒤로 모든 아기들을 타이탄이라고 불렀다. 집에서 이루어지는 사산에는 여러 형태가 있다. 때로는 부드러운 방울에 감싸인, 자그마한 강낭콩만 한 아기가 나왔다. 때로는 아기가 조각나서 나왔다. 나의 첫번째 타이탄은 두번째 방법을 택했다. 한달에 걸쳐 조각난 아기의 신체 부위들이 내 몸에서 흘러나왔다. 몇 센티미터 길이의 팔을 보고 나는 내가 뉴욕에서 정체를 밝히려고 그토록 노력했던 작은 뼈를 떠올렸다. 하지만 아직 제대로 형성되지 않은 아기의 뼈를 간직하거나 매장할 수는 없었다. 아기를 묻을 수는 없었지만, 변기 물에 흘려보내는 건 윤리에 어긋나는 것처럼 느껴졌다. 병원에 문의해도 돌아오는 건 모호한 조언뿐이었다. 처음에 내가 태아의 조각을 모아서 조산사에게 가져갔을 때, 그녀는 몸서리를 치면서 황급히 그것을 의료 폐기물 통에 넣었다. 다른 때는 남자 의대생이 28그램이 나가는 내 아기의 주요 신체 부위들을 족집게로 집어서, 안치소에서 총알을 담는 데 사용하는 강낭콩 모양 접시에 놓았다.

침대맡에서 공포에 질린 표정으로 그 광경을 지켜보고 있던 톰에게는 구겨진 양식과 펜이 내밀어졌다. 장례식을 원하면 체크 표시를 하라고 했다. 그는 체크를 하지 않았다. 그가 원한 건 장례식이 아니라 아기였다. 그리고 마음이 완전히 망가지지 않은 아내였다. 톰이 그 양식을 본 건 처음이었다. 하지만 나는 그 양식이 친숙했다. 내가 개발한 양식이었으니까.

재난 업계에서 커리어를 제대로 시작하기 전이었던 2000년 여름 브리스톨대학을 졸업한 직후, 나는 바쁘고 일손이 달리는 리버풀의 검시관 사무소에서 신입 검시관과 실습을 하게 되었다. 내가 들어왔을 때 사무소 직원들은 전대미문의 대형 스캔들을 처리하는 데 전념하고 있었다. 검시관 사무소의 한 병리학자가 유가족의 허가 없이 남몰래 10년 넘게 사망자의 유해를 보관하고 있었던 것이다. 게다가 알고 보니 이러한 관행이 영국 전역에 퍼져 있었다. 다른 사건을 조사하던 중, 브리스톨 왕립병원에서 심장 수술 중 아동 사망 건수가 많은 것에 대해 증언을 하던 한 증인이 일부 저장소에 아동의 장기들이 무기한으로 보관되고 있다고 폭로했다. 이 스캔들은 가장 많은 장기가 보관되어 있던 리버풀의 앨더 헤이 아동병원 이름을 따서 앨더 헤이 스캔들이라고 불리게 되었다.

조사가 시작되자 앨더 헤이 병원의 병리학자 밴 벨젠$^{\text{Dick van}}$ ^{Velzen} 교수가 당시 의학계의 관행을 무시하고 행동했다는 사실이 밝혀졌다. 행정 업무에 허덕이던 그는 유가족의 동의하에 회수한 조직을 조심스럽게 관리하는 일에 소홀했다. 또한 시작하고 완료되지 않은 각종 연구 프로젝트를 빌미로 별의별 것들을 의도적으로 보관하고 있었다. 어떤 환자의 경우 유가족 몰래 모든 장기를 빼내고 유가족에겐 텅 빈 껍데기만을 돌려보냈다. 너무 작아서 살아남을 수 없었던 신생아와 태아들의 시신 역시 여러해 동안 몰래 보관했다. 다른 병원과 검시관 사무소, 경찰 창고에도 규모는 작지만 비슷한 보관소가 있다는 사실이 밝혀졌다. 영국 전역의 검시관 팀들은 산하의 병리학 팀이 보관하고 있던, 오래전 죽은 사람의 신체 부위들을 유가족에게 돌려줄 방법에 대해 정보를 교환했다. 뇌 조직 덩어리들과 피 자국이 묻은 슬라이드들을 돌려줘야 했다.

밴 벨젠의 연구는 아기, 태아 발달, 장기 발달 실패와 영아 돌연사 증후군의 관련성에 초점을 맞추었다. 훗날 조사로 밝혀진 바에 의하면, 그는 업무가 버거웠던 나머지 연구에 태만해졌으며, 자기 연구실에 도착한 우리 사회의 가장 작은 구성원들을 방치했다. 오로지 어머니의 진료 기록을 통해서만 추적할 수 있는, 태어나지 못한 작은 아기들이 이 대사건의 숨겨진 피해자였다. 리버풀의 검시관은 직원들을 이끌고 대응에 안간힘을 썼다. 직원들 다수가 어린아이를 키우는 부모이기도 했다.

그뒤로 많은 유가족이 지역 검시관이나 검시 사무소로부터 그들이 사라진 것조차 몰랐던 고인의 신체 부위를 회수하라는 내용의 편지와 전화를 받았다. 그중에는 1980년대에 22주 된 태아의 시신을 정책상 병원이 가져가야 한다고 들은 어머니들도 있었다.

훗날 공개 조사에서 증언을 한 부모들이 공통으로 입에 올린 주제는 병원 측에 시신을 제공한 다음 아무런 정보도 받지 못했다는 것이었다. 심지어 자기 아이의 장기를 다른 아이에게 이식할 용도로 기증했다고 생각한 사람도 있었다. 더 큰 자녀를 잃은 부모들은 그들이 매장한 것이 아이의 피부와 조직 일부에 불과하며 시신의 대부분은 실험실에 남아 있었다는 걸 알게 되었다. 아이의 시신은 안식을 취한 게 아니었다.

그해 여름의 몇주 동안 나는 우리가 사랑했던 사람의 조각들에 느끼는 애착에 대해, 그 무게에 대해 많은 것을 배웠다. 그리고 내게서 그러한 조각들이 나온 날, 그것들을 처음부터 다시 배웠다.

그러니 톰이 건네받은 양식은 내게 낯설지 않았다. 스캔들의 여파에 영국에서는 엄격한 인체 조직 관리법이 통과되었고 후에 나는 그에 수반될 서류를 개발하는 몇차례의 정부 워크숍에 참여했다. 정부에서 설계한 도구들이 으레 그렇듯 검증이 이루어졌고, 변경이 있었으며, 초점 집단이 설계되었다. 나는 그 양식을 학생들에게 인체 조직 동의에 대해 가르칠 때 워크지로 활용하기까지 했다.

톰이 다른 유해들과 합동 화장하도록 태아의 작은 신체 부위들을 병원에 넘겨준다는 네모 박스에 체크 표시를 하는 동안 나는 두 남자가 내가 우는 모습을 보지 못하도록 벽을 향해 몸을 돌렸다.

아직 출혈이 멈추지 않은 채로 나는 다시 싸움터로 나갔다. 대형 생리대를 차고 큰 바지를 입고 훈련에 나갔고 강연을 했다. 시나리오를 쓰고 계획을 세우는 일에 매몰되고 싶었다. 이제는 런던 지하철 임산부석에 앉을 수 없는 몸이 되었지만, 배는 여전히 둥글게 튀어나와 있었다. 그런 내 모습을 초조하게 쳐다보면서 내가 얼마나 파리한지 언급하는 사람은 엄마와 가까운 친구 몇명뿐이었다. 비상계획대학의 남성 동료들은 팔을 한번 토닥여주거나 교육 도중 5분 일찍 쉬는 시간이 생겼을 때 내게 차를 타주고 소서에 커스터드크림을 평소보다 듬뿍 얹어주는 것으로 연대를 표현했다.

톰과 나는 따로 슬퍼했다. 우리 둘 다 서로를 속상하게 하고 싶지 않았다. 나는 이상하고 고요한 장소에서 위안을 찾았다. 안치소, 실험실, 검시 법원 같은 곳들. 나는 영국에서 가장 선도적인 인류학자의 하나로 꼽히는 루시나 해크먼Lucina Hackman과 업무상 주기적으로 연락하고 지낸다. 우리는 2000년대 초반에 같은 컨퍼런스의 강단에 서면서 처음 서로를 알게 되었다. 인류학자들은 안치소의 다른 과학자들과 재질이 다른 사람들로 보인다. 그들은 법의학만큼이나 인류학에도 관심을 쏟는다. 즉 시신이 되기 이전에 존재했던 사람에게, 그리고 유골에게 마땅히 주어져야 할 의례에 마음을 쓴다. 법의인류학자들은 내게 매우 특별한 부족으로 보인다. 법의인류학은 법의학에서 여성 과학자들이 가장 많은 분야이자, 무시무시한 여장부들이 혁명하고 관리하고 지배하며 보호하는 분야다. 그 최전선에는 데임 작위를 받은 남작 수 블랙Sue Black 교수가 있다.

나는 루시나를 만나러 가는 날을 언제나 기다렸다. 목적지는 영국 재난 사망자 신원 확인 교육의 중심지이자 법의학 연구로 세계적 명성을 얻은 던디대학이었다. 던디대학에선 현장 관리와 시신 수습 교육이 이루어졌고, 재난 사망자 신원 확인을 담당하는 경관들이 실제 사망자로 훈련하도록 허가하는 영국 유일의 과정이 진행되었다.

망자와 그들의 뼈와 많은 시간을 보내며 질문의 답을 찾는 사람답게, 루시나는 상대가 말하지 않아도 그가 무얼 생각하고 무얼 필요로 하는지 알아차리는 초자연적인 능력을 소유하고 있다. 그녀의 연구실에 가는 날, 나는 또 한번 유산을 하고 피를 흘리는 중이었다. 이번에는 임신이 좀더 진행된 상태여서 딸이었던 태아는 부검을 받아야 했다. 우리는 그달 나온 다른 시신들과 아기를 합동으로 화장하고 병원의 추모공원에 재를 뿌리는 데 동의한다는 체크를 했다. 그러고 난 뒤 어느 날, 재활용에 대한 지역 전단지와 다른 시시한 편지들 틈에, 화장이 이루어졌다는 편지가 왔다. 나는 말없이 톰에게 편지를 건네주었다. 그는 슬픈 얼굴로 고개를 젓더니 빵 바구니 위에 편지를 올려놓고 차를 타러 갔다. 또 한명의 아기를 잃었다. 나는 편지를 기억 상자에 넣었다.

루시나는 세계에서 가장 완성도 높은 태아 유골 컬렉션의 큐레이터다. 이 컬렉션은 출입이 엄금되고 철저히 보호되며, 손상을 일으킬 수 있는 이른바 '파괴적 연구'는 아예 허용되지 않는다. 루시나와 나는 회의를 마치고 대학 구내식당에서 라자냐를 먹은 다음 컬렉션이 있는 공간에 앉았다. 우리는 일과 남편에 대해, 그리고 다르메스티드 딱정벌레 군락을 건강하게 기르려면 어떻게 돌보아야 하는지에 대해 이야기했다. 루시나는 딱정벌레를 애지 중지한다. 딱정벌레는 그녀가 교재로 사용하는 동물 뼈의 살갗을 벗겨내는 데 사용된다. 이것이 어떠한 화학적 방식이나 외과적 방식보다도 뼈에 손상을 덜 가하는 방법이다. 루시나는 딱정벌레들이 식성이 까다로워져서 꿩 말고 다른 동물의 고기를 거부하고 있다는 소식을 전해주었다.

우리가 대화를 나누는 내내 루시나는 마술사들이 끼는 흰 장갑을 착용한 손으로 태아의 작은 두개골을 스캔할 준비를 하고 있었다. 나는 몸을 숙이고 두개골을 들여다보았다. 산울타리에 걸린 새의 두개골마냥 연약할 거라고 예상했지만, 생각보다 강해 보여서 놀랐다. 그 뼈는 새나 다른 동물의 뼈가 아니라 분명히 인간의 두개골이었다. 나는 영원처럼 느껴지는 시간 동안 오래도록 그 뼈를 들여다보았다. 태아는 거의 만삭까지 자란 듯했다. 내가 마지막으로 유산한 아기는 마흔네개의 두개골 구조를 완성하지 못하고 떠났다. 하지만 나는 불현듯 내 아기도 이렇게 클 수 있었으리라는 감각에 사로잡혔다.

루시나는 말없이 내 곁을 지켜주었다. 내가 작별인사를 하고 있다는 걸 알았을 거다.

8장

공포

"루시, 이게 무슨 일이죠…… 큰일이 난 것 같은데요……" 영국 재난 희생자 신원 확인 팀의 수장인 닉이 수화기 너머에서 헐떡거렸다. 상황도 워낙 심각했지만 화이트홀의 거리를 걷느라 숨이 차기도 했을 거다. 그는 런던 화이트홀 70번지에 위치한 내각부의 브리핑 룸으로 급히 향하고 있었다. 그곳은 위기가 일어났을 때 정부의 여러 부처들이 소집되고 조율되는 회의실이다. "루시, 들어보니까요, 이거…… 체르노빌만큼 큰 건이래요."

닉의 목소리에서 두려움이 묻어났다. 내가 재난 대응 업계 사람들의 얼굴이나 목소리에서 진정한 공포를 느끼는 일은 드물다. 어떤 일이 일어나더라도 그들은 보통 결연히 이를 악물고 에너지를 잔뜩 충전한 얼굴을 하고 있다. 특히 테러와 관련된 상황일 경우 그렇다. **덤빌 테면 덤벼봐**. 대응요원들의 화난 눈빛은 그렇게 말하는 듯하다. 하지만 2011년 3월 후쿠시마 재난 이후 이어진 며칠 동안, 나는 가장 순도 높은 공포를 목도했다.

재난 계획 업계에 속하지 않은 사람들 가운데, 2011년 초에 세계가 대재앙에 휘말리기 직전까지 갔다는 사실을 아는 사람은 드물다. 당시 나는 세계에서 가장 오래되고 가장 규모가 큰 핵시설 중 하나로 꼽히는 컴브리아의 셀라필드와 계약하여 비상 관리 체계와 특히 '대규모 사망' 사건이 발생했을 경우의 대응 체계를 검토하고 있었다. 안전과 인류 절멸이 종이 한장 차이로 갈린다는 깨달음에 나는 심란해졌다. 셀라필드 발전소는 다수의 대규모 인프라 시설 프로그램을 진행 중이었다. 인간들이 전세계에서 만들어낸 핵폐기물은 녹빛의 독성 물웅덩이에 저장되어 우리보다도 더 오래 이 땅에 남을 것이다. 원자력 발전을 사용하는 사회는 원자로 융해의 리스크에서 자유로울 수 없으며, 모든 비상계획관들의 머릿속에는 1986년 체르노빌 사태가 도사리고 있다. 우크라이나 북부 체르노빌 발전소의 사고는 이후 오랜 기간에 걸쳐 수천명의 사망자를 발생시켰고, 100만명 이상을 방사능에 오염시킨 것으로 믿어진다. 발전소를 둘러싼 땅은 향후 2만년 동안 거주가 불가능할 것으로 추산된다.[9]

   그해 봄, 나는 제2의 체르노빌 사태가 일어났다고 생각했다. 3월 11일 일본 역사상 최악의 지진이자 세계 역사상 강도 4위에 해당하는 지진이 발발해서 일본 동부에 심한 지진해일을 일으켰다. 파고 40미터에 달하는 파도가 내륙을 덮쳐서 전원 공급이 끊기자, 후쿠시마 다이치 원전 석대의 냉각이 중단되었다. 사흘 만에 노심 세개가 거의 융해되었다. 기술적으로 파악해봤을 때, 사상 최악의 원자력 발전소 사고가 될 가능성이 농후했다. 재난 초반에 우리에게는 이렇듯 심각한 과학적 정보가 전달되었지만 영국 대중과 미디어의 분위기는 상대적으로 차분했다. 그들은 재난이 닥쳐오고 있다는 정부의 공포에 전염되지 않는 것 같았다.

우리는 동시에 벌어진 두 재난에 대응하고 있었다. 지진해일에서 수천명이 사망했다는 사실은 분명했지만, 원전 사고가 어떻게 진행될지는 아직 미지수였다. 지진해일만으로도 거의 2만명에 달하는 사망자가 나왔다. 확인되지 않은 최초 수치에 따르면 영국인 사망자는 900명 이상이었다.

심각한 재난이 발생할 경우, 모든 정부 부처의 장관들이 함께 대응할 수 있도록 내각부 회의실에 "작전실"이 설치된다. 회의를 주재하는 사람은 총리 또는 사건과 가장 관련이 있는 부서의 장관이다. 이 회의는 COBR$^{\text{Cabinet Office Briefing Room}}$로 알려져 있으며, 마지막에 'A'를 붙여 '코브라'라고 불린다.• 뱀을 연상시키는 이 멋들어진 이름은 제임스 본드와 과학자들이 선두에 서 있다는 인상을 준다. 하지만 COBR은 우리가 상황을 통제할 수 있다는 환상의 시발점에 불과하다. 나는 재난 계획 회의 때문에 화이트홀 중심에 위치한 이 신성한 장소에 가본 적이 있다. 처음에 그들은 정중하게 핸드폰으로 사진을 찍지 말라고 부탁했다. 이제는 출입문에서 핸드폰을 압수한다. 그곳이 얼마나 초라하고 '평범'한지 세상에 드러나는 걸 막으려는 의도가 아닐까 의심이 든다.

재난 상황에서 중앙 정부는 핵심 과학자 집단에게도 조언을 받는다. 이 집단의 이름은 '비상시 과학 자문 그룹'$^{\text{Scientific Advisory}}$

• 공식 명칭은 아니지만 일반적으로 COBRA라고 불린다. 하지만 뭘 좀 아는 사람들은 절대 마지막 'A'를 붙여 부르지 않는다.

Group on Emergencies으로, 줄여서 '현자'를 뜻하는 SAGE(세이지)라고도 부른다. 그런데 여기 속한 과학자들의 유형은 한정적이다. 정부의 초점이 재난의 즉각적 결과와 대단히 기술적인 숫자 중심의 보고서에만 맞춰져 있기 때문이다. SAGE는 재난의 장기적 결과와 그 결과가 회복을 느리고 고통스럽게 만들 수 있다는 사실에는 별로 관심을 기울이지 않는다.

일본 재난 현장의 희생자 신원 확인을 이끌고 있던 닉은 내가 작업에 참여해주길 원했다. 나는 영국 재난 희생자 신원 확인 팀의 '전술 자문관'이라는 직함을 받았고, 닉은 내가 작성한 보고서를 COBR에 직통으로 전달했다. 데이비드 캐머런의 보수당과 닉 클레그의 자유민주당이 구성한 불균형하고 불편한 연립정부의 신임 장관들은 재난에 대응해본 경험이 부족했다. 2011년 3월, 초대형 기술 회사 구글이 업데이트를 하면서 분위기는 한층 더 나빠졌다. 구글은 위기 상황에서 사람들을 찾고 재회하도록 돕는 새로운 위기 대응 웹사이트를 시험 중이었는데, 사이트에 발표되는 수치는 암울했다.

나는 영국인 사망자의 시신 수습과 송환 및 가족 지원 계획을 맡게 되었다. 이번 재난은 매우 복잡했고, 핵으로 인한 파괴의 가능성을 고려하지 않아도 상황은 충분히 비관적이었다. 설상가상으로 핵 재난이 닥칠 경우 지진해일로 목숨을 잃은 사망자들의 시신에 접근하기가 불가능해질 수도 있었다. 내가 알게 된 바, 유해를 찾은 유가족은 애도하는 법을 배우지만, 찾지 못한 유가족은 가까스로 존재를 이어나간다. 일본 사람들은 보통 복잡한 장레 의식을 치르는데, 하루 만에 2만명의 사망자가 발생할 경우 그런 장례를 감당하기는 어려워질 것이다. 한번에 많은 사망자가 발생하면, 살아남은 사람들의 공동체는 시신에서 질병이 퍼질지도 모른다는 걱정으로 일반적인 의식을 포기하기도 한다. 유해는 황급히 공동묘지에 묻히거나, 화장되어 영영 사라지게 된다. 나는 시신을 일본에서 영국으로 송환하는 것과 관련된 논의를 대부분 전화나 스카이프를 통해서 진행했다. 이유는 간단했다. 며칠 전, 내가 처음으로 유산하지 않고 아기를 낳았기 때문이다. 내가 그토록 오랫동안 기다렸던 나의 첫 아기 엘리자베스는 예정일보다 한달 일찍 태어났다. 그토록 기다린 아기가 처음 만난 세상이 핵재난의 위기에 놓여 있다는 게 얼마나 아이러니하게 느껴졌던지. 처음에 나는 아기가 버틸 거라고 믿지 못했다. 또 한번 피할 수 없는 상실이 닥치기를 기다리며 그냥 박사 논문을 마무리하는 데 집중했다. 나는 심지어 톰이 미국과 카리브해에서 비행하며 새로운 경험을 쌓기 위해 퀘벡으로 6개월 동안 파견을 떠나는 데에도 동의했다. 만일 유산하면 그뒤에 톰에게 합류할 예정이었다. 하지만 결국 나는 톰을 만나러 갈 수 없었다. 혈액을 묽게 하고 면역체계를 억제하는 헤파린 주사와 스테로이드 치료의 조합 덕분에, 초음파 검사 때마다 아기는 틀림없이 건강하게 살아 있었다.

엘리자베스의 출산은 위급 상황에서 이루어졌다. 톰은 여전히 퀘벡에 있었으므로 출산과 응급 제왕절개 수술, 그후의 수혈까지 모든 일을 나 혼자서 치러야 했다. 톰이 비행기에 올라 세차례의 환승을 거쳐 사흘 만에 옷도 갈아입지 못하고 병원에 도착하자,

병동의 여성들과 조산사들이 박수와 환호를 보냈다. 우리는 아기를 데리고 퇴원해 집으로 갔다. 아기의 완벽한 머리 위로 피곤에 젖은 미소를 주고받으며, 마침내 우리에게 아기가 생긴 것이 꿈이 아니라고 믿으려 애썼다.

엘리자베스가 자는 동안 나는 아시아 현지에 나가 있는 동료들에게 연락을 돌린 끝에 마침내 지진이 발생한 지역 근처인 센다이에서 사망자 관리 업무를 담당하는 사람들과 직접 대화할 수 있었다. 그들은 상황이 너무 심각해서 히로시마와 나가사키 폭격 때에나 사용되었던 계획들을 다시 꺼내들어야 할 것 같다고 말했다. 그들은 대규모 공동묘지를 사용할 예정이었다. 영국 재난 희생자 신원 확인 팀이 참여하는 것은 불가능하다고 했다. 나는 COBR에 연락해 문제가 심각하다고, 시신을 회수하는 것이 불가능할 수도 있다고 전했다.

내가 재난 업계에서 경력을 쌓은 시기는 핵, 화학, 생물학적 무기, 방사선과 같은 '오염'과 관련된 위협과 사고에 대한 인식이 대폭 상승하고 있던 시기와 일치한다. 내가 케니언에 취직하여 처음 재난 업계에 발을 들였을 당시, 케니언에서는 이러한 위험이 사업에 어떤 영향을 미칠지 검토하고 있었다. 그들은 이미 냉전 시기와 체르노빌 사태 후 작업에서 오염 물질을 다뤄본 경험이 있었다. 더 최근에는, 이라크 침공 당시에 브라이즈노턴 기지에서 열화우라늄이 사용될 가능성에 대해 조용히 우려했으며 사담 후세인이 '대량살상무기'를 사용할 경우에도 대비하려 했다.

오염은 우발적으로 발생할 수도 있었다. 제트기는 수십만가지 위험한 요소들로 구성되며 때로는 화물에도 위험 물질이 포함되어 있기 때문에, 항공기 추락 후에 화학 또는 방사선 사고가 일어날 가능성을 배제해선 안 된다. 우리의 모든 항공 사고 대응 계획에는 오염에 대한 요소가 포함되어 있었다.

CBRNE(화학·생물학·방사선·핵)* 사건이 터지면 우리 대응요원들은 온갖 복잡하고 이상한 작업들을 닥치는 대로 해내야 한다. 내가 그 사실을 처음 알게 된 계기는 2006년 11월, 알렉산드르 리트비넨코Alexander Litvinenko 독살 사건이었다. 전 KGB 요원이었던 그는 런던 중심가에서 누군가 희귀 고방사성 금속 폴로늄을 넣어 둔 차를 마시고 사망한 것으로 추정된다. 이 사건과 관련해 대중에게 덜 알려진 사실은, 범인이 이 치명적 방사성 물질을 소지한 채로 이동하면서 많은 장소를 오염시켰다는 점이다. 오염 지점이 어디인지는 방사선을 측정하는 휴대용 기기를 사용해 일일이 추적해야 했다. 당시 나는 내무부에 재난 계획을 조언하고 있었고, 웨스트민스터 시의회에서 근무하는 일반인들이 담당하고 있는 이 임무의 진행 상황에 대해 정기적으로 업데이트를 받았다. 범인이 남긴 흔적은 치명적이고도 지저분했다. 호텔 객실과 욕실, 세탁물 통로, 비행기, 축구 클럽, 스트립 클럽 등에서 방사선이 발견되었다. 50군데가 넘는 장소에서 검사가 이루어졌으며, 100명

● 이 약어는 화학(Chemical)·생물학(Biological)·방사선(Radiological)·핵(Nuclear)을 의미하며, 마지막 'E'는 대규모 사상자를 발생시키도록 설계된 '고에너지 폭발물'(High Yield Explosives)을 뜻한다.

이상이 보건 기관에서 후속 조치를 받아야 했다. 폴로늄과 같은 감마 물질의 피해를 줄이는 건 비교적 간단하다. 나무판자나 종이처럼 얇은 무언가로 오염된 영역을 영구적으로 덮기만 하면 된다. 하지만 그러려면 먼저 어디가 방사선에 오염되었는지 찾아내야 한다.

  범인이 그토록 대규모 혼란을 일으킨 건 놀랄 일이 아니었다. 원래 러시아 정보요원들은 단순히 표적 인물을 처치하는 것을 넘어서, 주변에 영구적인 파괴의 흔적을 남김으로써 분명한 메시지를 전달하도록 훈련받는다. 방사선과 화학물질을 사용하여 보복하는 관습 자체가 알고 보면 오래전에 시작된 것이며 알렉산드르 리트비넨코 독살 사건은 영국에서 이런 일이 일어난 첫번째 사례도, 마지막 사례도 아니었다. 제법 최근에는 솔즈베리와 에임스버리의 쇼핑센터, 응급 의료 헬리콥터 기지, 경찰 본부, 술집, 중독과 싸우는 취약한 성인들이 거주하는 주택 단지 등에서 신경작용제인 노비촉이 혼란을 일으키는 사태가 벌어졌다. 테러리스트들은 테러의 주요 목표인 러시아 요원과 그의 딸에게 접근하면서, 일부러 독한 방사성 혹은 화학적 독극물을 전혀 통제하지 않은 채 소지하고 돌아다녀서 광범위하고 극적인 영향을 미치도록 유도했다. 그 결과 물질의 흔적이 널리 흩뿌려졌다.

  리트비넨코 사건 이후 대중과 언론의 관심은 다른 데로 옮겨갔지만, 정화 작업에는 몇달이 걸렸으며 심지어 지금까지도 오염 지역을 감시하는 팀들이 있다. 오염 사건을 들여다보면 대응과 회복이 어떻게 다른지 확실히 알 수 있다. 대응은 시급히 이뤄져야 하며, 재빠른 움직임과 큰 목소리와 많은 장비가 필요하다. 반면 회복의 모든 과정은 어두운 불안과 악성 두려움에 지배받는다.

CBRNE은 재난 대응 업계에서 가장 남성적이고 군사적인 성향을 띠는 분야다. 우리 집에는 매달 최신 CBRNE 장비를 광고하는 잡지가 배달된다. 잡지에서는 탄저균이 빠져나오지 않도록 봉쇄 가능한 시신 보관용 가방, 유독 가스를 탐지하는 휴대용 장비, 그리고 '궁극적 호흡기 보호'를 제공하는 밀폐형 방호구 등을 소개한다. CBRNE 사건에 대응하는 건 꽤나 무서운 일이다. 눈에 보이지 않는 물질들은 부인할 수 없이 두렵다. 그래서 어떤 대응요원들은 자기 일에 인도적인 측면이 있다는 사실을 잊는다. 나는 많은 CBRNE 훈련에서 강의를 해보았는데, 보통은 수백 명의 인원 중 여성이 두세 명에 불과할 정도로 남성의 비율이 높다. 우리가 다루는 위험들은 지극히 치명적이므로 일반적인 의식과 의례, 보호와 감수성이 전부 후순위로 밀린다. 무슬림 여성들은 시내 한복판에서 옷을 벗어야 하고, 노인들은 요양원에 감금되며, 반려동물은 총살당하고, 개인 물품은 불을 피워 태워버린다. 지시에 따르지 않는 자에겐 죽음이 기다린다.

CBRNE 사건에서 정부 기관이 상황을 통제하기 위해 전적으로 단호하고 공격적이기까지 한 태도를 취해야 한다는 건 사실이다. 그러기 위해서는 수많은 지시와 통제 명령을 내릴 수밖에 없다. 평소와 같은 상호작용은 사치로 느껴진다. 의료진은 마스크로 얼굴을 가린 휴머노이드 로봇처럼 행동해야 하며, 그 모습 앞에서 대중의 패닉은 더 심해진다. 물론 CBRNE 사고에서 거리

두기는 필수적이다. 하지만 이런 다급한 상황에서 신중한 태도를 잃었다간, 우리의 인간적인 부분들을 깡그리 무시하게 된다. 그리고 그 결과, 회복 단계에서 대중의 신뢰를 다시 얻어내는 것이 매우 어려워진다.

많은 비상계획관이 CBRNE라면 학을 뗀다. 이런 종류의 사건에선 상황 종료 시점이 존재하지 않기 때문에 시나리오를 계획하는 게 어떤 재난보다도 어렵다. 대응 단계는 몇시간, 며칠, 몇달이 걸릴지 몰라도 결국은 언젠가는 끝난다. 그러나 회복 단계, 즉 '재난 이후'의 기간은 신체적으로나 심리적으로나 무한히 이어질 수 있다. 체르노빌은 아무리 시간이 흘러도 체르노빌인 것이다. 오염이 우려되는 재난에 참여할 때면 나는 매번 대응요원들에게 장기적 오염에 대한 두려움을 다스리며 차분하게 문제를 처리하되, 지역사회에 과학적 설명을 제시하도록 독려했다. 아무리 심한 피해를 입었다 해도, 사람들에겐 미래에 대한 희망이 필요하다. 나는 또한 계획관들에게 위험 수준이 낮고 잘 관리되고 있다는 등 사람들을 안심시키고자 전달하는 메시지가 현장에서 그들이 보이는 행동과 모순되지 않는지 생각해보라고 권한다. 두려움은 전염성이 있기 때문이다.

톨바를 비롯해 영국 전역에서 수해를 입은 주민들은 미디어에서 오염된 물과 대장균의 위험에 대한 메시지를 폭격처럼 쏟아붓는 바람에 한바탕 난리가 났다. 감염에 대한 두려움 때문에 구할 수도 있었던 소지품을 내다버린 사람도 많았다. 일부 정부 부처에서는 대중이 과민 반응을 보인다고 생각했다. 자신들은 명확하고 균형 잡힌 메시지와 정보를 전달했는데 대중은 어째서 그렇게까지 경계하는지 이해하지 못한 것이다. 그들이 간과한 사실은 현장을 청소하겠다고 찾아온 정부 측 기관 사람들이 흰색 타이벡슈트 차림으로, 손에는 소독용 분무기를 들고 마스크로 얼굴을 가린 채 아무런 표지도 없는 밴에서 내렸다는 것이었다. 그들은 대중과의 대화를 거부하고 두려움과 불확실성의 분위기를 조성했다.

이러한 관행을 바꾸려는 노력을 해나가는 동안 나는 예상치 못한 여러곳에서 동맹을 만났다. 포턴다운의 국방과학기술연구소〔생화학무기를 실험하는 연구시설로, 일반인 출입이 금지된다―옮긴이〕의 과학자들은 고인의 유류품과 유가족을 보호해달라는 나의 요청을 언제나 환대해주었고, 노비촉과 폴로늄에 노출된 결혼반지를 세척하는 방법을 찾아냈다. 그들을 만나러 갈 때마다, 오래전 만났던 조산사가 떠오른다. 그녀는 내게 비살균 연질 치즈를 피하고 있는지 물었고 나는 유순히 고개를 끄덕였다. 하지만 내가 실제로 브리치즈를 역병마냥 기피하고 있긴 했어도, 바로 전날 세계에서 가장 위험한 21종의 병원균을 안전하게 보관해둔 실험실을 돌아다녔다는 건 비밀에 부쳤다.

사건 초기 브리핑에서 우리가 두려워했던 무시무시한 일은 실제로 일어나지 않았다. 서류상으로 원자로는 유례없이 심한 피해를 입은 것 같았다. 그러나 며칠이 지나자 우리가 인류의 종말은 피했다는 것이 명백해졌다. 후쿠시마 사건은 국제 원자력 재난 사고 척도에서 가장 심각한 7등급으로 판정되었다. 체르노빌을 제외하고는 이 수준에 도달한 전례가 없다. 그러나 두 사건 사이에는 몇 가지 중요한 차이가 있었다. 후쿠시마 사건에서는 방사선의 많은 부분을 태평양으로 방출했고 정화 작업이 국제적으로 찬사를 받을 만큼 원활히 이루어졌다. 그럼에도 후쿠시마의 많은 지역은 여전히 사람이 거주 불가능한 상태다. 원자로를 어떻게 처리할 것인지에 대한 논란 역시 계속되고 있다.

원전과 관련된 소음 속에서 지진과 지진해일의 참혹한 여파는 다소 덜 부각되었지만, 지진과 지진해일 역시 일본의 몇몇 지역을 황폐화시켰다. 약 2만 명이 목숨을 잃었으며, 추가로 2,500명이 여전히 실종 상태였다. 수많은 시신이 몇 주 동안 야외에 방치되었고, 일본의 장례 의식에서는 화장을 중요하게 여김에도 불구하고 당국에서는 집단 매장을 선택할 수밖에 없었다. 대부분의 시신은 사진이나 운전면허증 사진과 대조하는 등 시각적 방법으로만 신원을 확인해야 했고, 이 과정에서 실수가 발생하기도 했다.

영국인 사망자는 없었으므로 우리의 자국민 송환 계획은 실현될 필요가 없었다. 나는 해외 재난 희생자의 시신을 수습하고 신원 확인을 하는 복잡한 과정에 대해 조언한 공로로 표창장을 받았다. 일본 지진해일 이후, 정부의 수석 과학 고문은 정부의 과학 자문 그룹인 SAGE에서 더 넓은 관점과 더 다양한 목소리를 대표해야 한다는 아이디어에 긍정적인 반응을 보였다. 내각실에서는 여기에 정량적 정보와 대조되는 '정성적 과학'이라는 이름을 붙였다. 또한 비상 상황의 인도적 측면을 고려하고, 취약 계층 및 아동의 요구를 이해해줄 사람들을 포함시키는 것이 중요하다는 점을 인식해서 한동안 이 점에 대한 논의와 훈련을 진행했다. 외국 외교관들을 대상으로 하는 화이트홀 내부 훈련에서는 '정성적 과학'을 SAGE에 포함시킨 사례로 내 업무를 부각시켰다. 나는 엄밀한 사실과 냉정한 수치와 더불어 이러한 정성적 접근법이 허용된다는 사례로 소개되었다. 외교관들은 고개를 끄덕이며 메모를 하고 영국의 용기를 칭찬했지만, 나는 이게 오래 가진 못할 거라고 확신했다.

재난 주변에서 시간을 보내다보면, 우리가 어떤 상황이든 완벽히 질서정연하게 다스릴 수 있다고 믿고자 하는 인간적 욕구는 결국 깨어진다. 우리는 재난 과학자들이 '고신뢰성/고위험 세계'라고 부르는 곳에 살고 있으며, 새로운 기술이 등장할 때마다 우리를 파괴할 새로운 방법도 함께 등장한다. 닉이 공포에 질린 건 당연했다. 어떤 재난은, 그저 압도적이다. 하지만 삶은 계속되어야 한다. 가장 가까운 원자력 발전소가 얼마나 잘 관리되고 있는지를 매일 궁금해하면서 사는 것은 가능하지 않고 건전하지도 않다. 인간의 마음이 위험으로부터 멀어지고 위험에 대한 생각을 지우려 하는 것은 지극히 자연스럽고 심리적으로도 건강하다. 우리가 감내하기로 선택한 위험에 대해 끊임없이 생각한다면, 일상생활을 할 수 있을까? 아기를 키우고, 아이들을 교육하고, 자동차를 운전하고, 비행기를 탈 수 있을까?

우리는 스스로를 안전하게 지키기 위해 합리적인 조치를 취할 수 있다. 하지만 나는 일을 하면서 인류에게 종말이 닥치지 않은 매일이 좋은 날이라는 것 또한 절감한다. 기차역의 구내 상점에서는 삶을 긍정하는 문구가 적힌 밝은색 카드를 판매한다. 내겐 재난을 배경으로 하는 긍정 카드가 있다. 내 안에는 지금 이 순간을 살아야 한다는 크나큰 믿음이 있다. 오늘에 충실해야 한다. 사람들은 '지금 이 순간을 살라'라든지 '빗속에서 춤을 추라' 같은 격려하는 말을 주고받곤 한다. 내가 일을 처음 시작했을 때 업계 선배들에게 배운 교훈 하나는, 죽음과 재난을 줄곧 마주하는 사람들은 정말로 그렇게 산다는 것이었다. 인생은 대단히 귀중하고, 언젠가는 끝나며, 무척 연약하다. 이를 잊지 않고 살아야 한다.

9장

유령 열차

2013년 7월 6일, 캐나다 퀘벡주 소도시 라크메강티크는 한여름의 열기로 뜨겁게 달아올라 있었다. 지미 시루아와 마리 세미 알리앙스는 3층짜리 아파트에서 더위에 허덕이는 중이었다. 18개월 된 아기 밀리아나가 더위를 버티기 어려워해서, 에어컨이 설치된 할머니네 집에 잠시 맡기기로 했다. 지미와 마리는 다음 날 출근을 위해 집으로 돌아왔다. 그들의 아파트는 마을을 휘감아 도는 철로에서 불과 15미터 거리였다.

새벽 1시가 조금 지난 시각, 몬트리올-메인-애틀랜틱^{MMA} 철도 회사의 무인 열차 브레이크와 연결 장치가 고장 났다. 열차의 탱크 차량 72대에는 원유 770만 리터가 실려 있었다. 언덕 위에 주차되어 있던 무인 열차는 작은 마을에서 약 11킬로미터 떨어진 언덕 위에서 미끄러지다가, 점점 속도가 붙어 마을 중심부로 내달렸다. 이윽고 폭발이 일어났다. 주민들은 그 순간, 세상이 끝나는 것처럼 느껴졌다고 묘사했다. 이튿날 해가 뜰 무렵, 건물들이 있던 자리에는 불길과 짙은 검은 연기만이 남아 있었다. 지미와 마리는 화재로 인해 목숨을 잃었고, 어린 밀리아나의 운명은 영원히 바뀌었다.

폭발과 뒤따른 화재로 오랜 역사를 자랑하는 마을 중심지가 파괴되었다. 지역 주민 47명이 목숨을 잃었다. 희생자의 다수는 동네의 음식점인 뮤지 카페에서 밤나들이를 즐기고 있던 젊은 사람들이었다. 4세에서 93세에 이르는 희생자들은 도심 한복판에서 화장터보다 훨씬 높은 온도의 불길에 잡아먹히고 말았다.

사고가 난 무인 열차는 지역 주민들에게 '유령 열차'라는 별명으로 불렸다. 이미 몇년 전부터 안전에 대한 우려가 제기되어왔다. 사고 직후 조사에서 여러 안전 규정 위반이 발견되었고, 사고 몇주 뒤 캐나다 교통부는 한대 이상의 적재된 탱크 화차가 연결된 기관차를 본선에 무인 상태로 방치하는 것을 금지하는 긴급 지시를 내렸다. 본선이 아닌 다른 선로에 방치된 기관차는 반드시 잠가두어야 한다는 규정도 생겼다. 많은 사람의 희생으로 이뤄진 변화였다.

나는 재난 이전 퀘벡의 보석으로 불리던 라크메강티크의 아름다움을 목격하지 못했다. 내가 라크메강티크을 방문한 참사 후 1년 시점에 도시는 여전히 매우 취약하고 망가진 상태였다. 나는 이곳에서 영국이 이처럼 대규모의 도심 화재를 겪었을 때 어떻게 복구하고 재건할 수 있을지 알아보고자 했다. 특히 유해의 신원을 틀림없이 확인하는 것이 얼마나 중요하게 여겨지는지, 공동체가 '회복'을 향해 나아가는 더 넓은 길에서 신원 확인의 역할이 무엇인지 두가지를 살펴보고 싶었다. 이 두가지가 어떻게 얽혀 있는지 이해하는 것도 중요했다.

나는 온라인으로 숙소를 알아보았다. 호숫가의 민박집, 시내 중심가에 있는 모텔. 그러다가 문득, 웹 페이지에 연결이 안 되는 이유가 이 숙소들이 더이상 존재하지 않기 때문이라는 사실을 깨달았다. 한때의 과거를 놀리듯이 링크만 그 자리에 남아 있었다. 라크메강티크에 도착한 첫날, 내가 들어간 상점에서는 마을 기금 마련을 위해 달력 두개를 판매하고 있었다. 첫번째 달력에는 탁트인 거리에서 아이스하키 경기가 열리고, 줄지어 늘어선 부티크에 환히 불이 밝혀져 있고, 전소되기 전의 뮤지 카페가 존재하던 '이전'의 마을이, 다른 한장에는 폐허가 되어 연기가 피어오르는 '이후'의 마을이 담겨 있었다.● 이전과 이후. 다른 어떤 말보다 재난의 영향을 가장 잘 요약하는 두 단어다.

나는 라크메강티크에 도착하자마자 크라이스트처치에서 그랬던 것처럼 고지대에 올라가 아래를 내려다봤다. 폐허를 향해 이어지는 급격한 경사로 인해 더욱 충격적인 풍경이 눈앞에 펼쳐졌다. 눈길이 닿는 모든 곳에 파헤쳐진 흙더미가 끝없이 쌓여 있었다. 공중에는 후진하는 트럭의 경고음이 울려 퍼졌고, 폭발을 유발한 벤젠의 잔재가 아직도 짙게 남아 있었다. 내 옷과 머리카락에는 벤젠 연기가 배었다(집에 돌아와 여행 가방을 열었을 때도 그 냄새가 여전히 코를 찔렀다). 발화하지 않은 연료는 호수로 흘

● 지역의 전문 사진작가 클로드 그르니에(Claude Grenier)가 제작했다.

러 들어가거나 물길에 혼입되었다. 화염의 온도가 어찌나 높았는지 가로등이 녹았고 해안선까지 늘어선 바위들이 죄다 쪼개져 있었다. 라크메강티크에서 일어난 열차 폭발은 NASA의 위성에 포착될 정도로 규모가 컸다. 재난 현장으로 변한 마을의 참혹한 모습은 TV에서나 볼 법한 광경이었다. 실제로 이 장면은 할리우드 영화에서 묘사하는 재난 현장과 잔인할 만큼 비슷하며, 인기 넷플릭스 영화 「버드 박스」에 실제로 삽입되기도 했다. 제작사 측에서는 사과를 표명했으나, 치명적인 화재가 발생한 후 몇시간 뒤 수십개의 불길이 솟아올라 밤하늘을 밝히는 장면이 담긴 영상을 영화에서 삭제하지는 않았다.

재난 이후의 장소를 똑바로 보려면, 거대한 운동 에너지로 인해 생긴 상처와 갈라짐과 새롭게 형성된 지형의 윤곽을 따라가려면, 가장 좋은 방법은 걷는 것이다. 라크메강티크에는 깃발이 표시된 길과 앉을 수 있는 벤치들이 마련되어 있어서 초행인 내게도 걸어 다니기가 수월했다. 지역 사람들은 이곳을 떠난 사람들이 다시 돌아오기를 원했다. 그들을 기다리고 있다는 걸 알리고자 했다.

재난이 일어났을 때 모든 사회와 문명에서 가장 먼저 요구되는 행동 하나는 지체 없이 사망자를 돌보는 것이다. 때론 유해가 가슴 아플 정도로 적나라하게 드러나 있다. 일례로 라크메강티크의 메인 스트리트에는 완전히 탄화되어 마치 폼페이에서 발견된 화석화된 인간처럼 보이는 유해 한구가 사건 직후 몇시간 동안 노출되어 있었다. 대응요원들은 이 유해를 비롯해 노출되어 있는 연약한 유해들을 보호하기 위해 서둘러 움직였다. 그러나 재난이 벌어진 뒤 훨씬 오랜 시간이 지나도 발견되지 않는 사망자들도 있다. 죽은 사람이 땅과 먼지에 파묻히고 재건되어야 할 현장의 일부가 되어버렸을 때는 어떻게 해야 할까? 라크메강티크에서는 아파트를 포함한 여러 장소에서 유해가 수습되었으나 가장 많은 사망자가 발생한 곳은 뮤지 카페였다. 이곳에서 발견된 유해는 인류학자들이 다소 냉정하게 '하나로 뒤섞였다'라고 묘사하는 상태였다. 인류학자들은 '화장재'가 되어버린 이 유해 조각들을 실험실로 가져가 정밀하고도 고된 수습 과정을 시작했다.

  재난 후 처음 몇달 동안은 단지 하루하루를 살아서 버텨내는 데만도 엄청난 노력이 들어간다. 그렇게 시간이 흐르는 동안 서서히 외부의 압력이 쌓이기 시작한다. 중앙 정부 및 지자체, 대중, 마을의 원로들은 슬슬 재난을 마무리짓고 싶어한다. 이 지점에서 필연적으로 갈등이 촉발된다. 유가족, 생존자, 그리고 최전선에서 일하는 대응요원들에게 이 시점은 언제나 너무 성급하게 다가오며, 재난을 잊으려 하는 것처럼 느껴진다. 한 유가족은 정부 계약에 따라 제작된 추모 정원의 건축 설계도를 전달받고, 그들이 고인의 무덤이라고 여기고 있던 공간이 남들 멋대로 결정된 것에 대해 분노를 터뜨리기도 했다. "여기는 우리의 공간이지, 그 사람들 공간이 아니에요." 전환은 또다른 이유로 어려움을 동반한다. 대응 단계를 완료하는 시점 이후로, 재난 현장은 더이상 생존할 가능성이 없지만 유해가 발견되지 않아 안식을 취하지 못한 사망자들의 집이 되기 때문이다. 세계무역센터 테러 후 몇주 동안 그라운드제로 현장에서는 실제로 몸싸움이 벌어지기도 했다. 대응 요원들은 형제와도 같은 동료 소방대원들이 아직 살아 있을지 모른다는 희망의 끈을 놓지 못한 채로 현장에서 쫓겨나야 했다. 그들은 감정이 격해져 있었고, 충격을 받은 나머지 자신들을 밀어내려는 이들에게 주먹을 휘두르기도 했다.

2001년 뉴욕과 2005년 런던에서와 마찬가지로, 라크메강티크에서도 희생자 신원 확인 작업의 대부분을 주도한 것은 법의인류학자들이었다. 그들은 어떤 뼈를 보고 동물 뼈인지 인간 뼈인지 신속히 판단하는 능력이 탁월하여 재난 희생자 신원 확인에서 대단히 중요한 역할을 한다. 단백질을 화학적으로 검사하는 방법도 있지만, 형사가 들고 온 소뼈를 보고 단박에 비꼬는 말을 던지는 노련한 인류학자만큼 빠르지는 못하다. 라크메강티크 현장에서 발견된 유해의 두드러지는 특징은 화재로 인해 심하게 탔다는 것이었다. 인류학 연구소에 불에 탄 유해가 들어오는 일은 드물지 않다. 전쟁 범죄자의 명령으로 집단 매장지에 휘발유를 뿌린 대형 사건부터, 가정 내 살인을 은폐하기 위해 가속제를 사용한 소형 사건까지 다양하다. 내가 본 수많은 유해가 불길에 훼손된 흔적을 지니고 있었다. 이라크 시신 안치소의 경우, 실려 온 유해의 전부가 불에 탄 상태였던 때도 있었다. 불에 탄 유해는 근육이 수축하고 오그라들면서 뒤틀려 '권투 선수 자세'를 취하게 된다.

하지만 라크메강티크 폭발의 경우 불길의 온도가 일반적인 화장터에서 관찰되는 수준보다 더 높게 올라가는 물리적 현상이 일어났다. 이로 인해 시신에서는 대부분의 조직이 제거되고 뼈 안의 미네랄이 응집되어 날카로운 결정체만 남았다. 이 결정체는 장갑을 낀 손으로 아무리 조심스럽게 다뤄도 먼지가 되어 부스러지기 쉽다. 법의학 분야에서 '부서지기 쉬운 화장재'라고 부르는 이런 유해는 매우 신중한 취급을 요구한다. 법의인류학 교육에서는 이러한 유해를 다루는 법을 빼놓지 않고 다룬다. 불에 탄 시신의 경우 열의 영향으로 뼈에 미세한 균열이 생겨나므로 가해자의 범죄 행위를 분석하는 것도 거의 불가능해진다.

법의인류학자들은 재난을 겪은 지역사회 사람들에게 끝맺음이 필요하다는 점을 이해한다. 그들은 나처럼 DNA 검사에 깃든 위험 역시 잘 알고 있으며, 그에 따라 DNA 검사의 장점뿐 아니라 단점에도 민감하게 반응하기 시작했다. 재난 후와 전쟁 상황에서 DNA 검사를 무한히 반복하는 것이 과연 이로운가에 대한 질문은 법의인류학 및 인권 컨퍼런스의 단골 주제로 부상했다. 그해 초에 내가 참석한 헤이그의 국제 컨퍼런스에서도 정확히 이 문제를 다루었다.

나는 라크메강티크을 둘러본 뒤, 몬트리올로 가서 르네 코살카_{Renée Kosalka}를 만났다. 르네는 전쟁 후의 묘지에서 기술을 갈고닦은 최고의 법의인류학자로서, 몇년 동안 유고슬라비아 전쟁이 남긴 유해들을 조각조각 맞추는 작업에 헌신했다. 르네의 실험실은 몬트리올 경찰청의 본부 안쪽 깊은 곳에 위치해 있었다. 웅장한 건축물과 울리는 철문 소리가 마치 덴마크 스릴러 드라마 속 한 장면처럼 느껴졌다. 나는 배경과 어울리지 않게 배낭을 덜렁 둘러멘 모습으로 줄을 서서 잘생기고 턱선이 뚜렷한 경찰관들에게 수색과 스캔을 받은 다음, 비로소 르네의 실험실에 도착했다. 문을 열자 삭막한 복도와는 전혀 다른 풍경이 펼쳐졌다. 어지러운 책상, 사용감이 느껴지는 머그컵, 게시판에 핀으로 꽂힌 르완다와 코소보 발굴 팀의 사진들. 곳곳에 연구 논문 더미와 '전화 메시지 있음'이라고 적힌 작은 메모지들이 붙어 있었다. 이곳은 문자 그대로 캐시 라이크스〔미국의 법의인류학자이자 소설가로서, 미국 드라마「본즈」의 원작자로 잘 알려져 있다—옮긴이〕의 스릴러 소설에서 튀어나온 공간이었다. 정말로 라이크스에게 자문하고 있었으니까. 실험실 안에는 라이크스를 위해 마련된 의자와 책상이 있었으며, 책상 위는 사진들과 그녀의 책 표지로 장식되어 있었고, '범죄 소설의 여왕을 위한 자리'라는 명패도 놓여 있었다. 실험실의 근면 성실한 동료들이 정말로 응원의 뜻으로 꾸며놓은 것인지, 놀리는 건지는 확신할 수 없었다.

재난 후 몇주 동안, 르네는 뜨거운 땡볕 아래 울타리와 방수포로 가려진 구역 안쪽에서 작업했다. 당시 라크메강티크의 기온은 섭씨 37도에 달했다. 르네는 원유 화재의 '그라운드제로'였던 도시 중심부에서 유해를 발굴하고 각기 분리한 뒤 조심스럽게 실험실로 옮기는 작업을 진행했다. 그녀가 관리해야 할 현장은 총 열네군데에 달했다. 내가 르네를 만났을 때, 그녀는 새로운 대형 화재 참사 뒷수습을 하는 동시에 라크메강티크 참사 희생자에 대한 보고서를 작성하고, 사망자에 대한 추가 실험을 진행해야 했다.●

● 정확히 6개월 뒤 같은 시간대인 2014년 1월 23일 밤, 캐나다 퀘벡주의 릴 베르에 있는 한 요양원에서 화재가 발생해 노인 서른두명이 사망했다. 두 사건에서 시행된 법의학 작업들

르네의 일을 통해 두 재난의 흐름이 또렷이 보였다.

르네의 임무는 사망자가 남긴 작은 조각들을 다시 결합하는 일이었다. 갈비뼈 조각, 치아, 발 뼈를 제자리에 둠으로써 사람의 형태를 되찾는 이 작업은 길고 섬세하며 감정적으로 어려운 과정이다. 런던과 뉴욕에서 일어났던 테러 현장과 달리, 라크메강티크에는 따로 취급해야 할 테러리스트의 유해가 없었다. 르네에게 맡겨진 일은 단순히 사망자의 최대한 많은 부분을 복원해 가족들에게 돌려보내고 안식을 취할 수 있도록 하는 것이었다. 르네는 작업 기간으로 세달을 받는 데 동의했다. 그런데 어느 날 공개회의에서 한 유가족이 작업이 너무 오래 걸리는 것이 기분이 나빴는지 대뜸 이런 말을 했다. "다른 사람의 유해가 섞여 있어도 상관없어요. 그냥 얼른 돌려달라고요!" 발언이 끝나자 사람들이 경악해서 숨을 들이마시는 소리가 들렸다. 어떤 유가족들은 끔찍하다는 표정을 지었다. "어머니들이었어요." 르네는 말했다. "얼굴에 무슨 생각을 하는지 적혀 있었죠…… 그들은 다른 누군가가 아닌, 자기 아이만의 유해를 원했으니까요."

대응요원들은 유해를 보호하려 최선을 다했으며 타 지역으로 내보내길 꺼렸지만, 결국은 각 유해의 작은 샘플들이 퀘벡주 밖으로 반출되었다. 라크메강티크 조사팀은 DNA 검사의 지평을 넓히겠다는 서구의 집념을 존중하여, 조심스럽게 관리된 소규모 샘플 세 세트를 캐나다 선더베이, 보스니아의 국제 실종자 위원

은 많은 공통점이 있었으며, 똑같은 대응 팀이 투입되었다.

회 연구소, 뉴욕시 최고 검시관 사무소로 보냈다. 대응요원들은 유해 샘플을 보낸 것이 단순히 DNA 검사 과정을 **검증**하고 어떤 정보를 얻을 수 있는지 **확인**하기 위한 것이라고 단언했다.● 요컨대 9·11 테러 당시 이루어진 DNA 검사와는 전연 다르다는 것이었다. 대응요원들은 라크메강티크의 사망자들이 실험실에서 끊임없이 검사를 받는 일은 없을 것이라며 의미적·감정적 차원에서 경계를 설정했고 초기 단계에 이미 몬트리올의 자체 연구소에서 DNA 검사 결과가 정확히 동일하게 나왔다는 사실도 강조했다.

라크메강티크에서는 대응 전략이 초기 단계에 설정되고 문서화되었다. 내가 일찍이 본 적이 없는 방식이었다. 대응의 첫번째 목표는 신원을 확인하는 것으로 명시되었으며, 이윽고 추가된 두번째 목표는 유해에 **안식을 주는** 것이었다. 대응 팀은 회복이 어떤 형태로 일어나야 할지에 대해 명확히 생각했으며 10년 뒤 가족들과 지역사회가 어떤 상태에 있어야 하는지도 고려했다. 지역사회가 안식을 되찾으려면 어느 시점에는 대응요원들이 재난 희생자에게 개입하는 걸 멈춰야 한다는 걸 알았다. 그들은 모든 작업에 이러한 목표를 반영하고자 했다.

약간 경사진 라크메강티크 메인 공동묘지 아래쪽, 눈에 띄는 자리에 천사 모양으로 조각된 납골당이 자리 잡고 있다. 신원을 확인할 수 없었던 유해를 위한 납골당이다. 시영 공동묘지 곳곳

● 라크메강티크 재난 관련 증언들은 내가 당시 대응에 참여했던 법의학 담당자(검시관·인류학자·병리학자), 경찰 수사관, DNA 과학자들을 인터뷰하여 얻은 것이다.

에서 이 천사를 볼 수 있다. 유가족에게는 신원 확인 과정을 (어느 한도 내에서) 거부하고, 고인의 유해를 납골당에 안치하기로 결정해도 된다는 선택지가 주어졌다. 훗날 기술이 더 발전하면 검사를 할 수 있도록 납골당의 구획마다 샘플을 채취하여 검시관 사무소에 보관할 것이지만, 납골당 자체는 건드리지 않을 것이라는 설명이 뒤따랐다. 검시관들은 유가족에게 호수와 도심을 양쪽으로 내다보는 가족 무덤을 다시 열고 유해를 꺼냈다가 재매장하라고 반복적으로 요청하고 싶지 않았다. 뉴욕에서 기술이 발전해서 유해의 신원이 추가로 확인될 때마다 매번 새로 장례식을 열어야 했다는 이야기를 듣고, 라크메강티크의 지역사회도 그러한 고통을 겪게 될까봐 우려한 것이다.

일주일 전 라크메강티크에 새로 개업한 메트로 슈퍼마켓에서 점심을 먹으며, 나는 시 의회의 비상계획관에게 질문을 던졌다. 만약 여전히 신원 확인 과정이 사람들 눈앞에서 지속되고 있었다면, 유가족들이 언제 끝날지 모르는 과정을 기다리는 동안 트럭이 재난 현장을 헤집고 있었다면, 라크메강티크이 이러한 복구와 재건을 해낼 수 있었을까요? 시내에선 핼러윈 퍼레이드가 열렸고, 도심 지역은 새로 개발되었으며, 뮤지 카페도 전과 똑같이 재건되었다. 추모 아치가 세워졌고, 컨퍼런스 센터를 지을 계획도 있었다. 응답자는 절대 아니라는 듯 손을 내저으며 답했다. "농, 농, 농(아니요, 아니요, 아니요). 그걸 5년 더 하고 있었다면…… 생각만으로도 몸서리가 쳐지는군요! 지금과 같은 재건 작업은 결코 이루어질 수 없었을 겁니다. 사람들에겐 끝맺음이 필요했어요."

지금까지 나는 여러 재난 대응과 희생자 신원 확인 과정에 참여했으나 라크메강티크처럼 차분하고 부드러운 분위기가 유지되는 곳은 없었다. 이곳의 검시관들이 라크메강티크 납골당을 다룬 방식은, 대응요원들이 미래에 지역사회가 입을 상처를 미리 내다보고 그것을 반영하여 법의학적 태도를 결정한 가장 강력한 사례 중 하나로 꼽을 수 있다. 이는 재난 대응 당시 내린 결정과 그로 인해 지역사회가 앞으로 받게 될 영향의 연관성을 명시적으로 언급한 유일한 사례이기도 했다. 라크메강티크 지역사회와 재난 희생자들의 유가족 및 친구들은 모든 재난이 이렇게 마무리된다고 생각할지 모른다. 그러나 나처럼 이 과정의 이면을 아는 사람들은, 닫힌 문 뒤에서 무엇을 위한 싸움이 벌어졌는지 알고 있다.

라크메강티크의 과학자들은 지금도 매일 작업을 이어나가는 뉴욕의 과학자들과는 다르다. 라크메강티크의 과학자들은 지켜보고, 기다리고, 향후 자신들이 필요해질 때 다시 지역사회를 도울 준비가 되어 있다. 뮤지 카페에서 춤을 추던 청년들의 부모들은 이미 장례를 치렀고, 유해 샘플이 또 발견되었다는 소식이 들려오기를 기다리지 않는다.

지금 라크메강티크는 하나의 거대한 공사판이긴 하지만, 다양한 활동과 행사들 덕분에 이곳에서는 분명한 희망이 느껴진다. 회복 과정에서 어린이들의 목소리가 중요한 역할을 했다. 재난 1주년을 맞아 라크메강티크의 어린이들과 청소년들은 퍼렐 윌리엄스의 노래 「해피」에 맞춰 영상을 제작했다.[10] 영상에는 재난 후 첫 1년 동안 회복의 배경이 되어준 많은 장소들, 그리고 사람들이 그곳에서 춤추고 노래하는 모습이 담겨 있었다.

시장의 고문인 마리클로드는 내게 설명했다. "재난이 발생하자마자 사람들이 돌아오기 시작했어요…… 대학을 가려고 다른 도시로 떠나서 그곳에 정착했던 사람들이 고향으로 돌아온 거예요. 라크메강티크는 다시 젊은 사람들로 가득해요. 뮤지 카페에서 죽은 친구들을 기리기 위해 돌아온 거예요."

우리는 재난이 일어났던 자리에 기념비를 짓는다. 그것은 실용적이진 않아도 재난을 기억하게 해주는 토템 역할을 하고, 사유와 성찰을 유도하며, 물론 역사적인 의미도 지닌다. 그러나 라크메강티크는 고인들을 기리는 더 좋은 방식이란 그들을 위해 사는 것임을 가르쳐주었다.

자신의 이야기 속에 그들의 이야기를 넣어, 그들의 이야기에 생명을 불어넣는 것. 이것이야말로 애도의 가장 좋은 방법이리라.

10장

해바라기

병원 직원들이 들뜬 기색으로 톰을 둘러싸고 질문을 던져댔다. 결혼 생활을 하면서 내가 익숙해진 광경이다. 사람들은 파일럿의 제복과 지위를 좋아하며, 거대한 금속 덩어리를 땅에서 이륙시키는 능력을 마법처럼 대우한다. "어떤 노선으로 비행하세요?" 마취과 의사가 묻자, 간호사가 "항공기가 왜 후진할 수 없는지 늘 궁금했어요" 하며 끼어들었다. 그들이 꽤 오랫동안 이야기를 나누는 동안 나는 병상에 누워서 지저분한 천장 타일을 빤히 바라보고 있었다. 이내 의사가 손뼉을 치며 활기차게 말했다. "자! 본론으로 들어가죠."

본론이란 임신부인 나, 그리고 곧 내 자궁에서 제왕절개로 태어날 아기 메이블이었다. 그들은 수술 전 점검 목록을 확인했고, 톰을 의식해 웃으면서 "출입문 수동 전환" 항목을 추가했다. 8분 뒤, 4킬로그램이 조금 넘는 아기 메이블이 태어났다. 메이블은 언니 엘리자베스처럼 완벽했다. 오래 기다린 보람이 있었다.

그로부터 두달 뒤인 2014년 7월, 나는 한 경찰관과 열띤 논쟁을 벌이고 있었다. 영국의 재난 희생자 신원 확인 팀이 요크셔의 한 호텔에서 훈련 중이었다. 나는 우리의 훈련 시나리오가 너무 쉽다는 걱정이 들었다. 훈련 시나리오는 대응요원들에게 수월한 상황을 만들어주는 요건들을 가정하고 있었다. 그중 하나는 요원들이 인터폴에게 전폭적 협조를 받고 제한 없이 현장에 접근할 수 있으리라는 것이었다.

나는 리옹의 인터폴 본부에서 해마다 열리는 국제 재난 희생자 신원 확인 행사에 여러차례 참석해보았다. 대부분의 재난 관련 행사들처럼, 이 행사도 푸짐한 음식과 와인을 준비해서 낙관적인 분위기를 연출한다. 우리는 주최 측을 위하여 샴페인으로 건배를 했고 기념사진도 촬영했다. 하지만 나는 이런 분위기가 세계 여러 지역의 긴장된 국제 관계의 현실을 직시하고 강단 있게 대응하는 데에는 방해가 된다고 느꼈다. 케니언에서 일하던 시절, 나는 현실은 이렇게 만만하지 않다는 사실을 여실히 느꼈다. 케니언은 군을 지원하는 계약을 하는 곳이니만큼 별의별 사건들을 겪었다. 분쟁 지역이나 심지어 전쟁 지역 근처에서 상업용 항공기 사고가 발생했을 때 현장 접근에 제한을 받았다는 이야기도 수없이 들었다. 한번은 밀림에서 항공기 추락 사건이 발생해서, 케니언 직원들은 단 25분 만에 100개 이상의 조각으로 흩어진 시신을 회수해야 했다. 그들은 잘려나간 팔과 인체 조직들을 시신 보관용 가방에 닥치는 대로 담아 넣은 다음 목숨을 걸고 달려야 했다. 이러한 신속한 시신 수습 작업을 업계에서는 '스쿱 앤드 런'scoop and run이라고 부른다.

내가 이번 훈련에서 사용하기 위해 만든 시나리오는 영국의 여객기가 분쟁 지역에서 격추되는 상황을 설정한 것이었다. 나는 훈련에서 실종자의 가족들에 집중하고, 이러한 긴박한 상황에서 그들에게 재난 희생자 신원 확인 과정의 복잡성을 어떻게 설명할지에 대해 고민하고 싶었다. 그러나 막상 훈련이 시작되자 나의 의견들은 도통 받아들여지지 않았다. 고위직 형사 한 사람은 왜 그렇게 부정적인 면만 찾느냐며 나를 꾸짖었다. 내가 답답해하는 기색이 역력하자 언제나 내게 좋은 멘토가 되어준 여성 형사가 과자 포장지에 쪽지를 써서 나에게 건네주었다. 쪽지에는 이렇게 적혀 있었다. "저 사람들이 당신의 말에 동의하지 않는다고 해서 당신이 틀린 건 아니에요." 나는 잠깐 차를 마시자며 휴식을 제안했다.

커피 머신과 개별 포장된 비스킷들 위에 벽걸이 TV가 설치되어 있었다. 화면에서 BBC 뉴스가 흘러나왔다. 그런데 돌연, 화면을 가로질러 속보가 떴다. 말레이시아 항공의 보잉 777 MH17편이 암스테르담에서 쿠알라룸푸르로 비행하던 중 우크라이나 반군 점령 지역의 상공에서 미사일에 격추됐다는 소식이었다.● 기내에는 승객 283명과 승무원 15명이 타고 있었다. 나는 TV 화면

● 말레이시아 항공은 특히 가혹한 운명을 겪었다. 당시 말레이시아 항공의 경영진과 비상 대응 팀, 가족 지원 팀은 그해 3월 발생한 MH370 실종 사건의 여파를 수습하는 중이었다. 잔해는 일부만 발견되었으며, 사고 조사관들은 기장이 의도적으로 항로를 이탈해 비행기를 바다로 추락시켰을 가능성이 크다고 여긴다.

에 시선을 고정했다. 방 가장자리가 시야에서 흐려졌다.

"영국인은 안 탔을 것 같은데요." 동료 한 사람이 쇼트브레드를 입에 넣은 채 웅얼거렸다. 그 순간 그의 핸드폰이 울리기 시작했다.

연달아 내 핸드폰도 울리기 시작했다. 웬일인지, 일과는 관련 없는 전화였다. 집에서 나를 급하게 찾고 있었다. 메이블이 태어나고 몇주 지나지 않은 시점에 톰은 긴급 편도선 절제술을 받았다. 그런데 회복 과정이 순조롭지 않았다. 상처에 치명적인 감염이 생겨서, 우리가 4인 가족의 새로운 삶에 적응해나가는 동안 톰은 극심한 통증에 시달리며 침대와 소파에서 시간을 보냈다. 그는 계속 졸려 했고 쉽게 짜증을 냈으며 소음에 민감해졌는데, 신생아가 있는 집이 시끄럽지 않기란 불가능하다. 출산하고 두달, 톰이 수술하고 2주가 지난 시점에 나는 이번 훈련을 공동 진행하는 일정을 소화해야 했다. 나는 도박을 하는 심정으로 산후 레깅스를 입고 기차를 예약했다. 톰에게 무슨 일이 생기면 90분 만에 집에 돌아갈 수 있다는 점을 위안으로 삼으면서 미리 음식을 해놓고, 아이들 장난감과 DVD를 마련해둔 다음 집을 떠났다. 이번 훈련은 중요했다. 나는 내가 빠져선 안 되는 자리라고 스스로를 설득했다.

수화기 너머에서 톰의 목소리가 들렸다. 그는 일하는 중에 방해해서 미안하다며 사과의 말을 하더니, 999에 전화를 걸었으며 집에 오면 집 안이 조금 어수선할 거라고 말했다. 목에서 심한 동맥 출혈이 발생해 입안으로 피가 쏟아졌다고 했다. 통증과 공포,

출혈로 인해 정신없이 집 안을 헤매고 다니다가 소파와 쿠션 여기저기에 많은 양의 붉은 피와 검은 조직을 묻혔다고 했다. 최악의 순간에는 동맥에서 피가 계속해서 뿜어져 나왔다. 톰은 얼굴에 이런저런 그릇을 대고 피를 막아보려 애썼다.

우리 부모님과 조부모님들이 앞서 그러했듯이 우리도 자금을 최대한 끌어 모아서 노팅엄셔 시골의 한 마을에 위치한 집의 대출금을 마련했다. 그 집은 한마디로 돈 먹는 하마였다. 매달 남는 돈이 생기면 모두 새 창문과 단열재, 마룻바닥을 설치하는 데 들어갔다. 톰은 지난 9개월 동안 우리의 주방을 개조하는 데 전념했고, 석재를 구해서 직접 바닥에 깔았다. 그렇게 만들어진 윤이 나는 아름다운 바닥에 지금은 동맥에서 뿜어져 나온 진한 혈액이 잔뜩 흩뿌려져 있었다.

호텔에서 같이 훈련을 하고 있던 동료들이 나를 서둘러 택시에 태워 보냈다. 다행히 구급차가 떠나기 전에 아이 돌보미가 우리 집에 와서 아이들을 자기 집으로 데리고 갔다. 톰은 병원 응급실에 도착하자마자 수술실로 옮겨져 지혈과 소작술을 받았다. 그는 이미 편도 제거 수술 후 심한 출혈로 상당량의 혈액을 잃은 뒤였다. 편도 제거 수술 뒤 이런 합병증이 생기는 건 드물지만, 성인에게 발생하는 확률이 아동보다 훨씬 높다. 출혈을 멈추는 것은 매우 어렵다. 편도 부위에 혈액을 공급하는 동맥은 다섯개다. 상처 부위에 감염이 생기면 동맥 출혈이 일어나고, 출혈이 계속되면 합병증이 치명적 결과를 낳을 수 있다. 그날 이후 여러 검시관들이 편도 제거 후 사망 사례와 사인 규명과 관련된 자신들의 경험을 내게 이야기해주었다.

　간호사가 말했다. "환자를 위해 최선을 다해보겠습니다." 그 순간, 주먹으로 그를 한대 치고 싶었다. 그 말은 TV에서 희망이 완전히 사라졌을 때 하는 말이었다. 내겐 할 수 있는 일이 없었다. 그저 기다릴 뿐이었다. 남편의 피가 들것과 그 주위 바닥을 뒤덮고 내 옷과 신발에도 묻었다. 많은 종교에서 피를 신성하게 여긴다. 피는 우리의 생명력 자체를 담고 있는 것, 신이 깃들어 있는 것, 신성한 것이다. 나는 종교는 문외한이지만 사방에 튄 피를 보며 그 붉은빛의 선명함을 절감했다. 내가 병원에 도착했을 때 톰은 생명 징후 확인을 위해 옷이 전부 잘려나간 채로 나신을 노출하고 있었다. 나보다 30센티미터는 큰 내 남자가, 나를 지켜주는 사람이, 그토록 무방비한 상태로 누워 있었다. 나는 무력하게 옆에 서서 간호사들이 그의 흉골을 문지르며 깨우려고 애쓰는 모습을 지켜보았다. 그들은 몰랐겠지만 우리 부부는 그 부분을 '가슴 털 가발'이라고 불렀다. 톰이 20대였을 때 갑자기 그곳에서 포르노 스타에게서나 볼 법한 방대한 양의 가슴 털이 왕성하게 자라났다. 나는 고된 하루를 보낸 뒤 그 털에 얼굴을 파묻고 쉬는 걸 좋아했다. 그곳에선 톰의 냄새가 났다. 그곳에선 톰을 느낄 수 있었다. 만일 그의 몸이 싸늘하게 식어서 돌아온다면, 털의 느낌도 냄새도 달라질 것이다. 아니, 모든 게 달라질 것이다. 곧 톰은 수술실로 급히 이송되었다.

　간호사들이 내 주위에서 임상폐기물 쓰레기통의 뚜껑을 시끄럽게 여닫으며 병실 안을 정리하는 동안 나는 이제 내가 과부가 되었다고 생각했다. 톰의 장례식에는 아마 많은 사람이 참석할 것이다. 나는 톰이라면 어떤 찬송가를 부르길 원할지 생각했다. 그의 부모님께 이 소식을 어떻게 전할지도 생각했다. 지금 아들이 죽었다고 말해야 할까? 아니면 심하게 아프다고만 말해두고, 그들이 네시간을 운전해 온 다음 자리에 앉으면 달콤한 차 한잔을 대접하며 비보를 전하는 편이 나을까? 나는 언론에서 문의가 올 경우 어떤 사진을 공개하는 것이 가장 적절할지도 고민했다. 항공사가 톰에 대해 좋은 말을 해줄 건 분명했다. 아마 그들은 화장장에서 내 곁을 지켜주라고 제복을 입은 직원들을 파견할지도 모른다.

서둘러 호출된 청소 직원들이 내 주변 바닥을 걸레질하기 시작하자 나는 스스로를 호되게 질책했다. 어째서 수술 팀이 톰을 데려가기 전에 간호사들을 밀치고 그의 몸에 올라타지 않았을까? 어째서 마지막으로 톰의 숨결을 느끼고, 머리카락을 만지고, 모든 것이 잿빛이 되기 전 아직 생명의 불꽃을 지니고 있던 그를 꼭 안아주지 않았을까?

그때 나는 간호사들이 톰의 옷가지를 모두 쓰레기통에 넣었다는 사실을 깨달았다. 갈기갈기 찢어진 천 조각들과 가죽 데크슈즈까지 모조리 쓰레기통에 들어가 있었다. 이제 붉은 색으로 물든 흰색 봉투에 남겨진 건 그의 시계와 배낭뿐이었다. 간호사들이 판단하기에는 이 물건들에 가치가 있었고 나머지는 쓰레기통에 들어갈 물건으로 보였을 것이다. 나는 그들이 어째서 흰색 봉투를 선택했을지 생각했다. 이런 상황에서 뾰족한 정답은 없었을 것이다. 검은 봉투는 쓰레기봉투처럼 보여서 가족들이 싫어할 것이다. 투명한 봉투는 물건들이 너무 선명하게 보여서 가족들에게 충격을 줄 수 있다. 흰 봉투는 핏자국이 선명하게 드러나지만, 적어도 물건들은 가려진다. 아니면 별 뜻 없이 그냥 그날 선반 위에 있던 아무 봉투나 사용한 걸지도 모른다.

나는 두시간 동안 내 남편을 살리기 위해 고군분투한 간호사들을 밀치고, 쓰레기통 안으로 손을 뻗어서 톰의 흔적들을 하나도 빠짐없이 꺼내기 시작했다. 톰의 신발 안에 피가 찰박거릴 만큼 고여 있었다. 나는 과부가 된 게 분명했다. 신발이 소스 그릇처럼 보일 만큼 많은 피를 흘리고 살아남을 리 없었다. 쓰레기통을 점점 더 깊숙이 뒤지며 나는 이스라엘의 재난 희생자 시신 수습 조직 자카ZAKA를 떠올렸다.[11] 자카는 1995년에 정통 유대교 신자들이 설립한 전원 남성 조직으로, 자살 폭탄 테러가 빈번한 이스라엘에서 분주히 활약하고 있다. 자카의 방침은 정통 유대교 관습을 따라 사망자의 신체 조각을 하나도 남기지 않고 모든 신체 부위를 수습하는 것이다. 현실에서 이는 폭발이나 충격 이후 현장에서 가능한 한 모든 조직과 장기를 수집하고, 작은 천 조각과 스펀지를 사용해 체액을 전부 흡수하고, 몸 밖으로 나온 장기가 도로 표면에 박히지 않도록 포장된 도로를 깎아내는 작업을 한다는 뜻이다. 그들은 현장을 세척하는 데 사용된 물까지 모아서 보관한다. 나는 영국의 재난 희생자 신원 확인 훈련 세션에 참석했던 때, 경찰들이 유대교 사원에서 테러 공격이 벌어졌을 경우 이런 용도로 사용할 작은 스펀지가 필요하다고 논의하는 것을 들은 적이 있다. 그 순간 대부분의 대응요원들은 현실적인 난관을 떠올리고 다소 심란해진 모양이었다. 대체 어디서 스펀지를 급히 구한단 말이며, 도로를 파내려면 누구에게 허락을 받아야 한단 말인가?

던캐스터 왕립병원의 지저분한 병실에서 쓰레기통을 뒤지고 있던 그 순간 전까지, 나는 자카의 접근 방식이 조금 과하다고 생각했었다. 하지만 이제는 자카의 방침이 완벽하게 이해되었다. 내 남자의 아무리 작은 부분이라도 쓰레기통 안으로 사라지게 놔둘 수 없었다. 간호사들이 나를 정신건강법에 의거해 강제 입원시킬 우려만 없었다면, 나는 청소부가 사용한 물까지 보관했을 것이다. 간호사 하나가 내게 쓰레기통에서 떨어지라고 했다. 그 안의 물건들은 폐기물이니, 그냥 놔두라고 단호하게 말했다. 나는 그에게 차분히 대답했다. "괜찮아요. 제 직업이 이거예요. 제가 뭘 하고 있는지 알고 있어요."

나는 톰의 마지막 남은 소지품까지 전부 흰색 봉투에 넣고 택시를 불렀다. 내가 과부가 되었다는 확신이 들었다. 머릿속에는 아이들에게 돌아가고 싶다는 생각뿐이었다. 나는 아드레날린에 이끌려 움직였다. 병원 입구에 서 있던 택시에 탔다. 운전사는 말 없이 우울한 표정으로 핏자국이 선명한 두개의 흰색 봉투를 꼭 끌어안고 있는 여자를 백미러로 계속 흘깃거렸다. 딱 보아도 방금 과부가 된 여자 같았을 것이다. 그가 내 얼굴과 셔츠 소매에 묻은 피를 유심히 살피는 게 느껴졌다.

어두운 택시 속에서 나를 보는 운전사의 모습을 보면서, 나 자신에게서 분리된 듯한 기분이 들었다. 아이를 낳았을 때에도, 유산을 했을 때에도 비슷한 기분을 느낀 적이 있었다. 장례식에 참석할 때에도, 사랑을 나눌 때에도. 내 뇌의 반쪽이 '일이 흥미롭게 되어가는군' 하고 말하는 동안 다른 반쪽은 나머지 반쪽에게 비명을 지른다. 지금 이 순간을 살아가라고. 사랑하라고. 웃으라고. 삶을 이어나가라고. 피 흘리라고. 아파하라고. 절정에 이르라고. 하지만 그 순간마저 나는 재난에 대한 생각을 떨칠 수 없었다. 내겐 적어도 작별을 고할 기회라도 주어졌으니 대부분의 사람들보다 운이 좋다는 생각이 들었다.

집에 도착해보니 아이들은 이미 저녁을 먹고 잠자리에 든 뒤였다. 아드레날린의 효력이 끝나자 나는 손가락 하나 꼼짝할 수 없었다. 아빠가 나를 발견했을 때, 나는 흰색 봉투를 끌어안고 어두운 거실 바닥에 몸을 웅크리고 누워 있었다.

병원에서 걸려온 전화를 아빠가 받았다. 톰은 중환자실에 있었다. 그가 살아서 봉합 수술을 했고, 수혈까지 받았다는 소식이었다.

다음 날 아침, 아빠는 엘리자베스를 유치원에 데려다주고 메이블을 아기 침대에 눕힌 뒤 부엌에서 점심을 준비하기 시작했다. 제이가 식료품을 사다주고는 내 서재 문틈으로 얼굴을 내밀더니 말했다. "어이, 루시. 필요한 거 있어?" 그리고 그는 나갔다. 이제, 다시 일을 할 시간이었다.

전쟁이 존재한 이래, 사망자의 시신과 신체 부위들은 협상 대상이 되어왔다. 국제적십자사와 적신월사〔이슬람 국가의 적십자사에 해당하는 기관—옮긴이〕는 전세계 분쟁 지역에서 군인과 민간인의 시신을 수습하기 위한 정교한 협정을 중재하지만, 이따금 주어진 단 몇분 동안 최대한 많은 시신 조각을 회수해야 하는 때도 있다. 나는 시나리오를 계획할 때마다 그런 상황이 무엇을 의미하는지에 대한 생각을 머릿속에서 떨칠 수 없었다.

  MH17 항공기 추락 사건은 현장 접근이 어려울 것을 우려한 나의 불안이 옳았음을 증명했다. 다시 한번, 나의 '정성적 접근법'이 최근의 여러 관찰 결과와 맞아떨어진 것이다. 재난 희생자 신원 확인 팀이 제대로 작업하기 위해 반드시 필요한 국제 외교 네트워크가 점점 약화되고 있으니, 재난 대응도 영향을 받지 않을 리 없었다. 나는 항공 재난 대응에서 희생자가 발생한 37개 국가의 대사관과 소통한 경험이 있다. 경보는 일찍부터 울리고 있었다. MH17 사건이 있기 1년 전, 소말리아의 무장 단체 알샤바브가 나이로비 쇼핑몰을 포위한 사건이 있었다. 테러에는 다양한 국적의 쇼핑객들이 휘말렸다. 나는 영국 재난 희생자 신원 확인 팀을 대상으로 하는 인터폴 브리핑에 참석했고, 그 자리에서 관련 국가 간 관계가 악화되고 있다는 이야기를 들었다. 정보 공유와 사망자 신원 확인 과정에서 미묘하지만 강도 높은 힘겨루기가 이루어졌고, 독일과 이스라엘의 보안 요원들 사이에서는 주차장에 있는 테러범들의 차량에 접근할 권한을 놓고 경쟁이 벌어졌다. 언론의 초기 보도에서는 테러범 수를 과장했고, 어떤 소년을 인질범으로 잘못 지목하기도 했다.

또한 나는 영국 대응 팀이 또다른 특수한 난관에 부닥치고 있다는 사실을 눈치챘다. 영국 재난 희생자 신원 확인 팀은 능숙하게 일을 처리했지만, 때로는 그 때문에 다른 국가들이 불편해하는 게 느껴졌다. 혹시 우리가 너무 젠체하거나, 타 국가에 비해 지나치게 신속하고 적극적으로 개입하려는 모습을 보인 건 아닐까? 해외에서 영국 국민이 희생된 사고 현장에 대한 접근을 요청했지만 거부되는 일이 몇차례나 있었다. 2012년에는 네팔에서 항공기 추락 사건으로 영국인 일곱명이 사망했다. 당시 네팔 경찰과 법의학 팀 책임자들은 언론에 영국 팀의 지원 없이도 "완벽히 잘" 대처할 수 있다고 입장을 밝혔다. 나는 인체 조직을 엄격하게 다루는 영국의 법률이 다른 국가의 입장에서는 훈계하려는 것처럼 보였을 수도 있다고 생각했다. 혹시 우리가 유해의 신원을 확인한다는 본래의 목표를 잊고 있는 것처럼 보였던 건 아닐까? 2004년 인도양 지진해일 당시, 외국 대응 팀은 신원 확인을 위해 시신의 턱뼈나 손을 잘라 냈고 심지어 장기를 통째로 적출하도 했다. 이런 국가들은 자국의 의료 체계 내에서 앨더 헤이 스캔들과 비슷한 장기 스캔들이 터진 뒤에야 조용히 조직 처리 방식을 개혁하곤 했다.

MH17 항공기 잔해 대부분은 분쟁 지역 한가운데 있는 해바라기 밭으로 떨어졌다. 최고위급 외교관들과 경찰 대응요원들이 현장 접근권을 확보하려고 애썼고, 현장에 진입할 방법을 찾기 위해 긴장감 넘치는 협상이 진행됐다. 러시아 측에서는 서방 국가들에게 추가적인 굴욕을 안겨주려는 듯한 태도로 일관했다. 국제

대응요원 중 영국 또는 미국 억양을 쓰거나 해당 국가의 제복을 입은 사람이 발견될 경우 사살하겠다고 공언했다는 소문이 돌았다. 다만 네덜란드인과 호주인의 접근은 잠시 용인하겠다는 입장이라서, 영국의 최고 정보원들은 웨일스 사람을 호주인으로 위장시켜 파견하기로 결정했다.

결과적으로 현장 접근은 거의 불가능했다. 우크라이나 광부들이 현장에 파견되어 사망자들을 수습했다. 시신이 발견된 위치마다 나무 막대와 흰 깃발이 세워졌다. 이 소식을 들은 한 영국 외교부 공무원은 경악하며 외쳤다. "세상에, 어린애들을 보냈다고?" 모음을 혼동하는 바람에, 광부^{miner} 대신 미성년자^{minor}가 투입된 것으로 오해한 것이다.

전화벨이 울리자 나는 황급히 서재로 들어가서 아이들 TV 소리가 들리지 않도록 문에 몸을 기대고 귀에 수화기를 댔다. 톰은 위층에서 자고 있었다. 치열한 국제 외교 끝에, MH17 추락 사고 희생자들 시신을 네덜란드로 옮긴 뒤 신원을 확인하고 각국으로 돌려보낸다는 합의가 이루어졌다는 소식이었다.● 내게는 우크라이나 현장에서 벌어진 일과는 무관하게, 영국으로 송환된 시신에 대해 클라크 경의 기준에 최대한 부합하게끔 조치하는 임무가 맡

● 러시아의 입장에서 네덜란드는 미국이나 영국보다 더 중립적으로 받아들일 수 있는 선택지로 보였다. 또한 실용적인 이유도 있었는데, 희생자 중 가장 많은 비율이 네덜란드 국민이었기 때문이다. 인터폴 지침에 따라 대규모 시설이 건설되었으며 영국도 상당한 기여를 했다.

겨졌다.

"영국으로 송환된 관을 열어야 해요. 개인 유류품이 있는지 확인하세요." 나는 본론부터 말했다. 서론을 길게 늘어놓고 있을 시간이 없었다.

"젠장, 루시, 또 이러깁니까……" 나는 데이브와 친하지만, 그가 나를 극도로 답답해한다는 것도 잘 알고 있다. 그는 희생자의 신원을 확인하는 어려운 업무에 집중하는 경찰관이고, 개인 유류품이나 유가족 돌봄 같은 더 넓은 문제에 신경 쓰다가는 초기 작업이 방해를 받는다고 여긴다. 하지만 그가 그 순간 내게 아무리 화를 내든 상관없다. 어차피 우리는 화해할 것이다. 속마음을 들여다보면 그는 내가 만나본 가장 따뜻한 사람이다.

"COBR 쪽 담당자랑 군 연락 장교랑 방금 이야기 끝냈어요. 개인 유류품 같은 건 전혀 없습니다. 죄다 약탈당해서 없어졌어요. 여긴 빌어먹을 전쟁터라고요, 루시."

나는 멈추지 않고 계속 밀어붙였다.

"그래도 적십자가 있지 않아요? 일부라도 보존하려고 하지 않겠어요? 안치소에서는 사망자에게서 뭘 수습했죠? 그리고 관 안에도 뭔가 있을 수도 있—"

"이봐요." 데이브가 깊이 숨을 들이마셨다. "우리는 관을 못 열어요."

그 이유는 나도 알고 있었다. MH17 항공기 추락 사고 사망자들의 시신은 우크라이나에서 기차로 옮겨지기 전에 강력한 포름알데히드 처리 과정을 거쳤다. 그 결과, 네덜란드의 특별 안치소에 도착한 관 안은 방부 처리 화학물질의 농도가 너무 높아서 대응요원들이 '주요 화학 사고'로 선언할 수밖에 없었다. 작업은 즉시 중단됐고, 요원들은 호흡기 완전 보호 장비를 착용해야 했다. 이 강력한 화학물질은 이후에도 지속적으로 문제를 일으켰으며, 유가족이 고인의 모습을 직접 확인하는 것도 훨씬 어려워졌다.

나의 다음 통화 상대는 검시관이었다. MH17 사건의 담당 검시관 캐서린은 내가 재난 업계에서 일하는 동안 훈련시키고 조언을 준 열두명의 검시관 중 한명이었다. 캐서린은 재난 희생자 신원 확인 과정에서 실수가 발생하면 그 책임을 떠맡아야 하는 사람이기도 했다. 캐서린은 캘 이모나 마이크 삼촌과 성향이 비슷했고, 자기가 담당한 고인들의 존엄을 지키는 일과 유가족 권리 보호에 누구보다 열정적이었다. 나처럼 그녀도 손때가 묻은 클라크 경 보고서를 바퀴 달린 가방에 항상 넣고 다녔다.

캐서린은 정부의 최고위급 회의에 들어갔다가 잠시 쉬는 중이었다. 방금 전, 그녀는 당시 총리였던 데이비드 캐머런에게 정면으로 대들었다. 캐머런 총리는 MH17 사고 희생자들을 브라이즈 노턴 공군 기지를 통해 군사적 방식으로 송환하길 원했지만, 캐서린은 거세게 반대했다. 군사적 송환은 겉으로 보기엔 엄숙하고 장엄한 느낌이 연출된다. 하지만 이는 사람들에게 잘못된 확신을 심어줄 수 있다는 점에서 최악의 방법이었다. 유가족들은 신원이 정확히 확인된 상태에서 고인의 시신을 돌려받는다고 믿게 된다. 그러니 우리가 정말로 해야 할 일은, 멋들어진 송환을 준비하는 게 아니라 시신이 도착한 뒤 충분한 시간을 들여 신원을 확인하는 것이었다. 캐서린은 우리가 돌려받는 것이 정확히 누구이고 무엇인지 알아야만 했다. 그녀는 모든 가능성에 대비하고 있었다. 어떤 국가에서는 희생자의 시신 내부를 비워 짚을 채우기도 하고, 장기를 해부 실습용으로 쓰거나 그냥 폐기해버리기도 했다. 개인 유류품을 어떻게 처리할 것인지에 대한 관점도 나라마다 크게 달랐다.

  우리는 신원 확인을 가장 효과적으로 수행할 방법과 그 과정에서 예상되는 어려움에 대해 논의했다. 캐서린은 이미 '디지털 부검'을 진행하기로 결정한 상태였다. 희생자의 시신을 CT 스캔하자는 것이었다. 이 방법은 신체 훼손을 최소화할 수 있기 때문에 종교 단체에서 종종 요청하며, 오염 사고의 경우에도 시신 보관용 가방 안에 든 시신을 그 상태로 스캔하는 것이 가능하기 때문에 이상적이었다.

  이윽고 우리의 화제는 신원 확인의 정확성으로 넘어갔다. 각국에 전달된 메시지는 우크라이나 현지의 상황은 좋지 않았으나 시신이 일단 네덜란드로 옮겨지면 모든 희생자가 동일한 기준으로 신원이 확인되리라는 것이었다. 이를 보장하기 위해 위원회가 구성되었고, 데이브가 그 일원이었다. 본국에서 별도로 신원 확인 절차를 다시 한번 밟을 필요는 없다는 말을 들었다. 하지만 우리는 전에도 그런 말을 믿었다가 실망한 적이 있었다. 그리고 캐서린은 관을 열고 싶어했다. 그녀는 유가족들에게 어디서 전달된 이야기가 아니라 자신이 직접 본 사실을 말해주고 싶었다. 그녀는 병리학자들과 해부 병리 기술자들이 고인을 직접 확인했다고 가족들을 안심시키길 원했다.

캐서린은 회의로 돌아가며 내게 고맙다고 말했다. 내 말에 안심이 되었다고 했다. 그녀는 총리에게 본인의 기준을 밀어붙이고, 총리가 그 비용을 부담해야 한다고 전할 계획이었다.

"행운을 빌어주세요." 캐서린이 웃으며 말했다.

그날 캐서린은 두 전투에서 모두 승리했다. 그녀는 자기 팀원들이 관을 열어 사망자들 신원을 추가로 확인할 수 있도록 조치했다. 또한 관 안에 유가족이 원하면 돌려받을 수 있는 개인 유류품이 남아 있는지 확인하도록 했다. 시신이 민간 항공편으로 조용히 송환되도록 조율하여, 신원이 철저히 확인되기 전에 유가족들이 잘못된 시신을 자신의 가족으로 믿게 되는 일도 없도록 했다.

러시아는 여전히 조사관들이 안전하게 MH17 추락 사고 현장과 잔해에 접근하지 못하게 막고 있었다. 어찌저찌 해바라기 밭에 접근한 스카이뉴스의 한 기자는 나중에 자신이 "심각한 판단 실수"라고 인정한 행동을 취했다. 그는 생방송 중에 승객들의 소지품을 뒤적거리더니 물병 같은 물건을 카메라에 대고 보여줬다. 나는 화면을 더이상 볼 수 없어 리모컨으로 손을 뻗었다. 우리는 침실에 있었고, 나는 톰의 상태를 확인했다. "그냥 켜놔." 톰은 마치 공포 영화를 보는 것처럼 몰입한 상태였다. 그가 조용히 덧붙였다. "저 모든 게 이제 어디로 갈까?"

그때는 확신할 수 없었다. 나중에 확인된 바로는, 국제적십자사가 사고 직후 첫 며칠 동안 신속히 구조 작업을 벌여 가능한 한 많은 유류품을 수습했고, 유가족에게 보냈다. 그후 이어지는 아홉달 동안, 대응요원들과 순례를 온 유가족들은 해바라기 밭에서 고인들의 발자취를 따라가며 불에 탄 여권, 책, 안경, 보석 등을 발견했다. 발과 여타 신체 부위들이 조사관들에게 전달되었다. 항공기가 땅에 충돌하면 선실이 지하 5미터까지 파고들 수 있고, 개인 유류품은 땅 속 깊은 곳으로 사라지게 된다. 비가 오거나 밭을 갈 때, 산사태가 일어날 때마다 개인 유류품이 발견되는 끔찍한 후유증도 있다.

  MH17 항공기 추락 사건의 경우, 해바라기 밭이 갈릴 때마다 유류품이 나온다.

11장

롤러코스터

대단히 빠른 상황 평가 능력, 한마디로 '본능'은 현대 사회에서 자주 과소평가된다. 본능은 말로 표현되기 어려우며 언어보다는 감정의 영역에서 작용한다. 이 능력은 뇌에서 일어나는 번개처럼 빠른 반응과 아드레날린, 코르티솔 같은 화학물질의 생산과 관련된다. 머릿속에서 경고음이 울리고, 손바닥에 땀이 나고, 호흡이 빨라지고, 배를 중심으로 온갖 감정이 휘몰아친다. 더 구체적으로, 이 현상은 장을 중심으로 발생한다. 고대 그리스인들은 장이 감정 반응의 중심이라고 생각했으며, 정신과 장의 연결은 의학 역사에서 꾸준히 탐구되어왔다.●

본능적 반응을 활용하는 것은 사실 성급하지 않으며 비합리적이지도 않다. 본능은 우리가 가지고 있는 기존 지식과 삶의 경험과 깊이 관련되기 때문이다. 이런 경험들은 우리가 빵 부스러기처럼 어지럽게 흩어진 미세한 환경적 단서들을 섬세하게 해석하

● 오늘날 우리가 'gutted'(내장을 제거하다)라는 표현을 사용해 실망감을 나타내는 것은 이런 연유다.

도록 돕는다. 본능은 이렇듯 사용과 경험을 통해 갈고닦을 수 있는 것이며, 인생을 살다보면 어느 시점부터는 본능이 제법 잘 들어맞는다. 나는 최근 회의에서 말했다. "저를 무시하셔도 돼요. 하지만 그건 잘못된 선택일걸요?" 물론 말하면서 미소를 지었고, 잘난 척하는 것처럼 보이거나 거만해 보이지 않으려고 웃음을 터뜨렸다. 이것은 여러해 남초 환경에서 지내며 습득한, 사람 마음을 사는 습관이었다. 동료들은 나와 함께 웃었지만, 몇몇은 내 눈빛에 날카로운 결의가 서려 있음을 느꼈을 것이다. 내가 한 말은 진심이었다.

내가 만난 수많은 사고 생존자가 자신들을 화재 현장이나 항공기 객실, 기차 칸에서 끌어낸 힘의 정체가 무엇이었는지 궁금해했다. 그들은 자신이 어떻게 활주로 옆의 그을린 덤불이나 철도 제방에 도달했는지 알지 못했고 기억하지도 못했다. 또한 나는 재난을 겪고 인간관계가 돌이킬 수 없이 깨져버린 사람도 여럿 만나보았다. 어떤 사람은 평생의 연인이 자신을 시키면 연기 속에 내버려두고 혼자서 다른 사람들을 제치고 여덟줄의 좌석을 넘어 밖으로 나갔다는 사실을 이해하지 못했다. 그들은 자신을 버리거나 방치한 것처럼 보이는 상대의 행동을 용서하려고 애썼다. 그들이 알지 못했던 건, 생존 본능이 가장 인간적인 본능이라는 점이었다. 이런 '우선적' 반응을 이해하려면, 먼저 뇌에서 투쟁 혹은 도피 반응을 일으키는 편도체의 역할을 이해해야 한다. 우리는 의식적인 반응이 아니라 원초적인 반응에 따라 팔다리를 움직이고 들어올리게 된다. 어떤 업계에서는 이러한 느낌이 더 구체적인 무게와 신뢰를 얻는다. 항공 업계에서 이런 느낌은 '조종석 자원 관리'라는 개념에 들어가며● 본능과 예민한 판단은 '인간적 요소'라는 이름으로 연구된다. 톰의 좌우명은 "의심이 든다면, 의심할 여지가 없다"이다. 만일 '거미 같은 직감'이 착륙을 중단하라고 한다면, 그 직감을 따라야 한다. 그게 잘못이라며 따지는 사람은 없을 것이다(물론 악당 같은 저예산 항공사를 제외하고). 구조 신호를 보내야 한다는 생각이 들면, 바로 보내야 한다.

  물론 우리의 본능은 후견지명의 편견으로 물들어 있다. 많은 재난 목격자는 재난이 터지기 직전에 머뭇거리거나 다른 경로를 선택했다고 이야기한다. 런던 지하철 폭탄 테러에서 살아남은 이들은 머릿속에서 자리를 바꾸라는 목소리가 들렸다고 반복해서 말한다. "그놈의 목소리. 내게도 그런 일이 생기면 그 목소리를 따라야겠군요." 한 형사가 아흔번째 목격자 증언을 들은 뒤 웃으며 말했다. 사건 직전의 직감과 사건 직후의 매우 빠른 상황 평가, 그리고 재난의 무작위적인 잔혹함을 설명하려는 시도를 일일이 구분하는 것은 어려울 수 있다. 물론 우리가 결국 살아남은 사람들의 이야기만 들을 수 있다는 생존자 편향도 감안해야 한다. 게다가 이러한 이야기들에는 민감한 부분이 있다. 창가에 앉았다가 자리를 옮겨 살아남은 생존자 이야기를 들으면, 유가족은 고인에게 스스로를 보호하기 위해 필요한 본능이 부족했다고 해석할 수도 있기 때문이다.

● 승무원 자원 관리(CRM, Crew Resource Management)라고도 알려져 있다.

재난 계획 및 대응 업계에서 활동하는 여성들은 과잉 반응을 한다거나 생각이 너무 많고 지나치게 감정적이라고 비난받는 일에 익숙하다. 우리는 남들에게 맞추기 위해 우리의 본능을 무시하려고 애쓴다. 그냥 잠자코 있으라고, 남들 하는 대로 따라가라고, 직감을 무시하라고 조언을 받는 일도 잦다. 몇 없는 여성 동료가 회의가 끝나고 살짝 다가와서, 자기도 내가 느끼는 두려움에 동의하지만 공개적으로 편드는 위험을 감수할 수 없다고 속삭이는 일도 있다. '히스테리'를 부리는 것처럼 보이고 싶지 않다나. 그런 순간들에 나는 심한 배신감을 느낀다. 생리학마저 비상 계획 업계에서 활동하는 우리 여성들에게 불리하게 작용한다. 1950년대까지 여성의 히스테리는 자궁을 가진 사람들에게 흔하고 만성적인 질환으로 여겨졌으며 그런 인식만으로 여성들을 옭아매기에 충분했다. 하지만 불안, 두려움, '다른 사람들을 불편하게 만드는 경향'[12]을 비롯한 다양한 히스테리 증상은 사실 우리의 직업에서 강점일 수 있다. 나는 여성 동료들과 이 주제로 이야기를 나누곤 한다. 뭔가 심하게 나쁜 일이 일어날 것 같거나 어쩐지 '이상하다'는 느낌이 들 때, '감정적'이라는 비난을 피하면서 문제를 제기하는 방법이 있으세요? 시냅스가 폭격처럼 신호를 보낼 때, 무시했다간 자칫 큰 위험에 빠지게 될 거란 직감이 들 때, 어떻게 행동하세요?

그 종합적인 결과가 지금 내가 처한 상황이었다. 나는 어린 첫째와 더 어린 둘째를 데리고, 넘칠 듯 가득 찬 쓰레기통 옆에 앉아서, 온몸의 힘줄에게 당장 도망가라는 신호를 받고 있었다.

재난 업계에서 일하는 나는 음양의 조화를 맞추려는 노력의 일환으로 주말만큼은 즐겁게 지내려고 노력한다. 계획이 어그러지는 일도 잦지만, 과도한 상상을 절제하고 현실적인 기대를 하는 법을 차차 배워나가고 있다. 그럼에도 가끔씩 오판할 때가 있다. 그게 내가 2015년 봄에 앨턴타워스 테마파크에서 통나무집 형태의 오두막이 개장한다는 광고를 보고, 이용요금이 못마땅하긴 해도 하룻밤을 예약하기로 결정한 까닭이었다. 아이들과 함께 시비비스랜드와 테마파크를 즐기고, 수영장도 이용할 계획을 세웠다.

상상과 현실이 그렇게 다를 줄이야. 아이들과 남편은 모두 장거리 자동차 이동에 지쳐 있었고, '열대' 물놀이장에 들어간 뒤 몇분 만에 유아 풀에서 '대변 관련 사건'이 일어나서 탈출해야 했다. 메이블이 텔레토비와 옥토넛 옆을 지나가는 내내 비명을 질렀기 때문에 시비비스랜드에서는 쫓기듯 퇴장했다. 우리는 마지막으로 하나만 더 하고 나서 펍에서 식사를 하고 오두막에서 낮잠을 자기로 했다. 톰이 대형 롤러코스터에 타고, 나는 아이들과 함께 아래에서 지켜보기로 했다.

앨턴타워스는 유년기 나에게 꿈의 장소였다. 버컨헤드에서 두 시간 거리에 위치한 이곳은 고등학교 시절 소풍을 오던 장소이자, 아주 가끔 용감한 걸 가이딩 지도자를 따라 놀러가는 호화로운 유원지이기도 했다. 앨턴타워스에는 밝은 원색이 넘실대며 아름다운 잔디 정원도 딸려 있다. 공기에서는 설탕 도넛과 순수한 젊은 날의 스릴이 느껴진다. 나는 그곳에서 처음으로 남자아이와 팔짱을 낀 추억이 있다.

하지만 오랜만에 다시 그곳을 방문한 2015년의 그날, 앨턴타워스는 낙후돼 보였다. 쓰레기가 길바닥에 나뒹굴고 표지판 몇개는 방치되어 빛이 바래 있었다. 어떤 장소의 '안전 문화'는 시각적으로 드러나기 마련이며 그로써 본능과 직관이 더 구체적인 단서나 증거와 교차하곤 한다. 이는 재난 관리 분야에서 단골로 논의되는 주제인데, 한마디로 요약하자면 첫인상이 중요하다는 얘기다. 깨끗하고, 악취가 나지 않으며, 일하는 사람들이 미소를 짓고 관리가 잘되는 것처럼 보이는 장소는 더 안전할 가능성이 높다. 체르노빌 참사를 검토하던 때 처음 탐구되고 정의된 '안전 문화' 개념은, 안전이 체계의 모든 부분으로 구성되는 하나의 '문화'라는 점을 설명한다. 나는 어떤 장소에 가면 길을 찾기가 얼마나 쉬운지, 화재 대피로가 어디 있는지, 엘리베이터가 작동하는지부터 확인한다.

재난 후 조사와 보고서에서는 이런 작은 단서들이 모여서 재난이 일어나기 전에 아슬아슬하게 피하거나 경고 신호를 받은 적이 있다는 게 밝혀지곤 한다. 아무런 문제없이 잘 돌아가다가 갑자기 치명적인 실수가 발생하는 조직은 드물다. 그래서 나는 어떤 조직을 파악하려 할 때면 약속보다 일찍 그곳에 도착해서 위장한 채 시간을 보낸다. (제이슨 본〔로버트 러들럼의 소설이자 영화화된 스파이 액션 스릴러 '본 시리즈'의 주인공─옮긴이〕처럼 위장하는 건 아니다. 사람들은 대개 내가 길을 잃고 커피숍을 찾고 있다고 생각한다.) 안전 문화가 망가졌음을 보여주는 가장 걱정스러운 신호 중 하나는 직원들이 상황이 얼마나 엉망인지 대놓고 이야기하는 게 외부인

귀까지 들릴 때다.

톰은 신설 놀이기구인 스마일러를 타고 싶어했다. 스마일러는 360도 도는 구간이 열네번으로 세계에서 가장 회전수가 많은 롤러코스터로 꼽힌다. 하지만 스마일러는 대기가 너무 길어서, 톰은 어쩔 수 없이 360도 회전 구간이 더 적고 대기도 더 짧은 리타 롤러코스터에 줄을 섰다. 6월의 더운 날이었음에도 바람이 거세서 롤러코스터 상단이 부서질 듯 흔들리고 있었다. 나는 톰의 팔을 붙들고 지금 당장 이곳을 떠나야 한다고 말하고 싶었지만, 이내 나 자신에게 바보같이 굴지 말자고 타일렀다. 톰이 조금씩 대기 줄 앞쪽으로 나아가자 두 아이가 소리를 지르기 시작했다. 엘리자베스는 톰이 더 앞으로 가지 않았으면 좋겠다고 소리쳤고, 메이블은 바람이 너무 심해서 내가 파우치에 든 퓌레를 플라스틱 그릇에 붓지 못하는 걸 보고 울었다. 나는 퓌레를 조금이나마 더 담아보려고 리타 롤러코스터를 둘러싼 보호 울타리 가까이 몸을 밀어 넣었다. 놀이기구가 흔들리면서 우리 유모차에 녹 조각이 떨어졌고, 아이들은 기계가 불길하게 삐걱거릴 때마다 소리를 질렀다. 나는 바닥에 흘러나온 쓰레기를 발로 밀쳐서 아이들이 앉을 자리를 만들었다. 마침내 강풍을 맞고 돌아온 톰은 약간 멀미가 난 것처럼 보였다. 그가 말했다. "엄청 스릴 있었어. 이제 가자."

테마파크를 떠나 숙소를 향해 걸어가던 중, 나는 분위기가 미묘하게 변하는 것을 느끼기 시작했다. 직원들의 표정이 일시에 달라졌다. 내가 경찰과 항공사 직원들에게서 자주 본 표정이었다. 런던 지하철의 그날, 브리스톨대학 학생회관의 그날 만났던 사람들처럼 직원들의 얼굴에 긴장이 떠올라 있었다. 공중에는 여전히 아이들이 꽥꽥거리는 소리가 불협화음을 이루고 있었지만, 그 사이로 뭔가 다르고 더 긴박한 외침들이 섞여 들어왔다. 걷는 중에 테마파크 직원들이 우리를 지나쳐 반대 방향으로 달려갔다. 그들은 우리가 막 지나온 롤러코스터 쪽으로 향하고 있었다.

그로부터 몇분 전인 2015년 6월 2일 오후 1시 51분, 일련의 문제로 차량 네대에 탑승객을 가득 태운 스마일러 롤러코스터가 트랙에 멈춰서 있던 빈 코스터와 충돌했다. 스마일러는 시속 54.7킬로미터 이상의 바람이 불 때 운행해서는 안 된다는 지침을 무시하고, 시속 74킬로미터 바람 속에서 운행하고 있었다. 탑승객들은 시속 145킬로미터로 달리는 자동차와 충돌한 것과 동일한 물리력에 노출되었다. 충격이 가장 심했던 사람들은 심각한 부상과 하체 절단, 다량의 출혈을 겪었다. 이후 제출된 구급 서비스 측 증언에 따르면 사고 현장은 접근하고 탐색하기가 힘들었다고 한다. 앨턴타워스 소유주인 멀린 엔터테인먼트에서는 다수의 보건 및 안전 규정을 위반한 사실을 인정했으며, 500만 파운드의 벌금을 부과받았고, 테마파크 직원들에게 책임을 전가하려 시도하다가 판사에게 강한 비난을 받았다. 판결문에서는 멀린 엔터테인먼트 측에서 규정 위반을 장시간 방치한 것이 심각한 문제를 유발했다고 강조했다. 멀린은 '사람들을 실망시키고 치명적인 결과를 초래한 것에 대해' 사과했다.

가장 심하게 부상당한 승객들이 롤러코스터에서 빠져나오는 데는 여섯시간이 걸렸다. 톰은 아이들을 재웠다. 나는 처참한 기분으로 우리의 작고 기묘한 가짜 나무 집에 앉아서 응급 의료 헬리콥터가 착륙하고 이륙하는 소리를 들었다. 테마파크 쪽에서 들려오던 신이 난 비명 소리는 오래전에 멈췄고, 그 자리를 금속 절단용 톱의 고음과 구급차 사이렌 소리가 대신했다.

날이 어둑해지자 누군가가 우리 숙소 문 아래로 관리 측에서 보낸 편지를 밀어 넣었다. 편지에는 도움이 필요하면 연락할 수 있는 번호와 함께, '불의의 사고' 때문에 테마파크가 즉각 폐장한다는 말이 적혀 있었다. 별장 숙박비는 내 신용카드로 환불되었다고 했다.

*　*　*

재난 대응 업계에서 일하는 내가 수많은 혼란을 목격한 것은 당연하다. 하지만 나는 단순히 시민 신분으로도 재난을 꽤 많이 겪었다. 동료들에게 이 점은 재미난 농담거리다. 내가 그날 앨턴 타워스에 있었다고 말하자, 재난 희생자 신원 확인 팀의 몇 사람이 뱃사람들의 미신-배를 탄 승객 한 사람이 항해 전체에 불운을 가져온다-을 들먹이며 나를 지금부터 '요나'로 부르자고 제안했다.

하지만 나는 생각이 좀 다르다. 우리는 누구나 '만일'이 아닌 '언제'를 살아간다. 비극은 매일 우리 주변에서 일어난다. 사람들은 비행기 추락과 자동차 사고를 동시에 겪은 것이 이례적으로 불운한 일이라고 여기지만, 사실 통계는 이것이 충분히 가능할

뿐더러 일어날 가능성이 높은 일이라는 사실을 냉혹히 보여준다. 우리는 '1,000명 중 한명'이나 '100년에 한번'이라는 위험 데이터가 운명이 인생의 확률을 공평하게 분배한다는 뜻이라고 오해한다. 하지만 실제로는 같은 사람이 반복해서 위험에 처할 수 있다. 그리 머지않은 옛날 우리의 조상들은 화재와 홍수, 광산 재난과 질병, 영아 사망과 부상을 끊임없이 경험했다. 삶의 취약성을 부인하는 우리의 모습이 그들 눈에는 얼마나 이상하게 보일까?

또한 우리는 나쁜 우연에 주의를 기울이는 반면, 매일 그와 비슷한 규모로 일어나는 무수한 행운들은 간과하는 경향이 있다. 버스 정류장에서 사랑에 빠지거나, 공항 라운지에서 유치원 시절의 가장 친한 친구와 재회하는 것처럼, 별들이 올바로 정렬되는 순간들. 생물학적인 우연으로 아기가 만들어지는 기적. 비행기나 자동차가 사고 없이 운행하는 모든 순간들.

그래서 나는 우리가 재난에, 혹은 재난의 변두리에 휘말리는 경험이 특별하다고 느끼지 않는다.

우리가 그 자리에 없어야 할 이유는 없었으므로.

12장

믿음직한 두 손

톰은 밤새 준비를 하느라 거의 잠을 자지 못했다. 나도 마찬가지였다. 오전 6시, 톰은 샤워를 하러 갔고 나는 톰을 위해 차를 한 잔 탔다. 각각 네살과 한살이 된 두 아이는 잠에서 깨어 주방에서 시끄럽게 놀기 시작했다. 2015년 6월 27일, 앨턴타워스에서 대형 사건이 발생한 지 고작 3주 반이 지난 날이었다.

톰은 말없이 옷을 입고 출근 가방을 챙겼다. 평일이면 어김없이 되풀이되는 의식이었다. 블레이저 주머니를 두드리며 열쇠와 업무용 핸드폰이 제자리에 있는지 확인하는 습관도 여전했다. 내가 앳되었던 학생 시절 처음 만난 이 남자는 이제 숙련된 조종사가 되어서, 항공사에서 다른 기장들을 교육하는 최연소 강사로 활약하고 있었다. 톰을 보면 영화 「설리」에서 톰 행크스가 연기한 체슬리 설렌버거가 떠오른다. 처음 내가 톰을 만났을 때 그는 허프먼 비행학교 야구모자에 다 들어가지 않을 만큼 풍성한 금발의 곱슬머리를 지니고 있었지만 지금은 머리가 많이 빠져서 승무원 대기실에서는 '윌리엄 왕자'라는 별명으로 불린다. 그러나 말을 아끼는 차분한 성격만큼은 여전하다. 우리는 정말이지 극과 극으로 다르다. 톰은 평소에 말수가 별로 없지만 나는 그의 고요함이 좋다. 톰과 함께 조용히 있을 때면 편안하고 회복되는 기분이 든다. 하지만 그날 아침, 톰의 침묵은 평소와는 다르게 느껴졌다. 제복을 갖춰 입고 부엌문을 향해 걸어가던 그가 돌연 멈춰 섰다. 그는 검은 가죽 가방을 단호하게 바닥에 내려놓고 괴로운 얼굴로 나를 바라보았다.

나는 입을 열고 뭔가 위안이 될 법한 말을 찾으려 했지만, 불현듯 톰의 뒤편에서 나타난 엘리자베스가 한발 빨랐다. "아빠, 일하러 가요. 사람들이 기다리고 있어요. 사람들을 미소 짓게 해줘야죠." 엘리자베스는 아빠가 항공사에서 일한다는 걸 자랑스럽게 여겼다. 9개월 전, 엘리자베스는 아이와 인형이 등장하는 항공사의 새로운 광고를 보았다. 광고의 태그라인은 이러했다. '당신의 미소를 찾으세요.' 그 시점까지 우리는 엘리자베스가 그 메시지를 귀 기울여 들었다는 것을 몰랐다. 그냥 인형이 마음에 들었다고만 생각했을 뿐이다. 그 순간 자신이 얼마나 중요한 말을 했는지, 엘리자베스는 꿈에도 생각지 못할 것이다.

그로부터 15시간 전, 나는 우리 집 부엌에서 톰의 여행사와 컨퍼런스 콜을 했다. 미소를 짓고 있는 사람은 아무도 없었다. 6월 26일, 튀니지의 포트엘칸타위에서 테러단체 이슬람국가(IS)와 관련된 테러범이 해변에서 휴식을 취하고 있는 관광객들에게 총을 난사해 서른여덟명이 사망했다. 그중 서른명은 여행사와 항공사 TUI를 통해 휴가를 간 영국인이었다. TUI는 톰이 일하는 항공사였다. 며칠 전 그 관광객들을 비행기에 태워 해변으로 데려다준 사람이 바로 톰이었다.

컨퍼런스 콜의 목적은 외무부 장관이 COBR 회의를 개시하기 전에 유관 기관들을 모으는 것이었다. 공무원, 경찰, 영국 재난 희생자 신원 확인 팀, 케니언, 여행사가 컨퍼런스 콜에 참여해서 정확히 무슨 일이 일어났는지 파악하고자 했다. 우리는 이른바 '시트렙'SITREP(상황 보고—옮긴이)을 만들고 있었다. 군에서 차용한 용어 '시트렙'은 현장에서 일어나고 있는 일과 다음에 해야 할 일을 파악하기 위한 청사진을 의미한다.

컨퍼런스 콜의 참가자들은 모두 공무원들의 행동에 대해 확연한 불만과 당혹감을 표했다. TUI에서는 그들의 항공기를 타고 떠난 휴가객들이 튀니지에서 AK-47을 든 남자에게 총격을 당했다는 소식을 소화하려 애쓰고 있었다. 정부의 초기 대응을 보고 나는 15년 전 발리 폭탄 테러가 일어난 직후의 며칠을 떠올렸다. 당시 나는 테러에서 영국 시민 몇명이 사망했는지를 두고 각 정부 부서 간에 초현실적인 정치적 논쟁이 벌어지는 걸 듣고 있어야 했다. 이번에도 공무원들은 TUI의 데이터에 딴죽을 걸었고 현대의 여행사가 고객에 대해 얼마나 유용한 지식과 통찰을 갖고 있는지를 영 모르는 것처럼 굴었다. 어쩌면 알면서도 무시한 건지도 모른다. 나는 이 컨퍼런스 콜에서 영국 재난 희생자 신원 확인 팀의 고문이자 항공사와 여행사가 비상 상황에 자문하는 전문 그룹의 일원이라는 이중의 역할을 맡았다.

재난이 일어났을 때, 공공 부문의 대응요원들이 민간 부문의

파트너들을 무시하는 일이 종종 있다. 나는 경찰이 항공사를 "살인자들"이라고 부르며 그들이 가져와야 할 장비는 수표책뿐이라고 말하는 것을 들은 적도 있다. 하지만 브리스톨대학에서 학교 측 근무자의 입장으로 계단 추락 사건을 겪어본 나는 '반대편'도 고통받는다는 사실을 안다. 9·11 테러의 그라운드제로에서 사망한 많은 사람들이 기업인이었다. 9·11 이후, 세계에서 가장 부유한 금융 회사들의 최고 경영자들은 몇달 동안 매일 밤을 지새우며 애도 편지를 쓰고, 장례식을 계획하고, 웬만한 보험금보다 높은 액수의 재정 패키지를 마련했다. 공공 부문이 민간보다 항상 더 순수하고 우월하다고 생각하는 것은 오만이다.

TUI는 리조트와 호텔에서 일하는 담당자들을 통해 신속히 사망자 수를 거의 정확하게 파악했다. 사망자는 30명에서 40명 사이였고, 부상자는 그보다 더 많았다. 리조트의 투어 가이드들은 훈련받은 대로 사망자가 총에 맞는 순간 그 근처에 있었던 유가족들을 모아서 호텔 안의 지정된 구역으로 안내했다. TUI는 영국 외무영연방부와 치열한 논쟁을 벌이고 있었다. 외무영연방부에서는 사망자가 서너명에 불과할 수 있다고 주장하며 TUI의 숫자가 과장되었다고 주장하고 있었다.

톰은 이번 총격 사건을 매우 사적이고 통렬하게 받아들였다. 테러는 톰의 승객들에 대한 공격이었고, 톰은 애초에 그들을 튀니지에 데려간 데 대해 책임감을 느꼈다. 튀니지 휴가 상품은 전면 취소되었다. TUI는 생존자들과 다른 휴양객들을 복귀시킬 계획을 개시했다. 이제는 톰이 승객들을 집으로 데려올 시간이었다.

톰은 첫번째 송환 항공편의 조종사로 선정되었다. 승객들을 안심시키고 승무원들을 안정적으로 통제할 수 있는 '믿음직한 손'으로 뽑힌 것이다. 톰은 모든 것을 완벽하게 해내길 원했다. 그것도 절실하게.

나는 밤새 항공사와 함께 톰을 비롯한 기장들이 승객들에게 읽어줄 안내 방송 원고를 준비했다. 톰과 나는 노트북을 켜고 침대에 앉았다. 나는 TUI 위기관리 팀에 내가 쓴 초안을 이메일로 보냈다. 승객들에게 위로와 설명을 전하면서 그들이 이후에 겪게 될 절차에 대해 준비시키는 내용이었다. 승객들은 테러 공격의 중요한 목격자였으므로 먼저 영국의 경찰에게 조사를 받은 다음에야 집에 돌아가 침대에 누울 수 있었다. 항공사에서는 경찰 측에 승객들에게 차를 내주는 걸 잊지 말라고 부탁했지만, 경찰 조사가 어떤 방식으로 진행될지는 보장할 수 없었다. 우리는 승객들이 어떤 정신적, 육체적 상태로 비행기에 타게 될지도 전혀 알 수 없었다. 나는 2004년 지진해일에서 살아남은 사람들에게서 들은 갖가지 이야기들을 떠올렸다. 그들은 물에 흠뻑 젖고 상처에서는 여전히 피가 흐르는 채로 비행기에 올랐다. 여정을 마치고 집에 도착했을 때 그들은 물살 속에서 차키와 집 열쇠를 모두 잃어버렸음을 깨달았다. 이 사실을 알게 된 지자체에서는 그 뒤로 도착하는 항공편의 승객들을 위해 공항에 열쇠 수리공을 대기시켰다. TUI에서도 만일 생존자들의 개인 물품이 범죄 현장의 증거물로 보관되어 있어 집에 들어갈 수 없는 상황이 발생하면 만반의 도움을 줄 준비를 하고 있었다.

몇분 뒤, 내가 쓴 원고가 톰의 회사 경영 팀에서 보낸 이메일에 첨부되어 톰의 받은 편지함에 도착했다.

사망자들의 시신은 튀니지 당국의 관리하에 있었지만, 전세계의 대테러 기관들이 관심을 보이고 있었다. 영국의 수사관들 역시 세계 각국의 동료들과 더불어 증거에 접근하고 브리핑에 참여하기를 기다리고 있었다. 시신을 돌려받은 뒤 영국의 검시관이 다시 한번 신원을 확인해야 할 것이다.

우리는 조용히 민간인 송환 절차를 마련하고, 영국 재난 희생자 신원 확인 팀에서 사망자들을 관리할 수 있도록 모든 준비를 마쳤다. 그런데 송환을 시작하려는 찰나, 라디오 프로그램 「투데이」에서 우리의 결정에 의문을 제기했다. 진행자 존 험프리스는 데이비드 캐머런 총리가 정말로 영국인 사망자들에게 신경을 쓴다면, 그들을 군대식으로 예우를 갖춰 송환해야 한다고 주장했다. 나로서는 그야말로 경악스러운 주장이었다. 몇분 후, 전화벨이 울렸다. 영국 재난 희생자 신원 확인 팀의 신임 조정자였다. 우리는 그녀가 세심하게 준비한 계획들이 하나씩 무너지는 것을 함께 지켜보았다. 정부는 사망자 송환이 강력하고 인상적으로 보이길 원했고, 이번에는 결국 군대식 의전이 진행되었다.

우리가 걱정하는 데엔 그만한 이유가 있었다. 초기 보고서만 살펴보아도 우려스러운 징후가 여럿이었다. 일부 사망자는 육안으로 시신의 모습과 여권 사진을 대조하는 방식으로 신원이 확인되었다. 하지만 몇몇 사망자는 신체적으로 유사했으며 비슷한 해변용 옷을 걸치고 있었다. 사망자의 생전 정보를 제공해줄 가까운 가족들은 사망자와 함께 숨진 경우가 많았다. 이후 열린 심리에서 한 생존자는 튀니지 경찰이 사망자 사진을 여러장 보여주었지만 그중 실종된 친구가 있는지 확신할 수 없었다고 증언했다. 다행히 친구는 반짝이 페디큐어를 바르고 있었고, 결국 그녀는 친구의 시신을 직접 확인한 후 신원을 확정할 수 있었다.

 정치인들은 지금 진행되는 것이 대테러 사건이지 "재난 희생자 신원 확인 절차가 아니"라며 강하게 반발했다. 하지만 나는 두 과정이 함께 진행돼야 하며 상호 보완적이라고 생각한다. 다행히도, 영국 재난 희생자 신원 확인 팀의 신임 조정자(최초의 여성 조정자이기도 했다)가 끝까지 싸워준 덕분에 우리는 추가로 신원 확인 절차를 수행할 수 있었다. 결국은 웨스트민스터에서 팀을 꾸려서 관을 하나하나 열고 사망자의 신원을 재확인한다는 결정이 내려졌다. 하지만 이 과정은 유가족이 먼저 '자신들의' 관을 맞이한 뒤에 진행되었다. 신원을 완전히 확정하기까지의 시간은 극도로 고통스러웠다. 우리는 손톱을 물어뜯으며 기다렸고, 만에 하나 신원이 잘못 확인된 경우 유가족들에게 어떤 말을 해야 할지 여러차례 연습했다. 다행히도 재확인 결과 신원이 틀린 시신은 나오지 않았다.

 정부의 대응은 혼란스러웠던 반면 TUI에는 철저한 대응 계획이 있었다. 대응 방법을 훈련받은 직원들이 자원 봉사를 했고, 케니언과 계약도 되어 있었기 때문에, 유가족들은 이러한 혼란을 거의 느끼지 못했을 것이다. 나중에 정부 측 보고서를 읽어보니 이 사건이 '조용했다'고 평가되어 있었다. 정부가 해야 할 일이 거의 없었다는 점을 강조하는 표현이었다. 그러나 이 사건은 어느 재난과 마찬가지로 방대하고 벅찼다. 단지 정부에서 그들이 할 일을 누군가가 대신 수행했을 뿐이라는 사실을 인식하지 못했을 따름이다.

톰은 항공기에 생존자들과 유가족들을 태워 영국으로 데려왔다. 이후 여러 가족이 TUI에 편지를 보내서 리조트와 항공사에서 해준 일들에 대해 감사를 표했다. 하지만 지금까지도 톰은 자신이 휴양객들을 튀니지 해변으로 데려갔다는 사실을 자책하는 것 같다. 아직도 그는 유가족과 생존자를 집으로 데려오는 과정에서 그들을 위해 더 해줄 수 있는 일은 없었을지 반성한다. 재난의 사슬 속에서 연결고리 역할을 했지만 재난에 직접적인 영향을 받지 않은 사람들은 흔히 이러한 '생존자의 죄책감'을 느낀다. 그날 밤 집으로 돌아온 톰은 지쳐 있었다. 몸에서 비행기 냄새가 났다. 땀, 덥힌 기내식이 담겼던 플라스틱 용기, 소변, 금속, 연료 증기가 뒤섞인 특유의 냄새. 하지만 톰은 나와 대화하길 원했다.

톰은 기내 방송에서 읽을 대본을 출력해서 가방에 넣던 때만 해도, 대본이 별로 중요하지 않게 느껴졌다고 말했다. 앞으로 감당해야 할 어마어마한 일에서 이게 무슨 효과가 있을까 싶었다. 하지만 막상 대본을 읽어 내려가면서 그는 승객들뿐만 아니라 승무원들도 눈에 띄게 긴장을 풀고 마음을 다잡는 것을 느꼈다. 그제야 그는 삶에서 가장 힘든 순간을 겪고 있는 사람들에게 이런 작은 것들이 얼마나 중요한지 깨달았다. 톰은 마침내 내가 하는 일을 이해하게 됐다. 나의 조언들이 어떤 역할을 하는지, 내가 왜 그렇게 늦은 밤까지 일했던 건지. 왜 때때로 그와 아이들이 들어오지 못하도록 문을 닫아야 했는지, 왜 식사에 늦었는지, 왜 파티장에 못 들어가고 차 안에 앉아 있어야 했는지. 우리에게 주어지는 기회는 단 한번뿐이다. 그 한번의 기회에 제대로 해내야만 한다.

영국 중앙 정부에서 튀니지 재난에 대응한 방식은, 내게는 2000년대에 수립된 재난 대응 체계의 종말을 알리는 신호처럼 들렸다. 무언가 핵심적인 것이 사라져버린 기분이었다. 하지만 알고 보면 이는 단숨에 일어난 변화가 아니라, 오랜 세월에 걸쳐 천천히 진행된 부패의 결과였다. 영국의 재난 대응 체계는 영국 역사상 가장 대규모의 비상 대응 작전 중 하나였던 2012년 올림픽부터 서서히 무너지기 시작했다.

21세기의 첫 10년 동안, 재난 대응 계획 업계에서는 올림픽에서 발생할 수 있는 문제들에 대비하는 데 집중했다. 이는 2005년 7월 7일 발생한 끔찍한 사건이 남긴 수많은 유산 중 하나였다. 영국 문화부장관 테사 조웰, 데이비드 베컴, 런던 시장 켄 리빙스턴이 싱가포르에서 올림픽 유치 성공을 축하하고 있던 바로 그날, 런던 교통망 곳곳에서 시민들이 무차별적으로 공격을 당하고 있다는 소식이 전해졌다. 그날의 잔혹한 깨달음 덕분에 정부에서는 런던 올림픽의 비상 계획에 진지하게 접근했다. 개막식에서 재난이 발생한다면 어떤 상황이 펼쳐질지, 테사 조웰에게 따로 설득할 필요는 없었다.

민간과 공공 부문의 기획자들, 항공사, 지자체, 병원, 군대까지 모두 올림픽 준비에 관여했다. 비상계획관들은 개막식 폭탄 테러, 올림픽 공원 내 대규모 흉기 난동, 선수촌 내 클로스트리디움 디피실리균 또는 매독 발생 등 갖가지 끔찍한 시나리오가 나열된 목록을 끌어안고● 활기차게 이 과정에 참여했다. 시간이 흐르며 우리 재난 업계 사람들도 올림픽의 분위기에 감염되었다. 보라색 트레이닝복을 입은 자원봉사자들과 함께 노래와 배구, 마술 경연을 배경으로 일하다보면 평소보다 분위기가 밝아질 수밖에 없다. 봉사자들은 2012년 봄부터 기꺼이 24시간 교대 근무에 지원했고, 여름휴가는 전면 취소되었다. 올림픽을 준비하던 그해 여름, 영국 사회는 사소하고 소소한 변화들이 스며든 덕분에 조금 더 좋은 곳이 되었다. 전보다 더 단합된 느낌이었다.

하지만 막상 올림픽이 열릴 즈음에는 새 정부가 들어섰고, 그들은 이전 정부와 초점이 달라진 것 같았다. 나는 재난 후 대응을 기획하는 회의라면 수없이 참석해본 사람이다. 그런 회의에서 생존자 수용 센터와 군중 관리에 대한 계획을 세우는 건 당연하다. 그런데 올림픽 직전에 열린 내무부 회의는 뭔가 달랐다. 실질적인 대비책을 논의하는 그 자리에서 몇몇 공무원은 어떻게 하면 전세계 사람들이 올림픽에서 발생할 가능성이 있는 재난에 '감정적으로' 반응하도록 유도할 수 있을지를 고민했다. 구체적으로 말하자면 그들은 경기를 침착하게 계속하고, 사람들이 10,000미터 달리기 결승전을 계속 관람하도록 유도하길 원했다. 사망자는

● 비상계획관들이 거의 모든 분야에서 기본적인 전문성을 갖춰야 하는 이유다!

추모하되, 티셔츠에 얼굴을 새기는 정도의 애도로 충분하며, 올림픽 자체는 중단하지 않는다는 방침이었다.

"우리는 이걸 그랜드내셔널〔영국에서 열리는 장애물 경마 대회—옮긴이〕처럼 운영하고 싶어요. 말이 죽거나 다치면 주위에 큰 울타리를 세워주고, 경주는 계속 진행하는 거죠." 한 공무원이 말했다.

포트엘칸타워 총격 사건이 발생했을 즈음, 정부에 대한 나의 불안감은 더 단단한 확신으로 굳어졌다. 긴축 재정을 추진하는 연립 정부 입장에서, 눈에 잘 띄지 않는 비상 계획 분야는 공공 부문 예산을 삭감할 쉬운 표적으로 여겨졌다. 대중은 비상 상황이 발생하기 전까지는 보통 비상 계획 시스템이 존재하는지조차 모른다. 그러니 비상 계획이 조금씩 사라지는 것 역시 알아채지 못한다. 적어도 무언가 잘못되기 전까지는 그렇다. 재난 대비 훈련은 갈수록 횟수가 줄어들었고, 장비는 교체되지 않았다. 2005년에 든든한 역할을 해낸 국가 단위 안치소도 하나둘씩 해체되었다. 그리고 2018년에는 싱크대, 시신 보관 장치, 배관, 화학 약품병을 비롯한 갖가지 집기들이 벼룩시장에 나온 중고품처럼 이런저런 지자체로 처분되었다. 지방 경찰과 시의회들은 '블루 피터 방식'〔영국 BBC의 장수 어린이 프로그램 「블루 피터」는 일상 속 물건을 활용하여 창의적으로 DIY 만들기를 하는 코너가 유명하다—옮긴이〕으로 재난에 대비하라는 지시를 받았다. 재난이 일어나면 임시 천막을 사용하고 병원에 냉장 장비를 추가 배치하는 식으로 접근하되 필요한 게 있으면 다른 지자체에서 빌려서 운영하라는 뜻이었다. 팬데믹, 질병, 폭염 등으로 인한 대규모 사망 사태를 대비하던 내무부 산하의 팀도 서서히 해체되었다. 정부는 던디대학의 재난 희생자 신원 확인 교육 과정에 대한 지원마저 중단했다.

이즈음 비상계획대학 수익원은 거의 전적으로 중동 국가와 지자체, 특히 아부다비와 사우디아라비아였다. 나는 대규모 사망 사건 계획, 재난에 휘말린 사람들에 대한 돌봄, 지역사회 회복에 관한 강의안을 작성해달라는 요청을 받았지만, 강의를 직접 할 수는 없었다. 아랍 국가들의 대표단은 영국에서 진행되는 강의에서도 강사가 남성이어야 한다고 고집했다.

상황이 이렇게 되자 대학에서는 더 많은 강의실을 확보하기 위해 비상계획관들의 도서관을 폐쇄했다. 그 과정에서 서버 클라우드에 저장되지 않은 100년 치 보고서들이 폐기되었고, 사망자를 기리기 위한 생존자들의 시집과 아이들의 미술 전시회 사진들, 7월 7일 지원 센터의 평면도 등이 사라졌다. 나는 깊이 상심했다. 재난 대응은 가장 지역적인 차원에서 이루어지는 일이 잦으며, 재난이 남긴 유물은 부서지기 쉽다. 다행히 이 영역에서 내게는 맞서 싸울 수단이 있었다. 나는 몇년 동안 개인적으로 도서관을 구축해왔고, 은퇴하는 동료들에게서 직접 모은 책과 보고서를 넘겨받았다. 비상계획대학 사서도 가능한 한 많은 자료를 쓰레기 더미에서 구해내어 퇴직 전 마지막 반항의 행위로서 나에게 보냈다.

톰은 지친 표정으로 군말 없이 더 많은 선반을 설치했다.

우리에게 주어진 새로운 지침에는 군사 용어와 경영 컨설팅 용어가 남발되어 있었다. 공공 부문을 단순히 성과 부진한 좌파처럼 취급하는 새로운 세계에서, 주먹구구식으로 자원봉사나 하는 우리 '인도주의자'들에겐 아무런 영향력이 없었다. 이런 변화를 가장 뚜렷이 보여준 건 재난 대응 지원 단체인 디재스터 액션에 대한 대우였다. 많은 멤버들이 50대에 활동을 시작했고, 이제는 70대와 80대에 이르러 있었다. 심각한 병에 걸렸거나, 병마와의 싸움을 이기지 못하고 세상을 떠난 이들도 있었다. 몇몇 신임 공무원이 그들을 대하는 태도는 한마디로 끔찍했다. 회의에서 그들의 말을 잘랐고, 그들이 재난으로 잃은 자녀의 이름을 잘못 발음했으며, 으레 초대하던 행사에 초대하지 않았다. 지원 센터에서 제공하는 자료 패키지에는 원래 유가족들이 더 나은 대우를 받도록 도와주는 디재스터 액션 지원 소책자가 포함되어 있다. 어느 날 그 책자를 제외시키라는 지시가 내려왔다.

정부에서는 재난에 대한 공공의 인식과 회복력에 관한 진지한 관심에서 '시각적 효과'로 초점을 옮겼다. 우리에게 던져지는 질문도 달라졌다. 정부에서는 어떤 시나리오에서 생존자들이 무엇을 필요로 할지, 혹은 공공 보건 메시지가 어떻게 전달될지 묻는 대신, 총리가 재난의 후폭풍을 이겨낼 수 있을지 아니면 사임해야 할지를 판단해달라고 물었다. 진정성이 느껴지지 않았다. 모든 게 억지스러웠다.

'재난학자'들은 정부에 고용될 경우, 영국 정부 내에서 세력을 넓히고 있던 행동 통찰 팀과 함께 배치되는 일이 잦아졌다. 원래 우리의 일은 다가오는 5년 내에 발생할 가능성이 높은 위험(극단적인 날씨나 '우연한' 다리 붕괴 사고)과 위협(악당, 테러)을 평가하고, 그것들을 정리하여 잠재적인 피해의 위계를 만드는 것이었다. 하지만 2000년대 후반에는 초점이 확연히 달라져서 우리에게 각 재난에 대한 '대중 분노' 점수를 알려달라는 요청이 들어왔다. 우리는 새로운 증거와 사례 연구를 바탕으로 대중의 반응을 설명하는 추가 보고서들을 작성해야 했다. 재난 상황에서 인간 행동을 예측하는 방법, 나중에는 인간 행동을 '유도'하는 방법들이 연구되었다.

재난의 결과라는 층위를 다른 사회적 실체에 얹으려고 할 때마다 나는 강한 저항에 부닥쳤다. 나는 재난의 결과가 도미노와 비슷하다고 생각한다. 재난은 사회적 진공 상태에서 발생하지 않는다. 예를 들어, 새로운 보편 복지수당 시스템을 시험 중인 지역이 파괴적인 홍수에 휘말린다면 문제가 상당히 격화될 수 있다. 팬데믹이 브렉시트 협상과 악천후와 동시에 발생하는 상황에서도 마찬가지로 심각성이 더해질 것이다.[13] 하지만 정부에서는 계획을 깔끔하게 세우고 한번에 하나의 위험만 다루는 편을 선호했다. 그래서는 도미노처럼 연결되는 여러 상황을 다룰 여유가 없어진다.

나는 또한 현대판 노예제와 인신매매에 대해서도 우려가 컸다. 인신매매는 모든 국제 범죄 중에서 가장 수익성이 높았으며 빠르게 성장하고 있었다. 하지만 정부의 계획은 어느 모로 보나 특정한 유형의 재난 피해자, 혹은 더 정확하게 말하면 특정한 유형의 유권자에게 맞추어 설계된 것처럼 보였다. 나는 계획의 변두리에 위치하는 '잘못된' 사람들, 즉 가난한 사람들, 인신매매 피해자들,

취약한 사람들이 보호받지 못할 게 걱정스러웠다.

정부의 새로운 계획에서는 대중이 언제나 정부와 정부의 대응을 지지할 것이라고 상정되어 있었다. 정부에서 올바로 '유도'하기만 하면 사람들이 정확히 지시받은 대로 행동할 것이라는 믿음이 바탕에 깔려 있었다. 하지만 나는 그런 일치를 기대하지 않고 원하지도 않는다. 내가 여러해에 걸쳐 배운 바에 의하면, 계획은 자주 빗나가며 사람들이 계획에서 벗어나 행동하는 게 오히려 좋을 때가 많다. 그래서 나는 사람들이 지시에 따르지 않고 저항하는 기미를 느낄 때마다 미소가 지어진다. 내게는 그런 모습이야말로 희망의 씨앗으로 보인다. 웨이버트리에서 『더선』을 태우던 화롯불. 7월 7일에 택시 기사와 함께 이런저런 규정을 어기고 가능한 모든 사람을 합승시켰던 일. 던캐스터 여가 센터를 방문한 찰스 왕자에게, 자신들의 생활공간에 진흙발로 들어오지 말라고 항의하여 끝내 브로그구두에 비닐 덧신을 씌우게 만든 주민들.

나는 만장일치나 집단 사고를 원하지 않는다. 엉망진창이고 진실하며 복잡한 인간의 반응을 원한다. 나는 비상계획관이지만, 언제나 계획만을 믿어서는 안 된다는 사실도 잘 알고 있다.

13장

각본

오래된 발전소의 장비실 안에 들뜬 학생들 수백명의 목소리가 울려 퍼졌다. 인근 대학에서 '공공 서비스' 프로그램을 공부하는 학생들과 영국 전역에서 연극 분장 코스를 밟고 있는 학생들의 목소리였다. 아침도 먹기 전 꼭두새벽부터 미니버스에 실려 온 이들은 이제 카프리선 팩 주스를 마시고 껌을 씹고 있었다. 학생들 중 절반은 곧 '캐릭터'를 부여받아 찢어진 옷을 입고 절뚝거리는 연기를 시작할 것이었다. 나머지는 퍼티와 광택제를 사용해 친구들의 다리에 선명한 붉은색 흉터와 뼈 조각이 튀어나온 개방성 골절을 그려 넣으며 하루를 보낼 예정이었다. 학생들이 가짜 부상을 입고 질러대는 비명 소리 위로 금속 문이 쾅쾅거리고 닫히는 소리가 얹혔다. 2016년 3월, 영국에서 시도된 가장 야심찬 재난 훈련인 비상 통합 대응 훈련이 열리는 날이었다.

유치원 아이들이 상상으로 가게를 차리고 주방놀이를 하듯 우리 재난 전문가들도 재난을 대비해 연습을 한다. 사실, 가상의 재난 상황에서 연기하는 게 우리 재난 전문가들의 주된 일이라 해도 과언이 아니다. 그중에는 재난 연습이 몇년 동안 경험하는 유일한 '실전'인 사람도 있다.

가용 자원이 많으면 재난 훈련은 야심차게 몇달간의 기획을 거쳐 수백명의 엑스트라, 특수 분장, 가짜 피, 의상을 동원한 대규모 행사로 진행되기도 한다. 이런 훈련은 역사적 재연이나 군사 시뮬레이션 게임과도 약간 닮아 있다. 때로는 시뮬레이션 기술이나 가상현실 장비가 활용되기도 하고, 단순히 배우들이 대본 리딩을 하듯이 둘러앉아서 가상의 사건이 발생했다고 가정하고 각자의 역할에 맞춰 논의하는 '테이블탑' 방식으로 진행되기도 한다. 솔직히 말해, 어떤 방식이든 조금 우스꽝스럽게 느껴질 때도 있다. 그러나 이런 훈련을 통해 우리는 재난 대응 계획이 실제 상황에서 얼마나 효과를 발휘할지를 점검할 수 있으며, 소방·경찰·구급대원 같은 긴급대응요원들, 각 분야 전문가들, 공무원들은 결정을 내리고 행동하는 연습을 할 기회를 얻는다. 훈련에 참여하지 않는 유일한 집단은 일반 대중으로서, 그들은 우리가 내리는 결정의 결과들을 실제로 재난이 발생했을 때 처음으로 겪게 된다. 재난 대응 훈련에는 또한 우리의 대비 태세와 대응력을 과시하는 목적도 있으므로 라틴어로 된 근엄한 이름이 붙는 게 보통이다. 훈련 이름은 내게 무한한 재미를 선사하는데 그중에서도 '브라시카 훈련'Exercise Brassica(Brassica는 십자화과 식물의 학명에 붙는 단어다―옮긴이)은 정말 압권이었다.

가끔은 화재 경보처럼 불시로 예고 없이 훈련을 진행하기도 한다. 실제와 유사한 상황에서 대응 절차를 점검하기 위해서다. 이런 훈련을 할 때는 반드시 '훈련, 훈련, 훈련'이라는 말로 시작해야 한다. 그러면 전화기 너머의 상대도 상황을 이해하고, 장난감 찻잔을 들고 차를 마시는 흉내를 내는 유아처럼 자연스럽게 역할극에 돌입한다. 그런데 사람들이 암호 대는 걸 깜빡하는 경우도 있다. 나는 병원의 비상 대응 팀이 실수로 헬리콥터 응급 이송 팀과 혈액은행 배송 시스템을 전면 가동시킨 사례를 알고 있다. 케니언에서 일하던 시절, 하루는 아프리카의 대형 항공사에서 전화가 왔다. 전화기 너머의 목소리가 비장하게 말하길, 나이로비 인근에서 전원 사망 사고가 발생해서 대응을 요청드리며, 탑승객 명단에는 스파이스 걸스와 엘튼 존이 포함되어 있다고 했다. 이거, 연예계 대참사 아닌가! 나는 숨을 헐떡이며 앨런에게 뛰어가 외쳤다. "엄청난 일이 일어났어요!" 그러자 태연한 대답이 돌아왔다. "그냥 다시 전화해서, 통화를 시작할 때 뭔가 말해야 할 문구가 있었는지 확인해봐." 팝 음악 애호가들에게는 다행스럽게도, 훈련이었다.

경찰에서는 훈련 시나리오를 좀더 흥미롭게 만들기 위해 종종 유명인을 포함시키곤 한다. 하지만 나는 그런 설정을 넣지 않는다. 혼란을 야기할 가능성이 크기 때문이다. 나는 꽤 그럴듯한 재난 시나리오를 작성하는 편인데, 이는 어릴 때부터 내 고향 리버풀을 배경으로 한 1980년대의 현실적인 드라마 「브룩사이드」를 애정한 덕분일 것이다. (이 드라마는 재난 이야기를 어찌나 좋아하는지, 한 에피소드에서는 전염병으로 봉쇄된 집에서 한 인물이 한창 유혹을 시도하던 중 지붕 위로 헬리콥터가 추락하는 일도 있었다.)

 내가 경험한 최초의 대규모 재난 훈련은 9·11 테러가 발생하고 1년 뒤에 실시되었다. 영국 남부의 여러 주가 참여하는 대대적 규모의 이 시뮬레이션 훈련에서는 점보 여객기가 추락한 시나리오가 채택되었다. 우리는 햄프셔의 여러 군사 건물에 대형 재난 안치소를 마련하고 수백명의 인력을 동원해 모든 장비를 가동했다. 정말 인상적인 경험이었다. 무엇보다 나를 놀라게 한 것은, 시신 역할을 하겠다며 선의로 자원한 지역 주민들이었다. 나는 이후에도 여러번 이런 현상을 마주쳤는데, 그때마다 어쩐지 섬뜩해졌다. 수영복 차림의 사람이 스스로 시신 가방에 걸어 들어가서 지퍼 올리는 걸 돕는 광경에는 무언가 근본적으로 그릇된 느낌이 있다. 첫번째 재난 훈련 때 신입 여직원이었던 나는 동료들에게 제법 짓궂은 장난을 당했다. 그들은 내게 방역을 위해 흰색 포렌식 슈트를 입을 때 안에 아무것도 입지 않아야 한다고 말했고, 나는 그들의 말을 철석같이 믿었다. 그건 거짓말이었다. 나는 몇시간 동안 속이 훤히 들여다보이는 옷을 걸친 채 나체로 훈련장을 돌아다녔다. 몇몇 동료는 아직도 국제회의에서 그날의 일화를 즐겨 이야기한다. 최근 들어 나는 내가 포렌식 전문가가 아닌데도 그 분야 사람들에게 환대받는 게 신기하다는 이야기를 종종 듣는다. CSI 팀이나 안치소 직원들이 나를 보고 반갑게 포옹하거나 활기찬 환영의 말을 건네는 것을 보고 많은 비상계획관들이 놀라움을 표한다. 나는 그 이유가 내 통찰력과 열정 덕분이라고 말하고 싶지만, 솔직히 말해 그들이 내 젖꼭지를 봤기 때문일 가능성이 더 높다.

훈련을 계획할 때는 먼저 시나리오를 정한다. 예를 들어 세개 주를 초토화시킨 홍수, 고속도로에서 일어난 연쇄 추돌, 테러 공격 같은 상황을 가정한다. 그리고 이야기의 흐름을 조정할 일련의 '인젝트', 즉 사건을 전개시키기 위한 행동 지점을 설계한다. 경찰, 소방, 응급 의료 대응 팀 입장에서는 대개 훈련 초반, 즉 초기 몇시간 또는 며칠 동안의 대응이 가장 쉽다. 장비를 배치하고 차량을 이동시키는 거야 그들의 전문 영역이니까. 하지만 복구 훈련, 즉 재난 이후의 장기적 대응을 다루는 단계로 넘어가면 상황이 달라진다. 그쯤 되면 이미 다들 열정이 바닥난 상태다.

물론, 훈련은 현실과 다르다. 훈련에서는 사람들이 더 과감해지는 경향이 있다. 특히 고위 관리자들은 체면을 구기지 않도록 배려를 받는다. 최근 내가 계획한 테러 대응 훈련에서는 전술 지원 경찰 부대가 마치 스쿠버 다이버처럼 번쩍이는 장비를 착용하고 등장했다. 나이로비, 파리, 뭄바이에서 실제로 발생한 비극적인 사건들을 기반으로 작성된 시나리오에서는 도심 곳곳에 총기와 흉기로 무장한 테러리스트들이 배치된 상황을 가정했다. 경찰들은 진지하게 역할을 수행했다. 거친 목소리로 명령을 주고받으며 '핫 존'에 '자산'을 투입하겠다는 결정을 단호하게 내렸다. 하지만 나는 실제 테러 상황은 전연 그런 분위기가 아니라는 걸 안다. 그들이 말하는 '자산'이란 그들 눈앞에서 총에 맞거나 폭발에 휘말릴 수도 있는 경찰들이다. 가족이 있고 피와 살로 이루어진 살아 있는 사람들이다. 재난 후 조사에서 가장 자주 제기되는 불만

중 하나는 지원 인력 투입이 지연되었다는 것이다.

훈련에서 두려움에 질려 똥오줌을 지리는 사람은 없다. 하지만 실제 생존자들은 자주 그런다. 한번은 항공사 훈련 중, 내가 '생존자'들을 대피시키는 과정에서 큰 실수를 했다고 지적하는 바람에 한바탕 소란이 일었다. 그 실수란 생존자들이 사고 현장에서 차 한잔 마실 시간도 갖지 못하고 곧바로 대테러 경찰의 증인 심문 구역으로 깔끔하게 이송되었다는 것이었다. 실제로 폭발이나 추락 같은 강한 충격이 몸에 가해지면, 옷이 완전히 찢겨나가는 경우가 많다. 우리는 무엇보다도 먼저 기본적인 존엄과 품위를 지킬 방안을 마련해야 했다. 심문을 하기 전에, 생존자들에게 몸을 씻고 옷을 갈아입을 기회를 제공해야 했다. 단순히 은박 담요 하나로 해결될 일이 아니었다.

7·7 테러 당시에 실제로 비슷한 실수가 발생했다. 생존자들은 바지가 벗겨진 채 다리에 소변이 흘러내리는 상태로 서둘러 현장을 빠져나와야 했다. 그뒤로 런던 경찰청은 여러해 동안 다양한 사이즈의 트레이닝복을 구비해두었지만, 지금도 그 옷들을 찾을 수 있을지는 모를 일이다.

이번 통합 대응 훈련의 시나리오는 출근 시간대에 사무용 건물이 무너져 인파로 붐비는 역을 덮쳤다는 설정이었다. 이 훈련은 2년 동안 기획되었고 나흘 동안 진행되었다. 유럽 각국의 정부 대표들을 포함해 수천명이 참여했고, 유럽연합에서 나온 고액의 보조금을 포함해● 수백만 파운드가 투입되었다. 대응 팀에서는 철거될 예정인 켄트의 리틀브룩 발전소를 사용해도 좋다는 허가를 받았다. 워털루 지하철역을 재현한 세트가 만들어졌고, 건물이 무너진 잔해와 비계, 낡아서 사용하지 않게 된 지하철 객차 8량이 동원되었다. BBC는 이 가상의 참사 현장에서 아침방송 「브렉퍼스트」를 생중계하기도 했다. 밤이 되자 현장은 마치 할리우드 블록버스터 영화 세트장처럼 보였다.

이 모든 작업을 폐쇄된 발전소에서 진행한 것은 운영 면에서 완벽한 선택이었을 뿐만 아니라, 무섭도록 현실적인 세기말 디스토피아 분위기를 자아냈다. 나는 소방관들의 절단기에서 튀어 오르는 불꽃이 사방으로 흩날리는 가운데 터널을 기어서 현장으로 들어갔다. 학생들은 울부짖고 흐느끼는 연기를 포상휴가를 받아 마땅할 만큼 훌륭하게 해냈다. 엄청난 시간과 노력이 투입된 훈련장은 위험하고, 혼란스럽고, 폐쇄적인 분위기를 완벽하게 연출했다. 도시 탐색 및 구조 팀은 서로에게 큰 소리로 합의된 비상 용어들을 외쳐댔다.●● 뭔가에 찔린 마네킹들이 수북이 쌓였다. 부러진 가짜 수도관에서 물이 쏟아져 나왔다. '평가위원'들은 한군데 모여서 브리핑을 하고 휴대폰에 평가용 앱을 내려 받으려 했지만, 와이파이 신호가 잘 잡히지 않아서 답답해했다.

훈련 주최 측에서는 수천명에 이르는 '참가자'의 복지에 대해

● 홍수와 팬데믹 등 인간의 대응 능력을 시험하는 시뮬레이션보다는, 테러나 항공 재해 같은 시나리오에 더 큰 관심과 자금 지원이 주어지는 경향이 있다.

●● 사건 현장에서 긴급대응 서비스 간의 통합을 강화하기 위해 긴급대응 서비스 공동 운영 프로그램(JESIP, Joint Emergency Services Interoperability Programme)이라는 접근법이 도입되었다. 7·7 런던 폭탄 테러에서 드러난 협력 부족 문제의 해결책으로 도입된 이 프로그램은 최근 여러 사건에서 다시 한계를 드러내면서 현재 재검토 중이다.

최소한의 고려조차 하지 않았다. 우리는 추위와 배고픔에 시달렸다. 그 주 내내 비가 내리고 있었다. 간이 화장실은 형편없이 부족했으며 그 자체로 인도적 재앙이라 할 만한 상태였다. 하지만 그건 중요하지 않았다. 우리도 중요한 존재가 아니었다. 중요한 건 단 하나, 카메라에 잘 촬영되는 것이었다. 이번 훈련은 전적으로 '보여주기'를 위한 것이었다.

영국 정부가 재난 계획에 대해 보이는 태도와 행동은 과거로 회귀한 것 같았다. 2000년대 중반의 동료애와 포용성은 온데간데없이 사라졌다. 현장에는 거구의 소방관들과 공격적인 경찰들이 득실거렸으며 그들은 훈련을 정교히 검토하고자 하는 평상복 차림의 여성에게 시간을 내줄 생각이 없었다. 내 임무는 '대규모 사망자 작업 흐름'에 대해 내가 관찰한 내용을 아주 간단하게 요약해서 앱을 통해 업로드하는 것이었다. 두명의 신생아를 포함해 300명 이상의 남녀노소가 사망하고 1,000명 이상이 신체적·정신적으로 부상당한 사건이 이제 트위터에 올리는 글보다도 더 짧은 '관찰' 문장으로 압축되어야 했다(트위터(현재 엑스^X) 글자 수는 140자로 제한되어 있다―옮긴이). 우리가 업로드한 '관찰' 내용은 대형 스크린에 실시간으로 표시되었고, 마치 속보처럼 계속 흘러가기만 했다. 그 안에 뉘앙스나 세부 사항이 들어갈 공간은 없었다.

그때 나는 '앱'을 다운로드하려고 시도하고 실패하기를 대략 쉰번째 반복하면서 녹슬고 비에 젖은 철제 계단을 올라갔다. "빨리 좀 올라가요, 빨리!" 런던 소방대의 한 고위급 지휘관이 짜증을 내며 다가왔다. 내 전화기 위로 침과 입 냄새가 동시에 쏟아졌다. "가방끈 긴 것들이란." 그가 웅얼거리며 내 앞을 지나쳤다.

앱이 잘 작동하지 않아서 신경이 곤두섰지만, 사실 내 마음을 괴롭히는 문제는 따로 있었다. 지난 8주 동안 생리가 없었다. 스트레스와 바쁜 일 때문일 거라고 핑계를 대며 한동안 애써 부정하다가, 결국 며칠 전 켄트의 한 늦은 밤 주유소에서 임신 테스트기를 샀고, 나와 톰 사이에 예기치 않게 아기가 생겼다는 사실을 알게 되었다. 의사들은 아기가 또 생기면 내가 죽을 수도 있다고 경고했었다. 임신 테스트기의 파란 줄은 내게 행복하고 들뜬 기분과 동시에 슬픔과 두려움을 안겨주었다.

나는 머릿속에서 어지러운 생각을 떨쳐내고 강철, 진흙, 고함 소리가 가득한 훈련에 집중하려고 애썼다. 지난 여러해 동안 이 업계에 나보다 먼저 들어온 여성 경찰, 소방대원, 응급구조요원들에게 배운 사실이 있었다. 직장에서 여성스러운 모습을 보여선 안 된다. 구토가 일면, 아무도 보지 않게 덤불 속에서 몰래 토해야 한다. 수년간 난임 치료나 화학 요법을 진행하면서 상사 몇 사람을 제외하곤 그 사실을 감쪽같이 숨긴 형사들로부터 배운 지혜였다.

이번 훈련의 주요 목적 하나는 8개국의 재난 피해자 신원 확인 팀을 한자리에 모으는 일이었다. 그들은 대기 구역에 국가별로 따로 모여 서서 다른 국가의 팀들을 의심에 찬 눈초리로 바라보았다.

대부분의 팀들은 들뜨고 흥분한 모습이었다. 헝가리어와 독일어로 근황을 나누는 대화들과 하이파이브가 한동안 이어졌다. 프랑스 팀이 내 시선을 끌었다. 그들이 입은 매우 세련되었고 근사한 검은색 봄버재킷의 등에는 'Police Identification de Victimes'(경찰 희생자 신원 확인 팀—옮긴이)라는 문구가 새겨져 있었다. 내 눈에 여자들은 배우 로런 바콜처럼 품위가 있었고, 남자들은 지방시 광고에서 튀어나온 것처럼 보였다. 다들 구면이었다. 평소에 그들은 대단히 자신감 넘치고 당당한 사람들이었지만, 지금은 시선을 내리깔고 있었으며 지친 기색이 역력했다. 사흘 내내 그들은 다른 국가 사람들과 거의 교류하지 않았다.

그 연유인즉, 그들은 영국으로 건너오기 직전에 파리의 바타클랑 극장 테러 사건에 투입되었다.● 그 사실이 숨길 수 없이 티가 났다. 나는 바타클랑 극장에 최초로 도착한 대응 팀이 현장에 들어가면서 '휘청였다'는 이야기를 들었다. 그들이 말한 '휘청임'은 비유적이거나 감정적인 의미가 아니었다. 말 그대로 죽어가는 사람들이 그들의 바짓가랑이에 매달렸던 것이다. 나는 프랑스 팀을 향해 연대의 뜻으로 미소를 지어 보였고, 그들은 내가 재킷을 입은 그들의 모습을 사진으로 찍게 해주었다. 우리가 비 내리는 켄트에서 나란히 서 있었던 그날부터 15주 뒤, 프랑스 팀은 다시 똑같은 재킷을 입고 또다른 테러 대응을 위해 니스로 향할 터였다.

훈련이 이루어진 발전소는 넓었지만 훈련 계획에서는 그 광활한 장소 어디에도 대규모 사망자 조정 그룹 회의가 열릴 공간을 따로 배정하지 않았다. 사망자를 관리하는 임무를 맡은 주요 인

● 2015년 11월 13일 저녁, 이슬람 극단주의와 관련된 테러범들이 파리의 한 콘서트홀에서 총격과 폭탄 테러를 감행하여 90명이 사망하고 다수가 부상을 입었다. 인근 경기장·식당·바에서도 추가로 40명이 사망했다.

물들이 모일 중심지가 정해지지 않은 것이다. 급히 공간을 물색하는 동안 회의는 지연되었고, 한 성격 하는 검시관은 상황에 불만을 토로했다. 첫 단추를 잘못 끼우자, 훈련 내내 분위기가 좋지 않았다. 다른 팀들이 검시관에게 필요한 정보를 업데이트하는 것을 잊어서 검시관은 한층 기분이 상했다. 런던 소방서의 훈련 책임자가 앱에 '관찰' 내용을 주기적으로 업데이트하라고 또 한번 꾸중을 하러 왔다가 배고프고 불편한 검시관의 신경을 건드린 대가를 톡톡히 치르는 일도 있었다. 검시관의 인내심을 바닥으로 끌어내린 마지막 사건은 이동식 화장실의 처참한 상태로 인해 벌어졌다. 그녀가 소변을 보고 있는데, 사람들이 고장 난 화장실 문을 열고 들어온 것이다.

  이번 훈련에서는 안치소에서 사망자 확인 정보를 가능한 한 빨리 제공하는 새로운 방법들을 시험했다. 소셜 미디어가 등장한 뒤로, 우리가 죽은 사람들의 이름을 알리는 속도가 충분히 빠르지 못하다는 평가를 받고 있다.● 갈수록 많은 유가족이 고인의 사망 소식을 소셜 미디어에서 알게 되며, 그 점에 대해 경찰에 공식적으로 불만을 제기하고 있다. 우리가 현장에서 시신을 안치소의 냉장 구역으로 옮기는 동안 지역 언론과 페이스북은 이미 '사망했을 가능성이 있는' 사람들의 사진 콜라주를 만들고 있다. 구글 사람 찾기나 '친구 찾기' 같은 전화 앱 덕분에 이제 누구나 재난

● 요즘은 많은 언론이 지역과 소셜 미디어에서 떠도는 소문을 사실처럼 보도하는 경향이 있다. 경찰은 속도 경쟁에서 뒤처지므로, 유가족들이 언론을 통해 고인의 사고 소식을 접하는 일이 흔해졌다.

수사관 노릇을 할 수 있다.●

　비상계획관들 중 누가 실제로 재난 현장에서 죽음을 목격해봤고 누가 단순히 죽음에 대해 듣기만 했는지, 나는 딱 보면 안다. 두 집단에는 고등학교 2학년 때 이미 성에 빠삭했던 친구들과 매디슨 부인의 소책자로만 성을 배운 친구들처럼 크나큰 차이가 있다. 아주 노련한 재난대응요원들, 케니언의 내 멘토들 같은 사람들은 아마 1만구 이상의 시신을 수습해봤을 것이다. 그러므로 그들은 현실적이고 실행 가능한 최선의 계획을 세운다. 반면 어떤 대규모 사망자 대응 계획이 위험하고 실행 불가능하며 트라우마를 유발할 소지가 있어 보인다면 십중팔구는 미경험자가 작성한 것이다. 재난 안치소는커녕 장례식장조차 가본 적 없는, 내무부에 6개월 단기로 배치된 엘리트 신입 공무원들이 재난 대응 계획을 세우는 경우도 있다. 이런 사람들은 절차를 억지로 무리하게 단축시키려 노력한다. 해부 병리 기술자들의 복지나 휴식 공간을 무시한다. 클로그 100켤레와 웰링턴부츠 100켤레를 보관할 공간을 고려하는 일도 없다.●● 이들은 재난이 어떤 식으로 운명을 가

● 이제는 스마트폰을 통해 가족이 사고나 사건에 연루되었다는 사실을 처음으로 알게 되는 사례가 많아졌다. 이는 사망이나 신원을 확인하는 수단이 될 수는 없지만, 사건 발생을 알리는 첫번째 신호가 될 수는 있다. 일찍이 널리 알려진 사례 하나는 2012년 밥 와이스가 아이폰 앱을 사용해 딸 베로니카의 위치를 찾으려 했던 일이다. 그는 딸이 다니는 대학에서 총격 사건이 발생했다는 소식을 듣고 앱의 위치 추적 기능을 사용했는데, 딸의 위치가 세 군데의 범죄 현장 중 한곳으로 표시되었다. 이제 이러한 현상은 주요 사건과 범죄에서 흔하다. 가족들이 앱을 사용해 흉기 사건이나 교통사고 현장으로 경찰보다 먼저 달려가는 일이 늘고 있다.

●● 최근에 장비를 주문하는 과정에서 '클로그'(clogs) 신발을 잘못 알아듣고 '시계'(clocks)

지고 장난치는지 모른다. 그들이 알지 못하는 믿기 힘든 우연들을, 나는 모든 재난에서 목도했다. 예를 들어 같은 비행기의 다른 좌석에 앉아 있던 서로 모르는 두 사람이 이름과 중간 이름, 성, 생년월일까지 완벽하게 일치하는 경우가 있었다. 같은 기차에 탄 서로 모르는 두 사람이 똑같이 목에서 엉덩이까지 호랑이와 용이 싸우는 문신을 지닌 적도 있었다. 한 사람의 어머니가 생전 정보 양식을 작성하면서 특이한 문신이 있다고, '그 문신만 확인하면 우리 아들을 찾을 수 있다'고 말한다. 하지만 실제로는 그렇지 않다. 철저하게 확인하지 않으면, 재난에서는 이런 불가능해 보이는 우연들이 실제로 자주 발생한다는 사실을 모르면, 그게 재난 희생자 신원 확인이 필요한 이유라는 걸 모르면, 어쩌면 당신은 아들을 기다리는 어머니에게 13D 좌석에 앉아 있던 완전히 엉뚱한 사람의 시신을 보내게 될지도 모른다.

신참 비상계획관들은 아무리 세련된 최첨단 기술을 동원하더라도 안치소에서 오류가 발생할 가능성이 크다는 사실을 종종 간과한다. 서류 더미가 쓰러지거나, 샘플에 잘못된 라벨이 붙거나, 앱이 로딩되지 않는 등의 사소한 실수들이 치명적인 결과를 낳을 수 있다. 통합 대응 훈련의 안치소에서는 휴대용 화이트보드 몇 개에 과하게 의존하는 결정적 실수를 저질렀다. 가슴, 엉덩이, 팔이 무심코 스치기만 해도 안치소 내에서 시신이 놓인 위치와 같은 중요한 정보가 지워졌다.

100개를 주문한 사례가 있었다.

런던 소방청에서는 통합 대응 훈련 현장에 신식 마네킹을 몇개 배치하고 싶어했다. 그중에는 만삭의 태아를 탈착할 수 있는 임신부 마네킹 두개도 포함되어 있었다. 시나리오에 따르면, 두 여성은 임신 말기였고, 충격으로 인해 조산을 했으며, 아기들은 사망했으나 어머니들은 살아남았다. 영국 법은 여성의 낙태권을 보호하기 위해 태아의 '권리'(혹은 그 부재)에 대해 엄격하고 명확한 태도를 취한다. 형법상으로 태아는 어머니와 독립적으로 살아 숨 쉬어야만 별도의 인격체로 인정받는다. 아기를 사건의 '희생자'로 간주할 수 있는지, 사망자 수에 포함시킬 수 있는지, 별도의 사망 심사를 받을 권리가 있는지 여부는 모두 어머니의 몸에서 갓 태어난 아기를 인격체로 볼 것인지 여부에 달려 있다. 검시관은 사안에 신중하게 접근하려 했으나 그녀를 제외하면 이 문제를 심각하게 고려해보았거나 답할 준비가 된 사람은 없었다. 소방청의 경우, 단순히 새로운 마네킹을 시험해보고 싶었을 뿐이었다. 설상가상으로 이 문제가 불거진 순간 대응요원들은 가짜 신생아 마네킹 두개가 실종되었다는 사실을 깨달았다. 시신 보관 구역 어딘가에서 사라진 것이었다. 이 예상치 못한 전개가 너무나 현실적이고, 끔찍하며, 실제로도 충분히 일어날 법한 일이라는 점이야말로 아이러니했다.

실시간 '관찰' 게시판에 올라온 대규모 사망자 조정 그룹에 관한 단문 메시지는 대부분 시나리오에 비해 진행이 심하게 지연되고 있다는 내용이었다. 검시관이 빨리 본래 업무로 복귀하여 회의를 주재해야 한다는 메시지, 실종된 아기 마네킹에 그만 집착하라는 메시지도 있었다. 나는 메시지를 전달하라는 지시를 받고 더럽고 축축한 현장을 가로질러 검시관을 찾아 나섰다. 마치 사형장으로 걸어가는 기분이었다. 걸어가는 도중에 나는 몇번이나 거친 콘크리트 벽을 붙잡고 허리를 숙인 채 고통을 견뎠다. 그리고 마침내 검시관 앞에 선 순간, 그녀가 내게 웅얼거리지 말라며 호통 치는 걸 듣다가, 내가 추위를 이기려고 청바지 속에 껴입은 타이츠가 피로 젖기 시작했다는 걸 깨달았다.

   나는 검시관에게 횡설수설해서 죄송하다며 사과하고, 비틀거리는 걸음으로 회의실을 나와 이동식 화장실로 들어갔다. 유일하게 비어 있던 칸의 부서진 문고리를 간신히 붙잡아 문을 닫고 진흙과 오물로 뒤덮인 바닥을 내려다보았다. 바로 그곳에서, 나의 마지막 타이탄이 세상에 나왔다.

ue # 14장

또 한마리 비둘기

새로 만들어진 링컨대학의 연구실들은 최첨단이었고 아주 번쩍거렸다. 나는 그곳에서 재난 법의학 및 법률 분야 선임 강사로 일하고 있었다. 연구실에는 배달된 물품을 수령하는 담당자가 있었는데, 그녀의 일은 폭발물 학자들에게 배달되는 화학물질, 생물학자들에게 배달되는 개구리와 딱정벌레, 법의학 교수들에게 배달되는 3D 프린팅 플라스틱 해골과 합성 혈액을 받는 것이었다. 매일 아침 나는 그녀와 내게 어떤 배송물이 도착할지에 관해 농담을 주고받았다. 알파카, 평생 사용할 수 있는 캐드버리 크림 에그, 크리스 헴스워스 등이 우리 입에 올랐다. 어느 봄날 아침, 우리의 농담은 현실이 되었다. 개목걸이처럼 생긴 물건을 목에 두른 검은 셔츠 차림의 실제 사제 서른다섯명이 루시 이스트호프 앞으로 배달된 것이다.

2017년 봄, 잉글랜드 국교회의 최고위 성직자인 캔터베리 대주교의 자문단은 나와 벌써 1년이 넘는 기간 동안 회의를 이어나가고 있었다. 우리의 인연은 내가 진행하는 재난 희생자 신원 확인 훈련에 지역사회에서 경찰과 함께 일하는 몇몇 성직자가 참석한 것을 계기로 시작되었다. 이야기를 들은 교회 지도부에서 재난에 대비하고 싶다는 의사를 전해 왔다. 잉글랜드 국교회의 일부 주교들은 종교적 역할뿐 아니라 헌정적 역할도 수행한다. 그들은 상원에 의석이 있어서 사회의 최신 이슈들에 대해 어떤 입장을 취할지 생각해야 하며, 상원의 다른 구성원들과 마찬가지로 법안을 면밀히 검토하고 독립적인 목소리를 내고 있다. 그들은 우리 사회가 맞닥뜨릴 수 있는 상황들에 대해 더 자세히 알기를 원했다.

성직자답게 그들은 안치된 유해와 정리된 무덤이 사회에서 수행하는 역할을 잘 이해했다. 우리는 회의에서 유해의 DNA 검사를 지속하는 것의 윤리, 9·11 이후 먼지가 대응요원들에게 가한 고문, 캐나다 퀘벡주 라크메강티크과 몬트리올 연구소에서 찾아낸 중간 지대에 대해 폭넓은 대화를 이어나갔다. 재난 복구의 특정 측면, 특히 유해를 수습하고 보호하고 검사하여 돌려주는 방법에 대해서도 열띤 토의가 벌어졌다. 사제들은 재난 상황에서 진행되는 DNA 검사를 비롯한 과학적 신원 확인이 상원에서 단골로 다루어지는 장기 기증이나 인간 생식 및 배아에 관한 논쟁 못지않게 큰 이슈가 될 수 있음을 인지하고 있었다.

회의가 끝날 무렵 의장이 말했다. "처음 루시가 우리를 찾아왔을 때 생각했던 것보다 훨씬 더 큰 사안이라는 깨달음이 드는군요." 그러곤 마치 로빈 후드 이야기나 헨리 8세를 다룬 영화에 나올 법한 대사를 덧붙였다. "주교들에게 알려야 합니다."

우리는 힘을 모아 재난 희생자 신원 확인에 대한 광범위한 논의를 시작하기로 결정했다. 구체적으로는 유가족과 사망자에 대한 돌봄이 지역사회의 장기적 회복과 어떻게 연결되는지에 주목하고자 했다. 영국 국교회의 정책 팀은 유해 복구 및 신원 확인의 법의학적 측면에 특히 큰 관심을 보였다.

나는 하루 날을 잡고 사제·과학자·경찰·검시관들을 한자리에 모아 심도 있는 논의를 진행할 계획을 세웠다. 이것이 2000년대 초반에 지진해일과 클라크 경 보고서가 촉진했던 변화처럼 새로운 전환점이 되어주기를 바랐다. 자금을 조달하고 신규 교육 프로그램을 개발할 아이디어도 구상했다. 더 창의적이고 더 예측 불가능한 접근법이 필요했다. 어쩌면 던디대학의 재난 희생자 신원 확인 과정이 다시 시작될 수도 있지 않을까? 신원 확인의 과학적 측면뿐만 아니라 그 과정을 유가족들에게 설명하는 데 따르는 모든 어려움까지 대비할 수 있도록, 경찰과 법의인류학자들이 공동으로 훈련을 받는다면 얼마나 좋을까?

우리는 영국 국교회 본부인 처치 하우스에서 모이기로 되어 있었다. 웨스트민스터에 있는 내각부 건물 근처였다. 회의 날짜는 2017년 6월 13일로 정해졌다.

하루하루 그날을 기다리며 나는 어느 때보다도 긴장했다. 지난 20년간의 커리어 내내 이 순간을 향해 달려온 것 같다는 기분이 들었다. 돌이켜보면 나는 몸 상태가 좋지 않았지만 그 사실을 일부러 무시하고 있었다. 주말 동안 아일랜드를 방문하여 어릴 적 친구의 결혼식을 기쁘게 축하하고 돌아오는 길이었다. 그런데 귀국하는 비행기 안에서 극심한 메스꺼움이 일었다. 단순한 멀미라고 생각했지만, 어쩌면 더 심각한 문제가 있는 것은 아닐까 하는 불길한 예감이 들었다. 하지만 그 문제가 무엇인지 신경 쓸 여유는 없었다.

나는 내가 그동안 목격한 모든 재난에서 배운 교훈을 30분짜리 개회 발표문에 압축해 넣으려 애쓰고 있었다. 입안이 바짝 말랐다. 나는 청중에게 구체적인 하나의 재난 시나리오를 제시할 생각이었다. 내가 가장 두려워하는 상황들을 한데 모아놓은 이 시나리오를 통해, 재난에 단단히 대비해야 한다고 설득하고 싶었다. 내가 구상한 시나리오에서는 여러 요소가 복합적으로 작용했고, 그 요소들 하나하나가 복구 작업을 열배씩 어렵게 만들었다.

이 시나리오에서 가옥들은 파괴되고, 사람들의 '자아의 가구'도 함께 사라진다. 어떤 유류품은 완전히 못 쓰게 된다. 생전 정보를 수집하는 데 필수적인 칫솔이나 여권 같은 물건들도 사라진다. 손상된 유류품의 일부는 특별히 고용된 계약업체가 몇달에 걸쳐 선별한 후, 내가 케니언에서 구매했던 것과 같은 갈색 상자에 담아 유가족에게 반환한다.

재난 시나리오의 배경은 고층 주거 건물이었다. 지역 당국과 건축 규제 기관의 조치, 가스 안전 승인 등에 대한 우려가 제기될 것이다. 건물의 거주자들은 다양한 배경을 가진 사람들로 설정했다. 이번 훈련에서 나는 우리가 지금껏 만들어온 시나리오와 훈련이 지나치게 편협한 유형의 백인 영국인 희생자를 상정하여 설계되었다는 점을 강조하고 싶었다. 즉 우리가 그려온 희생자는 스미스나 필립스 같은 성을 가졌으며, 번역 없이 모든 서류를 이해할 수 있고, 장례 절차에 관해서는 영국 국교회 신앙을 어렴풋이 반영하는 정도면 충분하다고 여기는 유가족을 가진 사람의 틀에서 벗어나지 못하고 있었다. 가끔 시나리오 속 가짜 서류에 알리 같은 이름들이 등장할 때도 있었지만, 희생자들의 신앙·종교·문화가 실질적으로 재난 대응 방식에 어떤 영향을 미칠지에 대한 깊은 고민이 이뤄진 적은 없었다. 나는 이 시나리오를 통해 정말로 잘 훈련된 가족 연락 담당 경관의 배치가 필요하며, 가능하다면 재난 희생자 신원 확인 교육을 받은 통역사들을 신속하게 투입할 수 있어야 한다고 주장하고자 했다.●

이 시나리오에는 아주 중요한 요소가 하나 더 남아 있었다. 인명 피해, 화재, 그리고 상당한 '법의학적 불확실성'에 대해 생각해야 했다. 화재가 발생했으므로 유해는 화장되어 재밖에 남지 않을 것이다. DNA 확인은 그야말로 난관일 것이다. 조직 샘플에 접근하기 어렵고, 생물학적 친족 관계가 명확하지 않으며, 신원 확인 과정이 오래 걸리고 지연되는 상황이 예상되었다. 인신매매와 현대판 노예제가 늘어난 상황에서, 고층 건물 안에 있던 모든 사람의 신원을 파악하지 못하리란 건 기정사실이었다. 실종되었거나 신원이 숨겨진 사람들이 희생되었을 가능성도 있었다. 바로 이 지점에서 나는 아주 큰 변화가 필요하다고 주장하고 싶었다.

● 2016년 버밍엄의 한 금속 재활용 공장에서 가나 출신 남성 다섯명이 벽 붕괴 사고로 압사했다. 사건을 담당했던 지역 경찰의 보고서에는 유가족과의 소통에서 어려움을 겪었다는 점이 여러차례 언급됐는데, 특히 next of kin(가장 가까운 친족)이나 ante-mortem(생전 정보) 같은 영어 및 라틴어 용어를 번역하기가 어려웠다.

국가 인류학 팀의 작업을 지원하고, 자원과 보호를 제공해야 한다. 또한 결정적으로, 유해에 대한 DNA 검사를 얼마나 장기간 계속해야 하는지에 대한 명확한 지침이 마련되어야 한다.

그러나 내가 이 회의에 품었던 기대는 시작하기도 전에 무너졌다. 방에 있던 고위 형사들은 자신들이 논의의 주도자가 아니라 단순 참가자라는 사실에 혼란을 느꼈던 것 같다. 그들은 그런 환경에 통 익숙하지 못했다. 벽에 찬송가가 새겨진 교육실이 그들에겐 안전지대가 아니었다. 의자에 앉은 자세가 영 불편해 보였다. 늦게 도착한 한 직급 높은 참가자는 점점 폭을 넓히고 있던 DNA 관련 논의가 불필요하다고 일축하며, 앨더 헤이 스캔들 후에 설립된 인체조직 관리청과 전부 처리 중이라고 잘라 말했다. "실례합니다만, 선생님." 내가 반박했다. "사실 제가 인체조직 관리청 서한을 받았습니다. 이 문제에 입법 공백이 있다면서 공식적인 입장을 원하더군요." 그 시점부터 회의의 분위기가 급격히 가라앉았다.

내가 제시한 시나리오에서 청중에게 가장 심한 분노를 유발한 부분은 마지막 요소였다. 모든 국가 지침은 재난 후 지역 기관들과 지역사회가 공통된 하나의 적에 맞서 협력하는 것을 전제로 했다. 재난 후 '회복'을 담당하는 것은 대개 지자체였다. 하지만 나는 여기에 의문을 제기했다. 만일 지자체에 재난을 일으킨 책임이 있다면 어떨까? 그러면 어떻게 될까? 그럴 경우, 유가족들과 대규모 공동묘지를 관리할 도덕적 권위와 기술적 정당성은 누구에게 있을까? 나는 힐스버러 참사로 여러 세대에 걸쳐 상처를 입은 리버풀 사람들 이야기를 언급했다.

"힐스버러 참사가 다시 일어날 리는 없습니다. 환상에 대해 계획할 수는 없죠." 청중 한 사람이 말했다.

내 편을 들어주는 사람들도 있었다. 사망자 시신 관리를 전문으로 하는 인권 변호사는 닫힌 문 뒤에서 이루어지는 권위주의적 의사 결정이 문제라며 열변을 토했다. 과학자들은 자원 부족과 법의학 연구소 민영화가 불러올 영향에 대해 이야기했다. 나를 가장 놀라게 한 사람은 나의 쾌활한 라이벌인 재난 희생자 신원 확인 수사관 데이브였다. 나는 MH17 항공기 추락 사건에서 그와 함께 작업했었다. 22일 전 맨체스터 아레나에서 발생한 콘서트 자살 폭탄 테러 대응 팀에 배치되었던 그가 가까스로 일정을 쪼개서 회의에 와준 것 자체가 감동이었다. 회의 며칠 전, 우리는 맨체스터 아레나 사건과 관련된 개인 소지품 계약 초안을 작성하느라 밤늦게까지 여러차례 통화를 했다. 사람들이 도망치면서 잃어버린 핸드백, 체리 향 립밤, 수많은 신발들을 어떻게 할지 의논해야 했다.

"살펴봐야 할 게 있어서 왔습니다." 데이브가 도전적인 투로 말했다. 나는 감사 표시로 살짝 미소를 지었다.

루시나 해크먼도 그 자리에 있었다. 던디대학에서 태아 뼈 컬렉션의 큐레이터로 일하는 그녀는 화재 및 폭발 현장의 유해 회수에 관한 영국 최고 권위자였다. 그날 오후 루시나는 가정집에서 발생한 고온 화재 현장에서 유해를 보호하고 분류하는 방법에 관해 인상적인 발표를 했다. 그녀의 논지는 우리가 폭발에만 지나치게 집중하고 있다는 것이었다. 새로운 경찰 프로토콜에서는 인체 조직과 자살 폭탄 테러에서 발생하는 이른바 '핑크 미스트'〔인체가 폭발하면서 피가 안개처럼 흩뿌려지는 현상—옮긴이〕에 초점을 맞추었다. 그러나 루시나는 재난에서 화재가 시신에 어떤 작용을 하는지에 관해 생각하지 않으면 안 된다고 주장했다. 화재에서는 시신 자체가 가속제, 즉 연료가 된다. 최고 온도에서는 사람의 뼈가 초벌 도자기처럼 변하고, 아무리 조심스럽게 다룬다 해도 아주 작은 압력만으로도 고운 재가 되어버린다. 루시나는 고전적인 고고학 기법을 사용하면 끊임없는 검사를 하거나 유해를 손상시키는 일 없이도 DNA 검사만큼이나 확실한 신원 확인을 해낼 수 있다는 점을 보여주었다.● 그녀가 설명한 기법 중 대부분은 격자, 캘리퍼, 작은 붓을 사용하는 매우 섬세한 고고학 발굴에서 사용되는 기법과 거의 동일했다. 그녀는 응급 구조 요원들에게 자원, 공간, 자율성이 필요하며, 무엇보다 중요한 것은 그들에게 충분한 시간을 주는 것이라는 점을 강조하고자 했다.

회의가 내가 희망했던 만큼 수월하게 진행되진 않았지만, 그날 일정을 마치면서 우리는 앞으로 실행해야 할 안건들을 정리할 수 있었다. 그리고 이번 회의에서 다룬 시나리오를 여름에 하원에서 열리기로 되어 있는 후속 회의에서 다시 발표하기로 합의했다. 하지만 결국 후속 회의는 열리지 않았다.

● DNA 검사를 위해 필요한 샘플을 얻으려면 뼈와 치아를 분쇄해야 하며, 이 과정에서 유해가 소실될 수 있다. 신원 확인은 가능하더라도 실제로 장례를 치를 수 있는 유해가 남지 않을 가능성이 있는 것이다.

그날 일정이 끝날 무렵, 화장실에 가서 거울을 보자 내 얼굴이 심슨 가족처럼 기이한 노란색을 띠고 있었다. 루시나가 내 옆에서 손을 씻다가 나를 보고 말했다. "병원에 가요, 루시. 지금 당장이요." 그녀는 법의학을 공부하기 전에 간호사로 일했었다.

제이가 집 근처 기차역으로 나를 데리러 왔다. 나는 그에게 집이 아니라 동네 병원의 응급실로 가달라고 부탁했다. 응급실에서는 으레 몇시간씩 대기하기 마련이다. 그러나 혈액 검사 결과가 나오자 나는 즉시 병상으로 안내받았.

첫번째 문자 메시지가 도착했을 때, 나는 응급실에서 깨어 있었다. 메시지는 한 문장뿐이었다. "봤어?"

런던 켄싱턴과 첼시에 걸친 왕립 자치구의 그렌펠타워 16번 아파트에서 화재가 일어났다. 고층 건물에는 총 129개 가구가 거주하고 있었다. 안전장치는 무엇 하나 작동하지 않았고, 화재 확산을 막기 위한 대비책들은 모조리 실패했다. 건물은 불에 타서 잿더미가 되었다.

그날 저녁, 나는 혼자 병원 침대에 앉아서 자그마한 TV 화면과 내 휴대폰을 번갈아 보면서 수술을 기다리고 있었다. 급성 췌장염 증상이 악화되는 와중에 나는 그렌펠타워에서 무슨 일이 일어나고 있는지 파악하려고 노력했다. 대규모 사망자 조정 그룹이 소집되었지만, 기묘하게도 모든 연락망이 조용했다. 영국 재난 희생자 신원 확인 팀은 어떤 연락도 받지 못했다. 화재는 가까스로 진압된 모양이었으나, 현장은 완전히 초토화되어 있었다. 최근에도 다른 고층 건물에서 화재가 일어난 적이 있었다. 그러나 이번 재난의 가장 큰 특징은 화재 확산을 막아줄 방법이 전무했다는 것이었다. 방송국 카메라가 타워 아래쪽을 비췄다. 탈진하고 충격을 받은 사람들 무리와, 실종된 가족을 필사적으로 찾는 사람들 인터뷰가 화면에서 흘러나왔다.

나는 잠옷 차림으로 병원 침상에 앉아서 동료들에게 황급히 이메일과 문자를 보냈다. 몇 사람은 한창 대응 중이었고, 루시나를 비롯한 몇 사람은 호출을 기다리고 있었다. 루시나의 임무는 불길이 모두 꺼지고 더이상 생존자가 나오지 않는 시점에 시작될 것이다. 한편 영국 재난 희생자 신원 확인 팀의 동료들은 초조해하고 있었다. 그들은 아무런 연락도 받지 못했다. 도움 요청도 없었다.

나는 병든 몸으로 신경이 잔뜩 곤두섰다. 이번 대응이 제대로 이루어지기를 간절히 바랐다. 런던 경찰청의 동료들, 법의학 전문가들, 다른 비상계획관들, 그리고 바로 전날 회의에 참석했던 사람들에게 문자를 보냈다. 우리가 그 시나리오를 이야기하면서 운명의 심기를 거스르기라도 한 걸까. 사제들이 나중에 내게 털어놓기를, 우리가 회의에서 이야기했던 내용과 실제 상황이 놀랄 만큼 유사해서 오랫동안 마음이 괴로웠다고 했다.

"자기도 좀 쉬어야죠." 간호조무사가 다른 환자들에게 음식을 가져다주면서 나에게 휴식을 권했다. 나는 금식 중이었다. 또다른 간호사는 핸드폰 충전기를 뽑아두라고 했다. "건강과 안전을 위해서예요. 화재 위험이 있잖아요."

마침내 친애하는 마이크 삼촌에게서 연락이 왔다. 이제 입을 좀 다물라고. 시원한 베개에 머리를 기대고, 회복하는 데 집중하라고. 급성 췌장염은 사람을 죽일 수 있는 병이라고. 직업상 그가 잘 아는 사실이었다. 나는 액체 모르핀을 한번 더 투약하고 병원의 공기 순환 매트리스에 몸을 기댔다. 그리고 아주 잠깐, 모든 것을 놓아버렸다.

* * *

그렌펠타워를 '하늘 위 불탄 성냥갑'[14]으로 바꿔놓은 화재는 어느 집 부엌의 냉장고 겸 냉동고에서, 혹은 그 주변에서 시작된 것으로 추정된다. 화재가 발생한 시각은 2017년 6월 14일 자정이 조금 지난 뒤였다. 그렌펠타워는 1970년대에 지하층과 1층, 지상 23층으로 지어졌으며 2012년부터 2016년까지 건물에서는 대대적인 보수 공사를 거쳤다. 건물의 안전 관리와 전반적 운영 방식은 아직까지도 진행 중인 공개 조사와, 아마 영국 역사상 최장 기간을 기록할 것으로 보이는 기업 소송 및 형사 조사에서 핵심 쟁점이 되고 있다. 보수 공사의 일환으로 건물 외벽에는 폼 단열재와 알루미늄 복합재가 덧씌워졌다. 지금은 이러한 종류의 자재들이 과거 여러 화재 사건에서 불길을 크게 확산시켰다는 사실이 밝혀졌다.[15] 화재 직후에 불길이 건물을 집어삼키고 아파트 내부가 연기로 가득 차는데도 주민들은 '그대로 있으라'는 지시를 받았다.

현장에서 처음 수습된 사망자들은 건물 내부에서 불에 타 죽은 사람들이 아니라, 건물에서 뛰어내리거나 추락한 사람들이었다. 이후 병원에서 사망한 사람이 두명 더 나왔다. 경찰과 소방대원들이 낮은 층에 진입하여 시신을 찾아냈지만, 많은 희생자들은 불탄 아파트 내부에서 신중한 작업을 거쳐 수습되어야 했다. 이 작업에만 총 14주가 걸렸다.

화재 당일 밤과 그후 며칠 동안 70명이 사망했고, 부상자도 70명 나왔다. 통합 대응 훈련에서 우리가 가정했던 암울한 시나리오를 연상시키는 사망자도 있었다. 임신 30주였던 한 여성이 아기를 잃었다. 지치고 다친 그녀의 아기는 공식 사망자 명단에 추가되었다.● 2018년 2월, 병원에서 사망한 또 한명의 여성이 사망자에 포함되면서 최종 희생자 수는 72명으로 집계되었다.

2017년 그렌펠 화재의 그날까지, 내게 익숙했던 재난 현장은 아래를 내려다보거나 안을 들여다보는 것이었다. 재난 현장은 대개 분화구처럼 움푹 파인 구멍, 항공기 기수가 파고든 깊은 협곡, 쌍둥이 타워 지하의 광활한 공간을 의미했다. 하지만 그렌펠타워에서는 현장을 보려면 고개를 들어야만 했다. 목을 한껏 뒤로 젖히고 몇걸음 뒤로 물러서야만 엄청나게 높은 건물 전체가 시야에

● 아기 로건 고메스는 출생 전에 사망했기 때문에, 그에 대한 공식적인 검시나 법적 절차를 진행하는 것은 불가능했다. 그러나 2018년 9월, 검시관은 로건의 죽음이 '사건 조사와 매우 중요한 관련이 있다'고 공식적으로 발표했다. 그렌펠 화재 사건을 담당한 검시관은 통합 대응 훈련의 검시관이었다.

들어왔다. 배경의 푸르른 하늘과 새까맣게 탄 건물이 극명한 대비를 이루고 있었다.

지역 보건 위원회 소속인 타라는 건물을 둘러싼 도로를 따라 걸어보고 싶다는 나의 요청에 마지못해 응했다. "얼른 가요! 오래 머물 순 없어요." 그녀가 도둑고양이처럼 은밀하게 속삭였다. 깊은 상처를 입은 지역사회 사람들이 현장을 철저히 보호하고 있었다. 내가 이 책을 쓰고 있는 지금 이 순간도, 그렌펠 참사 현장을 찾는 외부인들에게는 의심 어린 시선이 쏟아진다. 하지만 나는 먼저 이곳에 무엇이 남아 있고, 무엇이 사라졌는지를 내 눈으로 직접 보고 싶었다. 그리고 우뚝 버티고 선 재난 현장 아래에서 살아간다는 것이 어떤 기분일지 조금이나마 이해하고 싶었다.

내가 그렌펠타워를 방문한 날은 화재가 발생한 지 6주가 지난 시점이었다. 거리 모퉁이와 가로등 기둥에 동네 사람들이 손으로 쓴, 사진을 찍지 말라는 포스터들이 붙어 있었다. 재난 현장에서 그런 안내문을 보는 건 처음이었다. 런던 경찰청에서 나온 팀들이 건물 옆에 승강기를 설치하고 이미 유해 수습 작업을 진행 중이었다. 그들은 아파트 내부와 기타 공간들은 물론 쓰레기 투입구까지 샅샅이 뒤지고 있었다. 경찰관들은 투입구 안으로 플라스틱 병을 던져 안에 시신이 없다는 걸 확인시켰다. 화재가 발생한 그날 밤, 부모들이 아기와 어린아이들을 쓰레기 투입구로 내려 보내서 살리려 했다는 확인되지 않은 제보가 있었기 때문이었다.

나는 나중에 몇차례 더 현장을 방문했다. 시간이 흘러 여름이 지나고 가을에 접어들자, 주변 나무들이 푸른 잎을 바닥으로 떨구었고, 시커먼 토템 같은 타워의 모습은 더욱 선명해졌다. 아이들의 불안 역시 눈에 띄게 심해져 있었다. 교사들과 지역 정신건강 전문가들이 개중 큰 아이들에게 이유를 물으니, 동네 아이들이 밤에 커튼을 젖히고 타워 안에서 일하고 있는 경찰 팀들의 실루엣을 그림자 연극처럼 구경하고 있다는 대답이 돌아왔다. 긴 손전등은 뼈, 커다란 가방은 시신처럼 보였다. 아이들은 그렇게 매일 밤 지어낸 이야기를 나누며 자기들끼리 겁을 먹고 있었다. 바람이 불면 구조물이 삐걱거리며 휘파람 같은 소리를 냈다. 몇달이 지나도록 타워에서 날아온 짙은 검은 먼지가 주변의 집과 차를 뒤덮었고, 주민들은 극심한 고통을 받았다. "그게 어쩌면…… 인간의 재일 수도 있다고 생각하더군요." 가족들을 돕기 위해 파견된 사회복지사들이 경악한 표정으로 속삭였다.

나는 NHS와 정부가 구성한 재난 회복 그룹과 대응요원들의 청을 받아 그렌펠타워 참사 이후 개인 유류품, 주거 문제, 장기 전략을 비롯한 회복 과정의 여러 측면에 대해 조언을 하게 되었다. 나중에 알게 된 사실이지만, 나에게 연락이 닿기까지 지역의 대응요원들은 여러 사람을 거쳐야 했다고 한다. 정부 관계자들에게 어째서 내 연락처를 바로 알려주지 않았느냐고 묻자, 내가 연락이 되지 않았다는 어설픈 변명이 돌아왔다. 하지만 결국은 한 동료가 솔직하게 고백했다. "루시, 상황이 복잡해요. 이건 평소 루시가 담당해온 재난과 달라요. '더건 상황'이거든요." 더건 상황이란, 2011년에 런던 여러 지역에서 발생한 폭동을 일컫는 것이었다. 폭동의 발단은 젊은 흑인 남성 마크 더건$^{\text{Mark Duggan}}$이 경찰의 충격으로 사망한 것이었다. 동료는 그렌펠 지역사회가 '화약고' 같은 상태라고 말했다. 내게는 그 표현 자체가 잔인한 비유처럼 느껴졌다. 정부는 폭동이 일어날까봐, 그리고 이 '이질적인' 지역에서 통제력을 잃을까봐 두려워하고 있었다. 내 생각에 정부 측 사람들은 내가 그 불씨를 지필까봐 우려했던 것 같다.

런던 한가운데 위치한 노스 켄싱턴은 역사적으로 권력자들의 골치를 썩여온 용감무쌍한 지역이다. 세계에서 손꼽히는 대규모 축제인 노팅힐 카니발의 본거지인 만큼 활기차고 다양성이 넘치지만 삶의 질은 영국 내에서 가장 열악하다. 극심한 아동 빈곤, 낙후된 주거 환경, 낮은 고용율이 노스 켄싱턴의 현실을 여실히 보여준다. 그렌펠타워에서 불과 두 블록 거리에, 백만장자들이 모여 사는 주거지이자 가장 비싼 도심 주택들이 밀집한 사우스 켄싱턴이 있다. 관광객들은 켄싱턴 하이스트리트의 고급 상점들, 왕궁, 나이츠브리지, 자연사박물관을 구경하고자 이곳을 찾는다. 빈부격차는 영국 어디서나 쉽게 목격할 수 있지만, 바로 이웃 동네인 노스 켄싱턴과 사우스 켄싱턴의 격차는 숨 막힐 정도로 노골적이다.

그렌펠타워 화재는 정치적으로 대단히 민감한 시기에 일어났다. 브렉시트 국민투표 결과가 나온 지 거의 1주년이 되던 그때 영국 정치는 혼란의 소용돌이에 휘말려 있었다. 정부 입장에서 그렌펠타워는 거대하고, 눈에 띄며, 신경에 거슬리는 치욕이었다. 어떤 정부든지 정권하에서 재난이 발생하면 당황하기 마련이다. 정치적 위기와 불확실성이 만연한 상황이라면 재난에 대한 부담은 더욱 감당하기 어려운 수준이 된다. 자국민조차 보호할 수 없다는 인상으로 인해 정부가 전쟁을 수행하거나 새로운 글로벌 외교 시대를 열어가겠다는 주장이 금세 무색해진다. 그래서 정부는 그렌펠 화재를 축소하려 했다. 국제 사회에서 수색·구조 전문팀과 스캔 장비 등을 지원하겠다고 제안했으나 영국 정부에서는 모두 거절했다. 굳이 들여다볼 필요가 없다는 태도였다. 화재 직후, 런던 경찰청 역시 영국 재난 희생자 신원 확인 팀과 국가 인류학 대응 팀의 추가 지원 제안을 즉각 거절했다.

제일 처음에는 사망자 수가 200명을 훌쩍 넘는 것으로 추정되었다. 타워 주민 명단은 오래된 데다 불완전했으며, 방문객의 숫자까지 반영하는 건 불가능했다. 설상가상으로 화재가 발생한 날은 이슬람의 라마단 기간이었다. 따뜻했던 6월의 그날, 밤 10시가 다 되어서야 날이 저물었다. 이 때문에 많은 무슬림들이 함께 금식을 끝내고자 가족들을 방문했을 가능성이 우려되었다. 화재 후 몇주 동안, 실종자들의 전단이 가로등 기둥에 나붙고 지역 스포츠 센터 게시판을 빼곡히 채웠다. 희생자 대부분이 23개 가구에서 발견되었다. 사고 현장은 불안정한 건물의 여러층 곳곳에 퍼져 있었으며 위험천만했다. 불길은 심각한 파괴를 일으켰고, 희생자들의 연약한 유해는 한데 뒤쑤여 있기 일쑤였다. 심지어 11명의 시신이 서로 얽힌 상태로 발견되는 일도 있었다. 최종 사망자 명단에 근접한 것을 확정하는 데만도 몇달이 걸렸다.

'그렌펠 재난 복구'를 위한 '황금 사령부'가 런던 중심부의 한 사무용 건물에 설치되었다. 사령부에서 내려 보낸 보안 엘리베이터를 타면 사무실이 위치한 층에서 문이 열렸다. 지치고 피로한 나의 두 눈에 그곳은 2020년대에 발견할 수 있는 최악의 재난 대응 사례들을 한데 모아놓은 장소로 보였다. 컨설턴트들과 급하게 영입된 자문단이 바글거렸다. 사무실 주방의 냉장고에는 코카콜라 캔과 에너지 드링크가 채워져 있었다. 마치 TV 프로그램 「어프렌티스」 같은 분위기였다. 사람들은 온갖 아이디어를 경쟁적으로 제시하고 목적의식에 사로잡혀 바쁘게 돌아다녔지만, 진정한 '재난 행동'은 보이지 않았고 진심도 느껴지지 않았다. 과거 다른 재난 현장에서 함께했던 몇몇 동료의 얼굴에는 피로와 경계심이 덕지덕지 묻어 있었다.

하지만 번듯한 사무실에 초대받은 건 대응요원들뿐이었고 지역 주민들은 철저히 배제되었다. 주민들은 급히 마련되어 갓 칠한 페인트 냄새를 풍기는 지역 커뮤니티 센터로 보내졌다. 중앙정부는 미디어 인터뷰와 공개회의 등을 통해 노스 켄싱턴 지역사회에 몇가지 메시지를 반복적으로 전달했다. 이렇게 끔찍한 사건이 일어나서 매우, 정말로 매우 유감스럽다는 것. 재난과 대규모 사망 사고는 새로운 현상이며, 우리가 마지막으로 목격한 유사 사건은 1989년 힐스버러 참사였다는 것. 이번 사건이 전례 없는 일이자, 예측 불가능한 비극이었다는 것. 영국에는 이러한 유형의 사건을 대비한 명확한 계획이나 정책이 없다시피 했다는 것.

그렌펠타워 참사는 살아남은 주민들에게서 모든 것을 앗아갔다. 그들은 가족을 잃었고, 집을 잃었으며, 개인 소지품도 모두 잃었다. 아이들의 순수함을 잃었고, 때로는 제정신을 잃었다. 주민들은 국가에 대한 최후의 희미한 신뢰마저 잃었다. 그리고 애버팬의 사람들처럼 다시는 돌아갈 수 없는 곳에 대한 깊은 그리움을, '히라이스'를 가슴에 품고 살아가야 했다.

유가족과 생존자들은 옹호 및 지원 활동을 위해 그렌펠 유나이티드라는 단체를 결성했다. 그들은 끝없는 공청회와 각종 협의에 참석했다. 주택 정책, 기금 운용, 심지어 유가족이 앉을 의자의 종류에 대한 의견까지 묻는 회의가 줄지어 열렸다. 시의회가 임대해줄 사무 공간을 보러 다니는 일정도 반복되었다. 이러한 조치들 대부분은 선의에서 비롯된 것이었지만, 냉소적인 시각에서 보자면, 이로 인해 유가족과 생존자들은 그들에게 진정으로 필요한 투쟁을 준비할 시간을 빼앗긴 셈이었다.

사망자 신원 확인 과정에서는 심한 소통 문제가 불거졌다. 실종자 수를 고려하면, 재난 희생자 신원 확인 훈련을 받은 가족 연락 담당 경찰관이 400명쯤 필요했다. 그러나 실제 배치된 인원은 그에 한참 못 미쳤고, 이러한 인력 공백을 극복하는 건 불가능했다.● 지자체에서는 재난 이후 가족 지원과 신원 확인 절차에 경험이 전혀 없는 사회복지사들을 급히 동원해서 구멍을 메우기에 바빴다. 거의 모든 유가족의 모국어가 영어가 아니었음에도 재난 희생자 신원 확인 회의는 늘 영어로 진행되었다. 통역가가 동

● 이처럼 대형 재난이 발생할 경우, 계획상으로는 재난 희생자 신원 확인 훈련을 받은 가족 지원 담당 경찰관들이 다른 경찰서에서 파견되어야 한다. 그러나 파견을 요청했음에도 상호 지원은 이루어지지 않았다.

석했고 아랍어로 된 인터폴 양식이 제공되었지만, 추가적인 지원 자료나 용어 해설집은 없었으며 재난 대응에서 사용되는 전문 용어들 일부는 숙련된 통역가조차 이해하기 어려웠다. 그 결과 신원 확인 과정에서 무엇이 가능한지에 대한 오해와 혼란이 거듭 반복되었다.

사망자 명단을 확정하는 일은 시작부터 난항을 겪었다. 신원을 확인하는 데 반드시 필요한 생전 '증거물'이 거의 남아 있지 않았으며, 특히 고층에서는 심하게 손상된 유해의 조각밖에 수습할 수 없었다. 나는 현장에 법의인류학자가 충분히 배치되지 않은 것이 걱정되었다. 대부분의 현장 업무는 런던 메트로폴리탄 경찰이 담당했고, 사방 6밀리미터를 넘는 크기의 유해는 웨스트민스터 시신 안치소로 보내져서 계약직으로 고용된 법의인류학자 두 명에 의해 분석되었다. 그보다 작은 조각들은 그냥 봉투에 담겨 보관되었다.

2017년 여름 몇주 동안은 라크메강티크에서 채택했던 접근법을 향해 나아가고 있다는 희망이 보이는 듯했다. 라크메강티크에서는 9·11 테러에서 얻은 훌륭한 교훈들을 실용적인 방식으로 명확한 기한을 설정하여 적용했으며, 유가족이 방문할 수 있는 회복 공간도 마련했다.

나는 대규모 사망자 조정 그룹에 기꺼이 의견서를 제출했고, 세계 각국에서 수집한 DNA 관련 정책 문서와 유해 보존에 초점을 맞췄던 라크메강티크 재난의 법의학적 전략을 이메일로 전송했다.

영국 내무부에서는 내가 보낸 자료에 관심을 보이며 뉴욕 연구소 과학자들을 초청했다. 과학자들은 모든 유해가 제대로 수습되었음을 보장할 수 있는 특수 시설을 어떻게 설계할 것이며 어떤 요건들이 필요한지에 대해 조언했다. 나는 이런저런 발표와 후속 작업이 이어질 것을 기대했다. 법인류학 전략과 긴밀히 연결된 DNA 전략이 채택될 것 같았다. 하지만 과학자들은 이내 뉴욕으로 돌아갔으며 그들이 건의한 시설은 영영 건설되지 않았다.

결국 지역사회에서 신원 확인 지연에 대해 점점 큰 불만을 표하자 조사 팀에서는 부차적인 식별 방법을 사용하기 시작했다. CCTV로 화재 발생 전 일주일 동안 건물에 들어간 사람들과 건물에서 나온 사람들을 확인했고, 배달원들의 증언을 수집했다. 그렇게 지역사회 사람들이 힘을 모아 사망자 72명의 명단이 만들어졌다. 유가족, 종교 지도자, 지역 병원의 의사, 화재 전부터 주거 분쟁과 고문 피해자의 망명 신청에 도움을 주었던 노스 켄싱턴 법률 센터가 힘을 보탰다. 그후로 유해에 대해 추가적인 신원 확인 시도는 이루어지지 않았고, 재난 희생자 신원 확인 절차는 공식적으로 종료되었다.●

● 실종 신고가 공식적으로 접수되지 않은 희생자의 유해가 확인되지 않고 남겨지는 경우가 종종 있다. 뉴욕 연구소에서는 아직도 9·11 테러 희생자의 유해 일부를 보관 중이다. 경우에 따라 실종자 명단이나 생전 기록과 일치되지 않아 신원 확인이 불가한 온전한 시신도 존재한다. 내가 재난 희생자 신원 확인 업무를 처음 시작했을 때, 1987년 킹스크로스 화재 사건의 마지막 남성 희생자는 16년이 지나서야 알렉산더 팰런으로 신원이 확인되었다. 그는 사건 직후 실종 신고가 되지 않았고, 유해는 신원 미상 시신들의 무덤에 묻혔다. 런던 경찰청에서는 그의 신원을 밝히기 위해 갖가지 방법을 동원한 끝에 심지어 스페인의 영매에게까지 상담했다. 당시 과학자들은 그의 나이를 50~60세로 추정했지만, 실제로는 72세였다. 반면 신원 확인을 위해

하지만 사망자의 이름을 확인해줄 사람이 없다면 어쩐단 말인가? 그렌펠타워의 사망자 명단은 우리가 그 건물에 있었던 모든 사람을 알고 있을 경우에만 완전하다고 여겨질 수 있다. 만약 숨어 지내던 거주자들이 있었다면, 그들이 사망자로 집계되지 못했다면 어떨까? 단 한두명일지라도 가능한 이야기다. 살아 있을 때 기록되지 않은 사람들은, 죽으면 아무 흔적 없이 한줌의 먼지처럼 사라져버린다.

그렌펠 참사 1주년 추모식에서 유가족과 생존자들은 타워 아래에서 72마리의 비둘기를 날려 보냈다. 타워에서 목숨을 잃은 이들을 추모하는 의미였다. 그리고 그들은 마지막으로 '이름 없는 이'를 위한 비둘기 한마리를 더 날렸다. 지역사회에서는 이 사건을 기록할 때, 언제나 "최소 72명이 사망했다"라고 적는다. 그리고 웨스트웨이 터널과 타워 주변 가림막에는 공식 사망자 수에 의문을 표하는 낙서가 적혀 있다. "숫자 셀 줄 모르냐."

나는 지역사회 권익 보호 단체의 구성원들에게 비둘기를 한마리 더 날린 것의 의미를 여러차례 물어봤다. 처음에는 지역사회 사람들이 사망자 수를 의심하면서도 행동에 나서지 않은 이유를 이해할 수 없었다. 몇몇 지역 주민은 '협상을 받아들여야 한다고' 강요받은 느낌이었다고 말했다. 몇몇은 신원 미상자나 공식 기록에 없는 거주자에 대해 지나치게 의문을 제기하면 국가적 여론이 돌아설 거라는 분위기였다고 낮은 소리로 일러주었다. 그렌펠타

재구성한 얼굴은 매우 정확했던 것으로 평가받는다. 알렉산더 팰런은 사고 전까지 사회에서 고립된 삶을 살고 있었기에 실종 신고가 즉시 접수되지 않았다.

위가 불법 체류자들이 득실거리는 슬럼가로 낙인찍힐 수 있다는 두려움이 있었던 것이다. 하지만 그럼에도 지역 주민들은 조용한 방식으로 공식 사망자 수에 대한 불신을 표현하고 있다.

처음 우려했던 것과 같이 문화·인종·신앙과 관련된 문제는 잇달아 걸림돌이 되었다. 화재 당시의 경찰 신고 기록을 보면, 신고 접수 담당자들이 이슬람식 이름을 올바르게 받아 적기 어려워했던 기색이 역력하다. 희생자들은 아프가니스탄·이탈리아·레바논·시리아·수단·이집트·에리트레아 등 다양한 국가 출신이었고, 성인 희생자의 절반 이상이 1990년 이후에 영국에 도착했으며, 일부는 화재가 발생하기 불과 몇달 전에야 정착한 사람들이었다. 그러니 대부분의 유가족은 영국에서 일어난 이런 유형의 참사들에 갈등으로 얼룩진 긴 역사가 있다는 사실을 알지 못하는 입장이었고, 따라서 이번 사건이 전례 없는 일이라는 정부의 주장을 선뜻 받아들였다. 그들은 신원 확인 과정을 믿었다. 사랑하는 가족의 마지막 한조각까지 확인하기 위해 신원 확인 과정에서 최신 DNA 과학을 활용했다고 믿고 있었다. 자기 가족의 유해가 그렌펠타워의 잔해와 먼지 속에 남아 있을 가능성은 없다고 확신했다. 내가 참석한 여러 회의에서 이런 주장이 나왔고, 이는 유가족들에게 위안을 안겨주었다.

웨스트민스터 안치소에서는 큰 유해 몇개를 별도로 보관하고 있다고 밝힌 바 있었다. 하지만 앞으로 그 유해의 신원을 확인하고 안치할 명확한 계획은 없다. 그렇다면 옷감이나 카펫 조각, 희생자들의 죽음을 가속화한 외장재와 뒤섞여버린 6밀리미터 이하의 작은 뼛조각들은 어떻게 되었을까? 먼지와 유해들은 석면 폐기물 자루에 담겼다. 자루는 다시 세겹의 비닐에 싸여 선적용 컨테이너에 담겼고, 그 상태로 다중 충돌 사고에 연루된 대형 차량을 보관하는 경찰청 부지에 방치되었다. 표지도 기념물도, 어떠한 계획도 없는 상태로.

우리는 이런 먼지 자루에 어떤 의미를 부여하는가? 요새 내 꿈에 그 선적용 컨테이너가 나온다. 유해들은 서서히 서사에서 지워지고 있다. 유해 처리 과정이 말끔히 정리되고 신원 확인 작업이 확실하게 이루어졌다는 잘못된 믿음이 확산된 결과로 그렌펠 주민들은 회복으로 가는 길에 넘을 수 없는 장애물을 맞닥뜨리고 있다. 어떤 재난이 일어났을 때 희생자 수는 항상 실제보다 많거나 적게 파악되며, 공동체 내에서 그 숫자의 진실성에 대한 공방이 일어나는 건 하루이틀 일이 아니다.● 하지만 설령 숫자가 가능한 한 실제에 근접했다 하더라도, 나는 우리가 유해와 유가족들을 위해 충분한 조치를 취하지 않았다는 점이 걱정스럽다. 더 아이러니한 점은, 나는 원래 우리가 '지나치게 많은' 노력을 하게

● 최근 발생한 대규모 재난 사건들에서는 거의 모두 사망자 수에 대한 논란이 일었다. 예를 들어, 인도양 지진해일의 공식 사망자 수는 실제보다 훨씬 적게 발표된 것으로 보이며, 이는 (아마도 정치적 이유로) 불법 이주 노동자들의 사망이 집계되지 않았을 가능성이 있기 때문이다. 항공기 추락과 같은 경우에는 비교적 정확한 승객 명단이 존재하지만, 여전히 오류, 속임수, 혹은 추가적인 사망자가 있을 수 있다. 예를 들어, 화물칸에 송환을 위해 실어둔 관이 추가적으로 발견될 수도 있는 일이다. 1992년, 엘알 항공의 보잉 747 화물기가 네덜란드 암스테르담 베일머메어 지역 아파트 단지를 덮치는 사건이 발생했다. 이 사건에서 공식적인 사망자 수를 둘러싼 논란은 수년간 지속되었으며, 기록에 남지 않은 이민자들이 사망자 통계에서 누락되었을 가능성이 제기되었다.

될까봐 걱정하고 있었다는 것이다.

    시간이 지나면서 나는 그렌펠 참사와 관련해 더 많은 분야에서 자문을 요청받았다. 총리에게 그렌펠타워의 미래에 대해 조언하는 팀, 지역 보건 위원회, 현장에서 정신건강을 지원하는 단체들, 지자체인 켄싱턴 첼시 왕립구까지 내게 조언을 청했다. 이즈음엔 악몽 같은 시나리오가 완벽한 현실로 구현되고 있었다. 이미 '가해자'로서 규탄의 대상이었던 지방 정부 기관이 재난 지역 주민들의 '회복'을 담당하게 된 것이다.● 나는 별도 위원회가 조직될 거라고 예상했지만, 그렌펠 유가족과 지역 공동체가 가장 비난하고 있던 부서에 회복 관련 업무가 맡겨졌다. 이는 지극히 불건전한 의존 관계를 만들어냈다. 지역사회가 분노를 쏟아붓고 있던 사람들에게 모든 권한과 재정의 고삐가 쥐어진 것이다.

    지자체에서 하는 모든 일이 시속 300킬로미터로 불어오는 역풍을 맞는 것처럼 강한 반발에 부딪혔다. 무엇 하나 수월한 게 없었다. 공개회의는 네시간씩 늘어지기 일쑤였다. 모든 회의에서 72초의 묵념이 끝나자마자 고성이 오갔다. 내가 이 책을 쓰고 있

● 지역 의회는 화재 이전 및 화재 당시 주민들을 대한 태도뿐만 아니라, 화재가 발생하기 수년 전 이루어진 건물 개보수 과정에 대한 감독 부실로 비판을 받았다. 이들은 현재 진행 중인 민사 소송에서 피고로 지목되었으며, 런던 경찰청의 조사 대상이기도 하다. 2017년 런던 경찰청은 다음과 같이 발표했다. "최초의 정보 평가 결과, 수사를 이끄는 담당 수사관은 오늘, 켄싱턴 첼시 왕립구와 켄싱턴 및 첼시 임차인 관리 기구에 대해 2007년 기업 과실치사 및 기업 살인법에 의거하여 기업 과실치사죄를 저질렀을 가능성이 있음을 통보했다."

는 지금도 달라진 건 없다. 직원들은 묵묵히 앉아서 비난을 받아들였고, 더 많은 일을 하지 못했다는 죄책감은 깊어져갔다. 나는 지자체를 대상으로 '재난 회복 과정에서 시도해볼 만한 좋은 방법들'에 대한 교육을 진행했는데, 참석자의 절반이 눈물을 보였다. 가장 힘들었던 교육은 타워 입주가 시작되던 때 일부 주민들을 도왔던 소수의 작업치료사들이 참여한 세션이었다. 대응요원들은 화재 당일에 장애가 있거나 취약한 거주자들을 대피시키지 못했다고 혹독하게 비판받았는데, 작업치료사들은 그 희생자들 하나하나와 잘 아는 사이였다. 주민들에게 적합하게끔 욕실 개조를 도와주고, 침대 옆에 손잡이를 설치해줌으로써 그들이 그렌펠 타워에 살도록 도운 장본인이 자신이라는 사실에 그들은 괴로워했다. 톰이 만일 자신이 그 비행기를 튜니지로 운항하지 않았다면 승객들이 그곳에서 죽지 않았을 거라는 비이성적이고 파괴적인 죄책감을 느꼈던 것과 동일한 현상이었다. 나는 그들의 이야기에 귀를 기울이고 회복을 도와서 그들을 현장으로 복귀시켰다.

지자체 직원들은 버스를 탈 때 근무지를 숨기기 위해 목걸이 명찰을 뺐다. 회식은 전부 취소되었으며, 지금도 열리지 않는다. 영국 국민들은 '그날 지자체가 아무것도 하지 않았다'는 서사를 믿고 있었다. 하지만 실제로는 화재 당일 밤과 그다음 날에 걸쳐 직원 약 400명이 현장과 대피소에서 활동했다. 지자체에 대한 시민들의 분노가 너무 커서, 경찰은 그들에게 적십자 직원으로 행세하라고 조언했다.

재난 대응에 참여했던 이들에게 가장 큰 위안을 준 건 다른 지역 사례들이었다. 다른 재난을 겪은 지역들이 어떻게 회복했는지 이야기하면, 그들은 눈에 띄게 긴장을 풀고 안도했다. 그들은 남들이 어떻게 실패했고 어떻게 작은 성과를 냈는지 듣고 싶어했다. 나는 아주 힘든 하루를 마무리할 때마다, 라크메강티크 사람들이 찍은 「해피」 영상을 틀며 분위기를 조금이라도 띄우려 했다.

외부의 시선에서 지자체는 그저 실패만 하는 것처럼 보였지만, 내부에서 보기에 그들은 초인적인 과업을 해내고 있었다. 화재 대응 과정에서 그들은 2차대전 이후 영국 본토에서 벌어진 가장 큰 규모의 주택 재배치 작업을 해내야 했다. 세계에서 손꼽히게 땅값이 비싼 지역에서 사람들이 지낼 새집을 찾는다는 과제가 그들에게 떨어졌다. 나는 지역 공동체를 유지할 방안을 모색해야 한다고 간청했다. 톨바 지역의 사례처럼 이동식 주택과 세탁소, 거리 표지판이 있는 작은 마을을 근처의 왕립공원에 조성하는 방안을 구상해보기도 했다.● 하지만 카라반 파크는 '보기에 좋지 않다'는 이유로 받아들여지지 않았고, 지자체에서는 계속해서 거주 비용을 지불해야 했다. 정부에서는 지자체의 잉여 예산을 사용하여 런던 각지에서 비싼 아파트들을 매입하라고 지시했다. 이 시점에서, 내 마음속에는 하나의 의구심이 떠올랐다. 경찰과 지방 정부로서는 공동체가 해체되어야만 장기적으로 일이 더 쉬워지는 건 아닐까? 카라반 파크 아이디어는 현실적으로 실현되기 어

● 이는 던캐스터에 국한된 사례가 아니다. 미국에서는 재난 대응 시 공동체를 유지하기 위해 카라반 공원을 자주 활용하며, 뉴질랜드 크라이스트처치 대지진 이후에도 임시 숙소로 대형 카라반이 사용되었다.

려웠다고 치자. 하지만 우리가 조금 더 노력했더라면 지역 사람들의 '생활 풍경'을 일부나마 보존할 수 있었을 것이다. 이 생각을 하면 지금도 깊은 좌절감이 든다. 재난 이후 가장 중요한 것은 공간과 장소, 그리고 사람들 사이의 연결이다.

나는 또한 재난을 겪은 어린아이들과 청소년들에게 접근하는 방식에도 우려가 들었다. 일부 아이들은 외상 후 스트레스 장애 PTSD를 공식적으로 진단받았다.● 아이들이 선생님에게 소리를 지르거나 방문을 세게 닫는 행동으로 분노를 표출하는 것이, 진단명의 꼬리표를 붙이고 약을 처방한 뒤 치료로써 없애야 할 문제로 취급된 것이다. 하지만 나는 재난을 겪은 아이들에게는 충분히 분노할 권리가 있다고 생각한다. 범위가 넓은 진단인 PTSD와 달리, 외상에 대한 상황적 반응은 적절한 지원과 치료로 극복이 가능하다. 나는 어른들이 먼저 균형을 잡고선 아이들에게 옹호 활동과 멘토링 기회를 제공하고, 무엇보다 교육과 취업, 스포츠를 통해 아이들 삶의 기회를 넓혀주어야 한다고 생각했다. 다른 재난에서 나는 아이들이 청소년기에 정신건강 지원을 받았던 기록으로 인해 훗날 주요 정신질환 보유자로 낙인찍히는 일을 목격한 적이 있었다. 나는 회의에서 이런 사실을 설명하려고 애썼다. PTSD 진단이 아이들이 자라서 훗날 의료·항공·군대 등의 전문 분야에 지원할 때 불리하게 작용한 경우가 있었던 것이다. 그런데 내 말을 들은 한 응급 대응요원이 큰 소리로 그건 문제가 아니

● 화재 발생 6개월 뒤 공개된 NHS 자료에 따르면, 그렌펠타워 및 주변 지역에 거주하는 아동 200명 이상이 PTSD를 진단받았다.

라고 말했다. "어차피 얘들이 그런 직업을 갖게 될 일은 없어요."

그렌펠타워의 지역사회가 오랫동안 정체된 상태에 머무르며 회복으로 나아가지 못한 명확하고도 가슴 아픈 이유는, 정의를 구현하는 과정이 더뎠기 때문이기도 했지만, 화재가 발생한 장소, 즉 고인들의 무덤이 안식을 찾지 못했기 때문이기도 했다. 그렌펠타워는 지상에 우뚝 선 사건 현장이었으며 헬리콥터가 부딪히지 않도록 경고등을 달아야 할 만큼 높았다. 타워를 보고 힘들어한 건 단순히 지역 아이들만이 아니었다. 주변 건물의 주민들도 밤마다 침실 창문을 통해 타워를 보아야 했다. 사람들은 타워의 모습을 가리려고 커튼을 치는 데 익숙해졌고 그 근처를 지나갈 때는 시선을 땅으로 떨구곤 했다. 타워에 접한 길에 사는 주민들 일부는 자신들도 생존자 가족처럼 이주할 수 있느냐고 묻기도 했다. 결국은 검게 그을린 건물을 천으로 덮어 가린다는 결정이 내려졌다. 회의록에서는 그 천을 '수의'라고 칭했다.

타워의 잔해는 아직 그대로 남아 있다. 타워와 사람들의 관계는 복잡하다. 타워는 무덤이자, 신성하고 거룩한 공간이자, 우리가 상실한 것을 연상시키는 참혹한 상징이다. 하지만 타워는 동시에 저항할 기회이기도 하다. 공무원들과 구조 공학자들은 안전을 위해 타워를 철거하는 것이 최선이라고 여겼지만, 지역사회 사람들은 타워가 언제 철거될지는 자신들이 결정할 문제라고 주장했다. 그들 마음속에서 타워는 단순히 정리해서 치워버릴 대상이 아니었다. 오랫동안 젠트리피케이션과 강제 퇴거에 맞서 싸워온 사람들이, 이제야 비로소 자신들을 억눌러왔던 권력에 맞서 힘을 행사할 수 있게 된 것이다. 그들은 자신의 힘을 보여주기 위해, 저항과 반항 정신을 표현하기 위해, 괴로운 마음을 안고 타워를 일단 그 자리에 남겨두기로 했다. 타워가 그 자리에 버티고 서 있는 한, 재난은 과거의 역사로 취급될 수 없다. 단순히 기록 속 추모의 대상으로 스러질 수 없다. 지역 사람들은 재난 대응에서 흔하게 나타나는 망각의 행위에 대해 저항하고 싶었던 것이다.

이 책을 쓰는 시점에 그렌펠타워의 최종 운명은 아직 결정되지 않았다.(2025년 9월, 그렌펠타워의 철거를 위한 해체 작업이 시작되었다—옮긴이) 이대로 오래 남아 있진 않으리라는 직감이 든다. 타워가 지금처럼 버티고 서 있는 한, 어떤 형태로든 '회복'의 길을 찾는 건 요원하다. 특히 아이들에겐 더욱 그러리라.

내가 라크메강티크에서 잠시나마 목격했던 평온함은 이곳과는 너무나도 먼 일로만 느껴진다.

15장

흰 국화

문자 메시지 알림 소리에 나는 잠에서 깼다. 시각은 이미 오전 8시를 훌쩍 넘겨 있었다. 우리로서는 늦잠이었다. 전날 밤 톰과 나는 늦게까지 대화를 나누었다. 대화는 호텔 바 한구석에서 시작되었고 이윽고 가족들이 우리를 위로하려고 결혼기념일 선물로 잡아준 호텔 방으로 장소를 옮겼다.

톰의 건강이 좋지 않았다. 지난 몇달 사이에 톰은 난청과 이명이 생겼고 자꾸만 균형 감각을 잃었다. 우리는 여름 내내 각종 전문의들을 찾아다녔다. 톰은 정확한 진단이 나오기 전까지 비행을 할 수 없었고, 좀처럼 상태가 나아지지 않아서 하루 종일 잠만 자는 날들도 있었다. 아이들은 조용히 하라는 내 잔소리에 시비비스 채널(BBC에서 운영하는 어린이 방송 전문 채널―옮긴이)을 자막을 켜고 무음으로 보는 법을 배웠다. 크고 잘생기고 민둥한 톰의 머리를 스캔으로 찍은 결과 뇌나 부비동에 종양은 발견되지 않았다는 소견을 받았다. 우리는 다음번 연계 진료를 기다렸다. 만일 톰의 건강이 여기서 더 악화되면, 조종사 면허는 즉시 박탈될 것이다.

그는 마흔한살의 나이에 다시는 비행기를 조종하지 못할지도 모른다는 사실을 서서히 직시하고 있었다.

톰의 신체가 건강을 잃어가는 모습을 지켜보면서, 슈퍼마켓 계산대에서 비틀거리는 그를 붙잡아주면서, 그에게 말을 더 천천히 또렷하게 해야 한다는 걸 깨달으면서, 나는 톰의 내면이 이 모든 것에 갉아 먹히고 있다는 걸 알 수 있었다. 그리고 톰이 비행을 잃는 걸 슬퍼하는 게 질투가 났다. 나와 아이들만으로도 그에게 충분하길 바랐다. 하지만 비행을 할 수 없게 된다면 톰은 틀림없이 정체성의 혼란을 느낄 것이다.

내게 아침 일찍부터 문자 메시지를 보낸 베스에게도 급히 도움이 필요했다. 나는 아침식사를 미루고 그녀에게 전화를 걸었다. 그렌펠 화재 이후, 재난 희생자 신원 확인 훈련은 또 한번 축소되어 경찰 조직 내부로 들어갔고, 연습이나 대규모 훈련을 위한 예산도 삭감되었다. 국가에서 운영하는 안치소는 해체되었으며 장비들은 중고 장터로 뿔뿔이 흩어졌다. 하지만 나는 여전히 훈련 과정을 운영하고 있었다. 도움이 필요한 사람들의 전화를 받고 지원과 전술적 조언을 제공하는 것 역시 나의 일이었다.

베스는 그날 밤 일찍, 에식스주 그레이스의 한 산업단지에 주차된 화물 트럭 트레일러 안에서 젊은 남녀 서른아홉명의 시신이 발견되었다고 말했다. 운전자는 체포되었고, 경찰은 시신이 실린 트럭을 창고로 옮기려 준비하고 있었다. 베스는 에식스 지역의 비상계획관으로서, 민사 긴급 사태 법에 의거하여 이후 진행될 절차의 일부를 책임지게 되었다. 경찰이 신원 확인과 범죄 증거 수집을 위해 시신들을 조사하는 동안, 베스는 지역사회가 이 사건에 어떻게 반응할지, 그리고 유가족이 무엇을 필요로 할지에 관해 미리 생각해야 했다.

"믿을 수가 없어요, 루시. 정말 믿을 수가 없다고요. 우리는 방금…… 그냥…… 그저……" 베스는 말을 제대로 잇지 못했다. 에식스주의 그 동네라면 나도 잘 알고 있었다. 그해 여름, 나는 에식스 지자체의 용역으로 그곳을 자주 오가며 지역에서 벌어질 가능성이 높은 시나리오들에 대비하는 연습을 진행해왔다. 베스의 팀은 총원이 셋뿐이었지만 시의회 내에서 나와 몇년 동안 함께 훈련하고 협력해온 다른 관리자들의 지원을 받았다.●

에식스주에서 훈련을 하고 있노라면 때로 이곳도 저곳도 아닌 묘한 장소에 머무는 유령이 된 듯한 느낌이 들었다. 나는 트래블로지 호텔에서 하룻밤을 보낸 적이 있는데, 다수의 투숙객이 지자체의 노숙자 명단에 오른 가족들이었다. 최근 방문했을 때는 옆 테이블에 앉은 가족이 화재로 모든 것을 잃었다고 이야기하는 걸 우연히 듣게 됐다. 그들은 삭막한 식당에서 아이들을 조용히 시키려 애쓰면서 식사에 사용할 수 있는 바우처가 얼마나 남았는

● 일부 지자체에서는 긴급대응 계획과 대비를 계속 중시했다. 그들은 다른 예산을 절감해가면서 훈련을 시행하거나 대피소에서 차와 커피를 제공할 예산을 확보했다. 나는 이들 지자체의 주택 담당자들을 대상으로 긴급대응 계획 수립 교육을 진행했으며, 사회복지사들에게는 긴급대응 계획과 재난 희생자 신원 확인의 핵심 원칙에 대해 강의했다. 가장 우수한 지자체들은 까딱하면 10년까지 걸리는 공공 조사 보고서가 나오기를 마냥 기다리지 않고, 자체적으로 개선점을 찾아내어 다음 재난에 대비한 팀을 구축한다. 물론 무관심으로 일관하는 지자체도 있으나 에식스 지역의 지자체들은 주택 담당자 및 사회복지사를 대상으로 꾸준히 재난 대비 훈련을 진행하는 것으로 유명하다.

지 계산하고 있었다. 저녁이 되면 나는 근처의 레이크사이드 쇼핑센터에서 식사를 하곤 했다. 해가 저물면 그곳은 인적 없이 황량한 공간으로 돌변했으며 환하게 켜진 상점들의 불빛을 봐줄 사람은 아무도 없었다. 한번은 핸드백 매장에서 도둑으로 의심되는 사람을 쫓아가는 경비원들에게 밀쳐지는 경험도 했다. 나는 엄마로서 집을 비운 것에 대한 죄책감을 덜기 위해 인공 껍데기 속에 들어 있는 네온 핑크색 해치멀(알 안에 작은 피겨가 들어있는 장난감―옮긴이)과 우리 집에서 점점 세력을 불리고 있던 플라스틱 동물 농장에 추가할 농장 동물 장난감을 샀다.

쇼핑몰에서 유일하게 붐비는 상가는 작은 학원이었는데, 어린 아이들이 헤드폰을 쓴 채 영어를 배우고 수학을 공부하고 있었다. 학원의 정면이 통유리로 되어 있어 아이들이 칸막이 책상에 앉아 집중하는 모습이 보였다. 밖에서 아이들을 기다리는 부모들은 아랍어와 스와힐리어로 대화를 나누고 있었다. 그들에게 영국은 더 나은 삶으로 가는 디딤돌이었고, 그 문을 여는 열쇠는 영어였다. 어느 날 밤에 나는 저녁으로 국수와 탕수육을 작은 용기에 담아 먹으면서, 옆 테이블에서 치킨 너깃으로 식사를 하는 여자와 아이들을 바라보았다. 식탁 아래를 보니 아이들의 신발 뒤꿈치 부분이 잘려 있었다. 자라는 발을 감당하기엔 학교용 신발이 너무 비쌌을 것이다. 우리 아빠가 그 광경을 보았다면 어떻게 했을지 알았다. 당신도 여유가 없으면서, 어떻게든 주머니를 뒤져 여자에게 돈을 건넸을 것이다. 하지만 이제는 시대가 달라졌다. 나는 괜히 여자의 기분을 상하게 하고 싶지 않았다. 나는 그냥 식사를 마치고 자리를 정리한 뒤 떠났다.

그해 여름, 베스와 나는 에식스 지역에 도사린 위험들, 언젠가 현실이 될 수도 있는 문제들에 대해 자주 이야기했다. 베스의 가장 큰 걱정거리는 에식스주 그레이스가 '인간 밀수'의 주요 경로가 되었다는 것이었다. 사람을 사고파는 이른바 노예무역은 국제적 규모로 벌어지는 범죄 가운데 가장 수익성이 높다. 범죄 조직들은 트럭 네트워크를 이용해 더 나은 삶을 찾아 영국으로 오려는 사람들을 밀입국시켰다. 여정의 시발점은 주로 중국·아프리카·동유럽이었다. 온 가족이 돈을 모아 젊은 자녀를 영국으로 '보내는' 일이 잦았다. 그들은 자녀가 합법적으로 이동하게 될 거라고 믿고 안전한 여행과 영국에서 지낼 집과 일자리를 보장해준다는 약속에 수천 파운드를 지불했다. 그러나 설령 아이가 끔찍한 여정을 버티더라도, 그 끝에 기다리는 것은 노예 노동과 비참한 삶뿐이었다. 많은 여성들은 성매매로 내몰렸고, 다른 이들은 네일숍, '도시 최고의 손 세차장', 술집에서 일했다. 심지어 슈퍼마켓과 요양원처럼 눈에 띄는 곳에서 일하는 밀입국자들도 있었다. 범죄 조직 우두머리가 가짜 신분과 합법적 국가보험번호, 은행 계좌까지 마련해주고 취직을 시킨 다음 월급날이면 현금인출기로 데려가서 한달 치 월급을 한푼도 남김없이 인출하게 했다.

도시의 노예들은 다가구 주택에서 감시를 받으며 생활한다. 지난 5년 동안 나는 이런 도시 속 감옥을 급습하는 계획을 지원하는 임무를 더 자주 맡게 되었다. 경찰, 국경청, 자선단체, 지자체에서 합동으로 이런 급습 작전을 꾸준히 수행하고 있다. 그러나 그 목적은 선의와는 거리가 멀며, 인도적 조치보다는 처벌과 강제 추방을 위한 수단에 가깝다.

서류상으로 재난 후 돌봄 계획은 인신매매 피해자를 구조한 뒤에도 효과적으로 적용될 수 있기 때문에 나는 이와 관련해 자주 조언을 요청받는다. 실제로 에식스·그레이터맨체스터·프레스턴·엑서터 등에서 구조된 사람들을 위한 임시 보호소는 1990년대에 디재스터 액션이 설계한 재난 대응 센터를 모델로 삼아 만들어졌다. 따뜻한 샤워를 할 공간이 있고, 차 한잔을 마실 수도 있으며, 미소로 맞아주는 사람이 있는 장소. 하지만 보호소의 실상은 다르다. 많은 인신매매 피해자들이 보호소 화장실 창문을 넘어 탈출한다. 그들을 기다리고 있는 것은 범죄 조직원이 탄 차량이다. 피해자들은 정부를 극도로 두려워하며, 본국에 있는 가족들이 협박을 당하고 있어 범죄 조직에 순종할 수밖에 없는 경우도 많다. 의리에 연연하는 사람들도 있다. 자신이 빚을 졌다고 믿으며, 그 굴레를 벗어나면 가족에게 치욕을 안기게 된다고 생각하는 것이다. 나는 경찰 동료들에게서 같은 사람을 네번, 다섯번씩 '구조'하는 일이 드물지 않다는 이야기를 들었다.

국경청에서는 정기적으로 이동 경로가 의심스러운 화물 트럭을 단속하고 있다. 컨테이너 내부에서 사람 목소리가 들린다는 다른 운전사의 제보를 받고 출동하기도 한다. 생물 화물이 입항할 수 있는 항구라면 어디서든 이런 일이 일어났다. 대응요원들은 간발의 차로 도착해, 실내 온도가 치명적일 정도로 높거나 낮은 컨테이너 안에서 가쁜 숨을 들이마시고 있는 사람들을 발견하곤 했다. 트럭 안의 남녀들은 보통 대포폰만 소지하고 있으며, 장신구나 신분을 증명할 수 있는 서류도 없다. 소지품이라 부를 만한 건 속옷 안에 보관하고 있는, 가족들이 써준 작은 쪽지가 전부다. 지역 병원으로 옮겨진 다음에도 이들은 자의로 혹은 타의로 이름을 밝히지 못한다. 나는 어린이와 유아를 포함한 이런 밀입국자를 일차적으로 진료하는 의사들과 이야기를 나눈 적이 있다. 의료진에게는 환자들을 검진한 후, 내무부 직원에게 소지품을 전부 인계하라는 지시가 내려온다고 한다. 하지만 몇몇 의사는 환자들이 소중히 간직하고 있던 편지를 화장지에 싸서 다시 건네주었다고 내게 털어놓았다.

에식스의 비상계획관들과 많은 대응요원들 그리고 나는 언젠가 우리가 트럭에 너무 늦게 도착하는 날이 올까봐 두려웠다. 그러다가 결국은 그날이 현실로 찾아왔다. 그레이스의 트럭 안에 있던 10대 청소년을 비롯한 여러 사람은 법원이 훗날 "형언할 수 없이 고통스러운 죽음"이라고 표현한 방식으로 생을 마감했다. 바다를 항해하는 컨테이너 안에서 이산화탄소 농도가 높아졌고 온도는 최고 섭씨 40도에 이를 만큼 치솟았다. 판사는 갇혀 있던 희생자들이 필사적으로 외부에 전화를 걸려고 노력했으며, 컨테이너의 천장을 뚫으려다 손이 처참히 망가졌다고 설명했다.

베스는 자신이 우선적으로 취해야 할 조치들을 나와 함께 점검하길 원했다. 대응 첫 단계에서 그녀가 할 일은 주로 듣고 기다리는 것이었다. 초기 대응의 대부분은 경찰과 검시관, 외교 및 이민 문제를 담당하는 기관의 몫이었다.

나는 전화를 끊고 생각을 정리한 뒤, 지금 그 어느 때보다도 나의 시간을 절실히 원하고 있는 톰과의 아침 식사로 돌아갔다. 첫 연락은 언제나 나를 긴장시키고 집중하게 만든다. 하지만 그때 나는 무척 지쳐 있기도 했다. 위험이 서서히 형태를 갖추고, 농양처럼 결국 피할 수 없는 현실로 다가오는 일을 지켜보는 게 지겨웠다. 우리가 막으려 했던 고통에 대해, 우리가 하는 일에 대해, 세상의 나머지 사람들은 아무것도 모른 채 살아가고 있다는 데 무력감을 느꼈다.

내가 처음 인간 밀수를 접한 것은 재난 업계에 발을 들인 아주 초창기였다. 도버 항구의 세관 및 소비세 담당 직원들이 네덜란드 제브뤼허를 통해 들어오고 있던 화물 트럭 한대를 멈춰 세웠다. 트럭은 등록이 되어 있었지만, 외부 문의 패킹이 잘려 있는 것이 직원들의 눈길을 끌었다. 컨테이너 문을 열자 심한 스트레스 상태의 두 남성과 이미 숨진 세번째 남성이 발견되었다. 수색이 더 진행되자, 잔뜩 쌓인 토마토 상자 뒤쪽에서 더 참담한 광경이 펼쳐졌다. 그곳에서는 남녀 57명의 시신이 발견되었다. 총 60명이 인간 화물로 컨테이너에 갇혀 있었던 것이다. 그중 살아남은 것은 처음 발견된 두 사람뿐이었다.

내가 케니언에서 막 일을 시작했을 때 처음 참석한 사건 검토 회의가 이 사건을 다룬 것이었다. 우리는 냉장 격납고 안에 줄지어 누운 남녀 시신의 사진을 보았다. 얼굴은 산소 부족으로 인해 형광 분홍빛이 돌았고, 치아와 턱에는 토마토의 즙과 과육이 남아 있었다. 그들이 며칠 동안 먹은 음식은 그게 전부였다. 한바탕 미디어 보도의 광풍이 가라앉고 난 후, 켄트 경찰은 런던 경찰과 협업하여 사망자들의 신원을 확인하는 데 1년 이상을 보냈다. 중국 당국은 사망자들에 대해 아는 바가 없다고 했다. 조국을 배신한 사람들은 존재 자체를 부정당한 것이다.

경찰은 마침내 몇몇 사망자에게 영국에 사는 친척이 있다는 것을 알아냈다. 똑같이 위험한 여정을 견디고 살아남아 레스토랑, 네일숍, 세차장에서 일하고 있는 형제와 사촌들이었다. 경찰에서는 유가족이 마지막으로 고인에게 작별인사를 건넬 수 있도록 작은 이동식 컨테이너를 개조해 장례 공간을 마련했다. 장례식장 안에는 향을 피웠고, 많은 아시아 국가에서 죽음을 상징하는 흰 국화를 놓았다. 경찰은 지역 중국인 커뮤니티 센터에 자문을 구하여 예법에 맞게끔 공간을 꾸몄다. 나는 신참 경찰이 도버의 하이스트리트에서 흰 국화를 찾아다니는 모습을 상상했다. 제복 차림으로 슈퍼마켓 바구니에서 국화 다발을 집어 들었거나, 꽃집에 들어가 "혹시 남은 게 있나요?"라고 조심스레 물었을 것이다.

아시아 관습에 따르려면 죽은 이들을 저승으로 보내는 의식에서 진짜 돈도 태워야 했다. 이에 따라 우리는 영국 국민이 낸 세금 가운데 최소한의 금액을 태워도 좋다고 승인해줄 켄트 경찰청의 고위 인사를 열심히 찾아 헤맸다. 이후 케니언에서는 '중국인 사망 사건' 키트를 꾸려서 이러한 갖가지 물품들을 관리했다.

몇년 뒤, 내가 영국 내무부 산하 대규모 사망 사건 대응 팀 자문을 맡고 있던 때, 랭커셔 모컴만의 진흙 갯벌에서 인신매매로 영국에 온 사람들이 조개를 채취하던 중 밀물에 휩쓸려 바다에 빠지는 사건이 발생했다. 최초의 999 신고는 2004년 2월 5일 오후 9시 13분에 접수되었다. 왕립해상구조대에서 시신 열구를 처음 수습했고, 이후 영국 공군의 수색 구조 헬기가 시신 여섯구를 더 건져 올렸다. 나머지 시신들은 며칠 후 해변에 떠밀려왔다. 끝내 찾지 못한 시신이 한구 있었다. 남녀 열네명이 헤엄쳐 간신히 목숨을 건졌다.

우리는 영국 전역에서 일어나는 이런 사건들에 대해 정기적으로 업데이트와 브리핑을 받고 있었다. 그러면서 나는 '뱀'과 '뱀대가리', 즉 새로운 삶을 찾아 영국을 향하는 사람들과 그들의 본국에서 탈출 경로를 설계하는 조직에 대해 알게 됐다. 모컴 사건에서 피해자들은 공포에 사로잡힌 나머지 경찰에 증언하기를 꺼렸고, 중국에 남아 있는 가족들 역시 수사에 협조하면 혹독한 처벌을 받을 것을 겁내고 있었다. 나는 왕립해상구조대를 따라 실종자들의 유류품을 찾으려고 해변을 뒤졌다. 며칠 동안 해안선 곳곳으로 비닐 방수 바지와 값싼 웰링턴부츠 같은 유류품들이 떠밀려왔다. 그러나 정작 시신들은 벌거벗은 상태로 발견됐다. 강한 해류가 그들의 옷을 모두 벗겨버린 탓이었다.

그날 오전에 나는 베스와 다시 한번 통화했다. 그사이 목소리에서 한결 지친 느낌이 들었다. 벌써 불운한 실수가 저질러졌고 베스가 그 여파를 감당해야 했다. 초기 언론 발표에서는 사망자들이 중국 국적이라고 언급했지만, 증거가 밝혀질수록 그들은 베트남 출신일 가능성이 더 높아졌다. 대응요원들은 이 실수가 자칫 성의 부족이나 인종차별로 비칠까 걱정했다. 아시아인이 다 똑같이 생겼다는 편견을 가졌다고 오해받을 수도 있었다. 그러나 사실 이번 실수의 원인은 대응요원들이 인종적 감수성이 떨어져서가 아니라, 의도적인 속임수가 있었기 때문이었다. 사망자들과 함께 발견된 서류들은 모두 위조된 중국 신분증이었다. 초동 대응요원들은 신분증이 위조된 것이라고 생각지 못해서 잠시 잘못된 답을 내놓았던 것이다.

산소 부족으로 인해 뇌가 손상되는 뇌 무산소증이 진행되면서, 희생자들은 체온을 낮추기 위해 본능적으로 옷을 벗었다. 대응요원들은 창고에 남은 이 옷가지들을 철저히 확인해야 했다. 과거의 경험에 의해 우리는 밀입국자들이 자신의 신원 정보나 연락처 따위를 벨트 안쪽, 양말 속, 바지 단 안쪽에 적어둔다는 사실을 알고 있었다.

베스와 나는 다음 단계로 지역사회를 지원할 계획을 논했다. 그레이스에는 작은 베트남인 공동체가 있었고, 런던 중심부에서도 사건에 대한 반응이 나오고 있었다. 모금과 추모 집회가 열릴 가능성이 높았다.

에식스의 대응요원들은 대규모 사망 사건의 경우에 좀처럼 허락되지 않는 작지만 값진 여건들 속에서 몇시간 동안 대응을 이어갈 수 있었다. 첫번째 여건은, 사건 현장이 훌륭히 보존되었다는 것이었다. 희생자들은 밀폐된 컨테이너 한곳 안에서 숨졌으므로 보통의 대규모 사망 사건과 달리 경찰과 과학자들이 조심스럽게 시신을 '시신 보관 구역'으로 옮기는 단계가 불필요했다. 트레일러 자체가 사망자들의 관이었으므로 언론의 드론 촬영이나 야생동물의 접근도 막을 수 있었다. 유가족들이 현장에 모이지 않았다는 점도 드문 여건이었다. 일반적으로 언론은 사람들의 흥미를 끄는 기사를 쓰기 위해 현장에서 가족들의 슬픔을 포착하려 애쓰지만, 이번에는 피해자들의 고향인 베트남 마을로 눈을 돌렸다. 덕분에 경찰은 상대적으로 방해가 덜한 환경에서 업무를 수행할 수 있었다.

통화를 마치기 전, 나는 베스에게 지출 내역을 철저히 기록하라고 조언했다. 통화에서 가장 어색한 순간을 꼽으라면 바로 이때다. 내가 흰 국화 이야기를 하다가 갑자기 돈 이야기를 꺼내면 동료들은 불편해한다. 하지만 나는 영수증을 찾지 못해서 이재민 수백명에게 차와 비스킷을 사비로 사주게 된 동료를 여럿 보았다. 영국인들은 돈 이야기를 불편해하는 경향이 있고, 무엇보다도 고통받는 재난 상황에서는 더욱 기피한다. 영국의 장례식장에 아직도 장의사가 하도급자와 성직자들에게 조용히 갈색 봉투나 수표를 건네는 것으로 지불을 처리하는 관행이 남아 있는 이유가 아마 이것일 테다. 그러나 나는 대규모 사망 사건의 대응에서 진짜 싸움은 나중에 시작되며, 그 싸움의 주제는 거의 언제나 천문학적인 비용 청구서라는 사실을 잘 알고 있다. 에식스의 대응요원들에게 조언하던 당시, 나는 얼마 전 비상 상황을 겪은 뒤 경찰로부터 막대한 비용을 청구받은 다른 두 지자체가 해결책을 찾도록 돕고 있었다. 내가 보기엔 경찰 측의 불공정한 처사였다. 그래서 나는 베스에게 미리 대비하고 경계하는 것이 최선이라고 조언했다.

마지막 통화를 마치고 나서 드디어 톰과 나는 조식 마지막 타임에 들어갈 수 있었다. 호텔 뷔페는 호화로웠다. 나는 진한 요거트와 시럽에 절인 견과류와 오트밀이 가득 든 그래놀라를 접시에 담았다. 그리고 억지 미소를 지으며 옆자리에 앉은 여자와 가벼운 대화를 나누었다. 성질이 급한 아이가 작게 포장된 헤이즐넛 초콜릿 잼을 집으려 손을 뻗고 있었고, 여자는 아이를 말리려 애쓰고 있었다. 나는 톰이 창밖을 보며 딴생각에 잠겨 있는 게 다행이라고 생각했다.

우리에게 닥친 개인적인 재난은 이제 우리가 통제할 수 있는 범위를 벗어나 있었다. 조식을 먹고 나서 우리는 호텔의 채마밭을 거닐며 다음 단계를 고민해보려 했지만, 뾰족한 수가 생각나지 않았다. 그래서 우리는 두터운 안개처럼 불편한 침묵 속을 마냥 걸었다. 타임이 진한 향을 풍겼다. 계절이 끝나가는 이 시점, 십자화과 채소들과 양파는 끝까지 버티고 있었지만, 나머지 식물들은 소진되어 다시 땅으로 스며들기 시작한 참이었다.

우리는 몇번이고 말을 꺼내려 했으나 어떤 문장도 끝까지 잇지 못했다. "어쩌면 우리가……" "자기 생각에는……" 나는 결단력 있게 행동을 촉구해보기도 했다. 회복을 위해 경청해보기도 했다. 어떻게든 최선을 다해보자고 말했다. 자기계발서 구절을 소리 내어 읽기도 했다. 나는 수많은 대응요원을 위해 체크리스트를 만들고 계획을 세우는 사람이다. 하지만 정작 나 자신에게 닥친 위기 앞에서는 적당한 말이나 도구를 찾기가 그토록 어려웠다.

그후 몇주 동안, 베트남 당국에서는 베스와 검시관과 영국 외무성과 협력하여 사망자들을 유가족에게 돌려보내는 작업을 진행했다. 그리하여 사망자들은 희망과 배신의 여정이 처음 시작되었던 곳으로 귀환하게 되었다. 베스로서는 그들이 자기 손에 맡겨진 경위 같은 건 중요하지 않았다. 모든 유능한 비상계획관이 그렇듯, 그녀는 사망자들을 돌보는 데만 전력을 다할 작정이었다. 이미 대중의 관심은 사그라졌고, 사건이 형사 재판으로 넘어가면서 지역 언론사에서 사건 소식을 보도하는 것이 법적으로 금지되었다. 그러나 사무실의 닫힌 문 너머에서 베스와 동료들은 수백장의 양식을 작성했고, 시신이 항공편에 실릴 수 있도록 조율했으며, 관에 국제 항공 화물 규정에 맞는 납 안감이 제대로 갖춰졌는지 검토하는 일에 몰두했다. 1차 송환에서 시신 열여섯구가 본국으로 이송되었다. 혹시라도 오류가 있을까봐 베스는 이름표와 서류들을 열번씩 점검했다.

베트남 정부는 가족들에게 시신 송환 비용을 지불할 돈을 대출해주었다. 두가지 선택지가 있었는데, 매장이 아닌 화장의 경우 비용이 더 저렴했다. 가족들은 뱀 대가리에게 갚고 있는 빚에 송환 비용을 더해야 했다. 그 부분에 관해서는 베스와 나도 손쓸 도리가 없었다.

16장

종말

영국의 팬데믹 대응 계획 중 가장 까다로운 부분은 웨스트민스터의 그레이트스미스스트리트에 위치한 내각부 건물 맨 위층의 비좁은 방에서 완성되었다. 우리는 여러해에 걸쳐 위험 요소들에 관한 설명을 다듬고, 우리의 대비 상태를 점검할 훈련 시나리오를 준비했다.

방 한쪽에는 길게 창문이 나 있었다. 먼지 낀 창 너머로 재난 업계 사람들의 의견을 무시하고 중요한 결정이 내려지는 공간이 보였다. 우리는 정기적으로 모여 영국이 직면한 가장 시급한 위험에 대해 논의했다. 그 위험은 발생 가능성이 매우 높아서 '이미 일어날 때가 지났다'는 수식이 왕왕 붙었다.● 팬데믹은 매년 영국에서 일어날 가능성이 가장 높고 심각한 위험들을 나열한 국가 위험 명단의 최상단에 빠짐없이 올랐고, 그에 관한 논의도 매

● 팬데믹 발생은 인류가 직면하는 가장 흔하고 반복적인 위협 중 하나로서, 2004년부터 향후 5년 내 일어날 가능성이 매우 높은 재난으로 위험 명단에 올랐다. 2020년에 우리는 이미 팬데믹이 발생할 시기가 지났다고 평가하고 있었다.

년 이루어졌다.• 팬데믹 대비 훈련은 1년에 최소 한번씩은 진행되었지만, 테러 대응 훈련처럼 웅장하고 화려하지는 않았다. 시간이 지날수록 직급이 높은 임상의와 정부 장관들에게서 훈련에 참석하지 않겠다는 회신이 잦아졌다. 아마도 다소 지루하게 느껴졌던 모양이다.

우리와 함께 일을 조율하는 사람들은 영국 최고의 명문대를 졸업하고 빠르게 진급 루트를 밟고 있는 신입 공무원들이었다. 그들은 우리에게 일하면서 먹으라고 샌드위치 전문점 프레타망제에서 점심 도시락을 사다주곤 했다. 회의는 예상보다 길어졌고, 샌드위치는 라디에이터 옆에서 서서히 말라 비틀어져갔다. 달걀 샌드위치에는 아무도 손대지 않았다.

팬데믹 대비 훈련을 진행할 때면 어김없이 한번씩, 방 안의 산소가 싹 빠져나간 듯한 순간이 찾아왔다. 머릿속이 답답할 만큼 가득 차서, 우리의 요청으로 지도자들이 내려준 결정을 실행하는 것조차 버거웠다. 전국의 모든 NHS 의료 기관들과 지자체들이 참여하는 대규모 팬데믹 훈련에서는 상황이 한층 더 복잡했다. 회의실은 훨씬 붐볐고, 정부 측에서 접속하기 위한 컨퍼런스 장비가 놓였으며, 지휘관들은 지루해하고 짜증을 냈다. 시나리오에 추가되는 새로운 변수인 '인젝트'는 매번 더 우울해졌다. 누군가 훈련 종료를 뜻하는 '엔드 엑스'end ex를 외치면 사람들은 즉시 다

• 국가 차원에서 가장 위험성이 높게 평가된 것은 인플루엔자 대유행이었지만, 사회적 영향 측면에서는 코로나바이러스 계열 팬데믹도 꾸준히 고려의 대상이 되어왔다. 둘 중 무엇이든 반복적으로 유행할 경우 엇비슷한 수준의 사회적 손실을 초래할 것으로 예상되었다.

과 테이블 주변으로 모여들어 불평을 늘어놓았다.

독감 시나리오도 여간 나쁜 게 아니었지만, 우리에게 더 큰 불안을 안겨준 건 코로나바이러스의 변종들이었다. 메르스(중동호흡기증후군)나 사스(중증급성호흡기증후군) 같은 급성 호흡기 질환은 감염자의 폐를 망가뜨리고 보건 시스템을 무너뜨릴 것이 분명했다. 2014년에는 시나리오 다각화의 일환으로 에볼라도 포함되었다. 하지만 출혈성 증상과 무시무시한 사망률을 자랑하는 에볼라가 유행하는 상황은 너무 절망적이어서 시나리오에서 현실적으로 다루기 어려웠다. 팬데믹 훈련이 만족스럽게 끝나는 일은 드물었다. 우리가 제안한 권고안은 파워포인트 자료와 전문 용어로 채워진 보건복지부의 보고서 속에 묻혀버렸고, 우리가 강조하고자 한 시급한 인도적 문제들은 그렇게 뒷전으로 밀려났다. 까다로운 문제들은 완곡어법으로 포장되었다. 예를 들어, 감염 확산의 절정기에 환자를 병원에서 요양원으로 옮기는 과정에서 발생하는 중대한 위험과 난제들을 단순히 '2차 이송 문제'라고 표현하는 식이었다.

영국에서 시도된 최대 규모의 팬데믹 대비 훈련이었던 시그너스^{Cygnus}의 시나리오는 내가 참여했던 모든 훈련을 통틀어 가장 두려웠다. 팬데믹 계획에서 우리는 꿈이 망가지고 상실이 점차 쌓여가는 상황에 대비한다. 가장 가슴 아픈 일은 물론 사랑하는 사람을 잃는 것, 심지어 그런 상실을 여러차례 겪는 것이다. 하지만 팬데믹 시나리오에는 그밖에도 많은 상실이 내포되어 있다. 동네의 작은 카페를 잃는 것, 일상의 의식들을 잃는 것, 미래의 확실성을 잃는 것. 훈련에서 우리는 팬데믹을 겪은 사회가 더 강건

하고 친절해지기를 희망했다. 하지만 그런 사회가 형성되기까지는 족히 몇년이 걸릴 것이다. 결혼식이나 성대한 생일 파티 없이 보내는 시간들. 조문객이 스무명도 찾아오지 않는 장례식들. 주말 나들이를 기대하지 못하고 열심히 일에만 몰두하는 몇년. 사랑하는 사람을 잃은 슬픔 외에도, 팬데믹이 가져올 다른 영향들은 점진적으로 나타날 것이다. 그리고 우리 대부분은 처음에는 그런 영향들을 눈치채지 못할 것이다. 연기가 피어오르는 불길이나 시각적인 파괴처럼 눈에 선명히 보이지 않기 때문이다.

나는 언제나 팬데믹이 불가피하다고 느꼈다. 살아생전에 분명히 팬데믹을 겪게 되리라 생각했다. 그것이 과학이 우리에게 알려준 사실이었으므로. 하지만 회의에 참여한 일부 사람들은 우리가 팬데믹을 막을 수 있다는 오만에 빠져 있었다. 그들은 팬데믹이 시작되면 바로 막을 수 있을 거라고 확신했다.

물론, 우리는 막지 못했다.

* * *

내가 처음으로 팬데믹의 전조를 느낀 건 2019년 12월 말이었다. 런던에서 열린 모든 회의에서 사람들이 기침을 하고 있었다. 내 친구는 크리스마스 날 나에게 문자를 보내서, 침대에서 일어나서 밥을 먹는데 음식에서 골판지 맛이 난다고 말했다. 이 '괴질'에 후유증이 있다는 의심이 든다고 했다. 나는 농담을 섞어 답장했다. 이제 곧 전세계의 보건 위협을 감시 중인 영국 공중보건국Public Health England(2021년 해체되었다—옮긴이)에서 뭔가 심각한 일이 생겼다고 발표할 거라고.

지역 기관들과 보건 서비스에서 요청하는 '팬데믹 계획' 회의가 급하게 일정에 추가되기 시작했다.● 그러나 이런 계획들의 구심점으로 삼을 만한 핵심적인 공식 발표나 자원 확대는 아직이었다. 2020년 1월이 되자 안치소 관리자들로부터 전화가 쏟아졌다. 그들은 입을 모아 평소보다 사망자가 많다고 이야기했다. 1월은 전통적으로 안치소가 가장 바쁜 시기라서 대비를 잘하고 있었지만 사망자 수가 예상을 크게 상회했다는 것이었다. 그들은 내게 근황을 이야기하고 조언을 구했으며 다른 곳에서도 이런 일이 발생하고 있는지 물었다. 사인은 독감과 기관지염으로 판명되었지만, 비교적 젊은 사람들이 너무 갑자기 사망하는 게 이상했다. "직원들이 크게 걱정하고 있어." 안치소에서 일하는 오랜 친구가 내게 털어놓았다. "시신을, 뭐랄까…… 다르게 처리해야 하는지 걱정하더라고. 그게 '우한'이랑 관련된 거라면 말이야."

'우한 병'의 정체는 결국 세계보건기구를 통해 확인되었다. 중국 우한시에서 발생한 이상한 폐렴 환자들의 샘플에서 새로운 코로나바이러스가 확인된 것이다. 바이러스 유전자 서열을 분석한 결과, 폐렴의 원인이 밝혀졌다. 내가 언제나 두려워했듯 그 병의 정체는 코로나바이러스였다.●● 2020년 3월 11일, 코로나19 바이

● 지역 회복 포럼이 조직한 훈련들이었다. 지역 회복 포럼은 법인격이 없는 조직이지만, 특정 지역 내 대응 기관들을 한데 모아 협력을 유도하는 역할을 한다.

●● 바이러스의 공식 명칭은 SARS-CoV-2이며, 이로써 발병하는 질병 이름이 Covid-19다.

러스는 세계적 팬데믹으로 선언되었다.

나는 2003년에 발생한 사스에 대해 오랫동안 특별한 관심을 가져왔고, 우리 집에 쌓여 있는 파일과 폴더 안에는 내가 모은 사스에 관한 연구 논문과 위원회 보고서 여러편이 보관되어 있다. 개인적인 인연도 있었다. 케니언 경영진은 사스 발생 당시 나를 홍콩과 마카오로 파견해서, 고객사인 항공사와 협업하여 재난 대응 계획을 세우는 일을 맡겼다. 우리는 승객이 비행기에서 사망할 경우 승무원들이 취해야 할 조치를 정리했다. (지금도 계획은 동일하다. 환자를 조용한 자리로 옮기고, 담요로 덮는다.) 나는 홍콩공항에서 길게 줄을 서서 접촉 추적 양식을 작성하고 체온 검사를 받았다. 호텔에 체크인을 하고, 호흡기 질환 증상이 나타나면 보고해야 한다는 지침을 숙지했다. 이 경험을 계기로 나는 호흡기 시스템을 압도하고 신체 전반에 복잡한 합병증을 일으킬 수 있는 코로나 계열 바이러스에 대한 경계를 늦추지 않게 되었다. 나는 메르스증후군 발생을 다룬 2016년의 '앨리스 훈련'에서 이 문제를 논의에 포함시켰지만, 이때도 지휘관들은 모든 가능성을 충분히 탐구하기 전에 '훈련 종료'를 선언했다.

2020년 2월 아이들의 봄 학기 중간 방학이 시작될 즈음, 갑자기 몸 안에서 끓어오르는 듯한 열감이 느껴졌다. 나는 평소처럼 지저분한 집 소파에 누웠다. 몸이 통제할 수 없을 만큼 덜덜 떨렸다. 메이블이 현관에 걸려 있던 외투를 모조리 꺼내서 내 몸을 덮어주었다. 주머니에 해변에서 주운 자갈이 가득 든 비옷, 먼지가 도탑게 쌓이는 동안 내가 도저히 치우지 못한 톰의 근무용 블레이저. 나는 아플 때면 늘 그러듯 심하게 구토를 했고 고열에 시달렸으며, 며칠 밤 연속으로 숨을 잘 쉬지 못했다. 숨을 쉬려고 딸꾹질을 했지만 아무 일도 일어나지 않았다. 당시엔 아직 코로나19 바이러스 검사를 받을 수 없었고, 비상진료 의사도 없었으며, 내 주치의는 이론적으로 영국에는 퍼지지 않았다고 여겨지는 진단을 내리기를 주저했다. 그래서 나는 폐렴을 진단받고 강력한 항생제를 처방받았다. 이후 몇주에 걸쳐 병은 서서히 나았지만, 바이러스는 내게 심한 두통과 피로라는 못된 후유증을 남겼다.

이 새로운 바이러스엔 여러 흥미로운 측면이 있었는데 그중 하나가 우리의 정신에 영향을 미쳐 다양한 인지적 장애를 일으킨다는 점이었다. 지속적인 '브레인 포그', 불안, 집중력 저하, 기분 나쁜 환각적 악몽들. 나는 몇주 동안 땀에 흠뻑 젖은 채 잠에서 깨어 집이 불타고 있다고 확신했다. 하룻밤은 어린 조카를 침입자로부터 구하기 위해 현관까지 나간 적도 있었다. 그러나 당연히 침입자 같은 건 존재하지 않았고, 내 어여쁜 조카는 수백 킬로미터 떨어진 곳에 있었다. 불타는 도시들, 고층빌딩 위로 퍼지는 연기, 깨진 창문이 있는 빈 산업단지, 들개 무리가 꿈에 나왔다. 모든 것이 아주 고요하고 아주 명료했다.

3월 초가 되자 밤 10시, 11시까지 매 시각 전화가 왔다. 나와 한 번이라도 함께 일한 적이 있는 거의 모든 동료, 고객, 지자체가 계획을 검토해달라며 연락했다.

처음에 그들은 코로나바이러스 팬데믹으로 인한 사망자 대응 계획이 처음 만들어지는 것이라고 생각하는 듯했다. 과연 보건복지부의 파일에는 이에 대한 정보가 거의 없었다. 하지만 그건 이런 문제에 대비하는 정부 부서가 보건복지부가 아니라 내무부이기 때문이었다. 내무부에서는 보건 분야의 동료들과 협업하여 전염병으로 인한 모든 종류의 사망자에 대응하는 업무 흐름 계획을 잘 구축해두었다. 지난 20년 동안 나는 전염병 대응과 관련해 내무부에 조언하고 훈련을 진행해왔다.

그러나 팬데믹 사망자 처리에 대한 중앙 정부의 지침은 PDF 파일 몇 페이지에 불과했으며 끝에는 임시 선반을 만드는 방법에 대한 기괴한 다이어그램이 포함되어 있었다. 납작하게 포장된 싸구려 조립식 옷장에 동봉될 법한 설명서처럼 보였다. 한마디로, 형편없이 불완전했다.

설상가상으로 공공보건 분야의 정부 고문들은 각 지역의 비상계획관들에게 감염치사율을 사용하여 지역의 수요를 계산하라고 지시하고 있었다. 하지만 팬데믹 사망자 계획을 세우는 방식은 그렇게 간단하지 않다. 다른 피해도 고려해야 한다. 병원 치료 지연, 산모에 대한 돌봄 저하, 아동에 대한 가정폭력, 바이러스 검사 결과는 음성이지만 필수적인 치료나 약물을 받을 수 없는 노인이나 장애인들이 존재한다. 그밖에도 교도소 폭동, 아이들에게 집중하지 못하는 부모들, 주택 화재에 대해서도 생각해야 한다.

보건복지부의 운영 담당자들은 최근 새로 안치소 설치 계약을 따낸 업체에 전국의 안치소를 어떻게 설계할지에 대해 브리핑을 해달라고 내게 요청했다. 나는 브리핑을 시작하자마자 계약을 따낸 인프라 전문가들이 안치소 근처에도 가본 적이 없다는 것을 알아차렸다. 나는 그들이 올바른 곳에 초점을 맞추도록 하는 데 특히 집중했다. 지금 우리가 사망자들을 돌보는 방식이, 영국 전체가 팬데믹에서 회복하는 방식을 좌지우지하리라는 것을 알았기 때문이다. 실수는 용납될 수 없었다. 복도에 시신이 놓이거나, 시신이 쌓인 모습이 사진으로 찍히는 일은 결단코 없어야 했다.

  2003년 사스 발생 당시의 데이터는 당뇨병과 비만 환자가 특히 큰 영향을 받았음을 보여준다. 이는 비만인 시신이 더 많이 나올 가능성이 높다는 의미였다. 안치소 계획에서 시신의 크기를 고려하지 않는 건 놓치기 쉬운 실수였으며 팬데믹 이전에도 나는 안치소 계획에서 반드시 이 점을 점검했다. 우리는 고칠 수 있는 부분을 찾아 바로잡았다.

  2020년 3월이 되자, 시신이 한번에 몇구씩 들어오기 시작했다. 팬데믹 사망자의 죽음은 다른 수천가지 재난 사망자들의 죽음과 여러모로 비슷했다. 너무나 많은 유가족이 고인에게 직접 작별 인사를 건네지 못했다. 죽음 자체가 갑작스럽고 돌발적인 것으로 느껴졌다. 고인과 영상 통화를 할 수 있었던 유가족도 있었지만, 많은 경우 뒤늦게 고인이 사망했다는 소식을 들었다. 유가족이 고인에게 작별 인사를 하지 못하는 것, 고인을 두 눈으로 직접 확인하는 의식을 치르지 못하는 건 우려할 일이다. 이러한 모호한 상실은 재난 사망에서 가장 만연하고 충격적인 측면의 하나로서 오랜 여파를 남긴다. 작별 의식을 하지 못한 빈자리를 채우고자 많은 병원들이 '기억 꾸러미'를 만들려고 노력했다. 시가 적힌 종이에 중환자실에 있는 사람의 손바닥을 잉크로 찍어 남기는 것이었다. 나는 끝을 기다리며 병원의 새하얀 침대 옆에서 달랑거리고 있었을, 잉크로 물든 손가락들에 대해 많이 생각했다.

 2020년 3월 23일 영국 총리는 잉글랜드에서 최초의 '봉쇄'를 발표했다. 팬데믹에 대응하기 위해서는 물론 강력한 공중보건 조치가 필요했다. 몇년 전 우리가 계획했던 격리 조치는 훨씬 더 집중적이었으며 충분한 지원과 자원이 포함되어 있었다. 그러나 막상 봉쇄가 현실화되자, 취약 계층과 아동을 위한 안전한 공간이 무차별적으로 폐쇄되기 시작했다. 나는 신경이 곤두섰다. 이래서는 사회복지 서비스나 정기적인 병원 진료에 의존하던 사람들을 방치하게 된다. 나는 여러 지자체의 사회복지 팀에게 앞으로 어떤 상황이 펼쳐질지 설명했다. 처음에는 아무 일도 일어나지 않는 듯이 보일 거라고 일러두었다. 실제로 학대 피해자 지원 단체와 가정폭력 긴급전화는 기이할 정도로 조용해졌다가, 첫번째 봉쇄가 해제된 날, 평소보다 다섯배나 많이 울렸다. 드디어 탈출할 기회가 온 날이었다.

 나의 예상이 틀리기를 바랐다. 하지만 2020년 여름에 들어오기 시작한 데이터는 내 예상이 현실이 되었음을 보여주었다. '제1 봉쇄' 기간 동안 소아 두부 외상이 증가했다. 강제로 자택에 격리되어 있던 일부 보호자들이 한계를 느낀 것이다. 이후 가정폭력 긴급전화 상담 건수는 65퍼센트 증가했다. 섭식 장애로 입원한 청소년 수는 50퍼센트 증가했다. 식량 및 연료 빈곤에 대해서도 우려할 만한 데이터가 들어왔다. 병원 대기자 명단이 급증했다.

정부 측의 지원 요청은 산발적이고 단절되어 있었다. 나는 화이트홀의 지체 높으신 분들에게 연락을 받았지만, 그들에게선 실질적인 운영에 대한 조언을 듣고자 하는 의지가 거의 느껴지지 않았다. 그들은 '행동 통찰'과 국민을 순응시키는 방법에만 모든 초점을 맞추고 있었다. 내가 다른 접근법을 제안하면 깊은 실망감이 느껴졌다. 회의에서 가장 자주 들리는 말은 "곧 끝날 겁니다"였고, 내가 조심스럽게 더 오랜 시간이 걸릴 것이라고 말하면 침묵만이 돌아왔다. 나는 또한 '재난'이라는 단어를 사용하지 말라는 요청을 받았다. 이것은 재난이 아니라는 이유였다.

그러나 우리 비상계획관들은 처음부터 이 사태가 정부와 세계 각국 지도자들의 예상보다 훨씬 오래 지속될 것이며, 그 영향도 더 파괴적일 것임을 알고 있었다. 재난은 어느 날 갑자기 끝나지 않는다. 모든 재난이 그렇듯, 코로나19 팬데믹은 수많은 사람의 삶을 바꿔놓고 그후로도 여러해 상처를 남길 터였다.

2020년 초여름이 되자, 나는 첫번째 봉쇄가 끝난 직후 벌어질 일들에 대하여 동료 비상계획관들을 대비시켜야 한다고 느꼈다. 그때가 되면 팬데믹의 실제 규모가 드러나기 시작할 것이었다. 진실과 대면한 순간, 우리 사회를 지탱하는 결속력이 약해질 거라는 걱정이 들었다. 항공 교통이 중단되면 식량과 의약품 공급, 본국으로의 시신 송환에 차질이 있을 터였다. NHS도 심한 피해를 입을 것이 분명하다. 고관절 수술을 받기 위해 몇년을 기다려야 하거나, 영영 오지 않는 구급차를 기다리는 상황이 일상이 될 것이다. 갓 성인이 되는 젊은이들 수천명이 인생의 기회를 잃게 될 것이다. 우리는 몇달 전, 그레이트스미스스트리트에서 열린 계획 회의에서 이러한 문제들을 이미 훑어보았었다. 그러나 우리의 논의는 이제 COBR 보고서 말미의 몇개 단락으로 축소되었으며 사실상 잊힌 거나 다름없었다. 정부 최고위급 회의에서도, '봉쇄'는 단 한번 짧게 이루어질 것이며 자연을 누리고, 온라인에서 연애 상대를 물색하고, 새로운 기술을 배우고, 강아지를 입양할 기회로 삼으라는 식으로 포장하고 있었다.

그러나 진실은 달랐다. 첫번째 봉쇄는 유독한 마취제처럼, 진정한 피해를 조금 뒤로 미뤘을 뿐이다. 나이팅게일 병원 건설에 너무 많은 시간이 들어갔다. 우리 비상계획관들은 그 거대한 창고 같은 시설을 운영할 인력도 장비도 부족하다는 것을 알고 있었다. 재난 현장 병원을 운영한다는 개념 자체는 타당했지만, 이를 제대로 실현하려는 정치적 의지는 거의 없어 보였다. 지자체의 비상계획관들은 몇시간씩 원격 회의를 했고, NHS의 대응 팀은 기존의 구조를 다시 세우는 데 집중하고 있었다. 다들 바이러스 자체에 관심이 지대했으나 바이러스가 초래할 연쇄적인 영향은 고려하지 않았다. 당면한 사안에만 집중하고 있었던 것이다. 하지만 재난 회복 전문가로서 나는 이런 접근법이 세이렌의 목소리만큼이나 위험한 유혹이라는 것을 알고 있었다. 사실, 재난 회복을 준비하기 위해 우리가 실질적으로 할 수 있는 일이 충분히 있었다. 소상공인을 위한 보조금과 푸드뱅크 지원 기간을 늘리고, 지역 자선단체를 강화하고, 학교를 계속 운영하는 조치가 필요했다. 대응 과정부터 반드시 회복을 고려해야 했다.

우리가 이제 알고 있듯, 재난은 결코 단독으로 발생하지 않는다. 하나의 재난은 연쇄적으로 또다른 재난을 불러온다. 그렇게 재난은 재난 없이도 일어났을 다른 사회적 문제들과 얽혀 한층 더 복잡한 양상으로 펼쳐진다.

*　*　*

3월 16일, 아이들을 등교시키고 집에 돌아온 나는 톰에게 잠깐만 앉아서 이야기를 하자고 청했다. 톰의 건강 문제로 우리가 분투를 벌인 지 벌써 몇달째였다. 결국 톰은 비정형 메니에르병을 진단받았다. 내이(內耳)를 침범하는 이 불치병은 지금까지 톰이 영위해온 삶의 모든 면면을 흔들어놓았다. 톰은 오른쪽 청력을 완전히 잃었고 균형 감각도 상실했다. 거의 매일 고음성 이명과 극심한 두통에 시달렸다. 이제 톰이 다시는 비행기를 조종할 수 없으리라는 사실이 명백해졌다. 나는 톰이 미래에 관심을 갖도록 격려했지만, 톰이 원하는 건 과거의 삶으로 돌아가는 것뿐이었다. 그에겐 미래와 과거 사이의 절충점은 존재하지 않았다. 톰이 집을 나서는 건 오직 아이들을 등교시킬 때, 그리고 달리고, 달리고, 또 달릴 때였다. 그는 거의 매일 마라톤 주자처럼 달렸다. 산울타리에 대고 토할 때까지 달렸다.

그리고 이제 우리 가족에게 닥친 작은 재난에 팬데믹이라는 새로운 배경이 더해졌다. 2020년 3월, 많은 사람이 이 상황이 단순히 금방 지나가는 일시적 위기일 거라고 기대하고 있었다. 나는 혹시 톰도 그렇게 생각하고 있을까봐 걱정되었다. 단 몇주 동안의 강제 봉쇄로 모든 것이 해결될 것이라 믿고 있는 건 아닐까.●
모든 상황이 숙련된 의료진에 의해 잘 통제되는 동안 다시 자신만의 재난으로 돌아갈 수 있을 거라고 생각하는 건 아닐까. 그러나 어느 한밤중 불현듯 또렷한 깨달음이 찾아왔다. 톰과 내가 이 상황을 보는 관점이 다르다면, 우리의 관계에는 결국 균열이 생길 것이다. 나는 톰이 앞으로 닥쳐올 현실에 대비하기를 바랐다. 그가 현실을 받아들이기를 바랐다. 내게는 톰의 참여와 지지가 필요했다. 내게는 톰이 필요했다.

나는 톰에게 차 한잔을 건넸다. 그리고 신중히 말을 골랐다. 톰은 감정 폭발을 질색하고 간결한 설명을 좋아하는 남자였다. 나는 목소리의 톤을 낮추고 조용히 말했다. "나는 지금 상황이 어떤지 알아. 당신이 내 말을 들어줘야 해."

이것은 단 6주로 끝날 짧은 봉쇄가 아니었다. 이제 이게 우리의 삶이었다. 그것도 아주 오랜 시간 이어질 삶.

의심이 든다면, 의심할 여지가 없다.

그는 천천히 고개를 끄덕였다. "당신 말을 믿어."

● 코로나19 팬데믹 이전까지 긴급대응 계획에서 '봉쇄'라는 용어는 주로 테러 공격이나 총기 난사 사건이 발생했을 때 사람들을 실내에 격리시킨다는 개념으로 사용되었으나, 코로나19 팬데믹에서 새로운 의미로 적용되었다. 원래 정부는 봉쇄를 시행하기 위해 2004년 시민 비상 사태법의 권한을 사용할 것으로 예상되었지만, 새로운 법률인 2020년 코로나바이러스법을 도입했다. 그 이유 하나는 시민 비상 사태법의 경우 정부가 해당 법을 사용할 때 철저한 감시와 의회의 정기적인 검토를 거쳐야 하는 반면, 코로나바이러스법은 비교적 규제가 느슨하기 때문이었을 것이다.

장기적으로 볼 때, 가장 효과적인 위기 대응은 지역 차원에서 이루어지는 일이 잦다. 2020년 3월 둘째주에 나는 학교 운영위원들과 마을 지도자들을 모아 우리 아이들이 다니는 학교에서 회의를 열었다. 나는 그들에게 우리 마을이 농업 공동체이므로, 마을 사람들이 '필수 노동자'로 지정될 가능성이 높다고 말했다. 그리고 이 상황이 6주 안에 끝나지 않을 것이며, 앞으로 그들의 여생을 바꿔놓을 수도 있다고 설명했다. 회의에 참석한 사람들은 나를 그저 교문 앞에서 두 딸을 기다리는 엄마로만 알고 있었지만 내 말을 진지하게 받아들였다. (교장이 모두에게 친절하게 알려준 덕택이었다. "제가 확인해봤는데, 저분이 정말 전문가 맞아요!") 우리는 마을 차원에서 대응 그룹을 구성했다. 구성원은 거의 전원이 이미 과중한 부담에 허덕이던 엄마들이었음에도 마을의 노인들을 위해 추가로 장을 봐주겠다고 자처했다. 제이가 나서서 마을 중앙의 노인 보호 주택에 처방약을 배달했고, 막스앤드스펜서에서 산 브리치즈를 격리 중인 마을 원로들에게 전달했다. 우리 지역구 시의원은 재빨리 상황을 파악하고선 자신의 급여를 '전시 기금'으로 기부하여 도움이 필요한 사람이 사용하게 했다. 그는 또한 지원이 필요한 이들이 연락을 취할 수 있도록 휴대전화를 여러대 구입해 나눠주었다.

우리가 정착해 두 딸을 키우고 있던 노팅엄셔의 마을은 농업을 중심으로 돌아갔다. 영국 전역의 슈퍼마켓에서 '최고급' 딱지가 붙어 판매되는 딸기와 라즈베리 대부분이 이곳에서 재배된 것이다. 나는 마을의 농부들에게 국경 폐쇄 때문에 영국산 식품에 대한 수요가 증가할 것이므로 앞으로 몇달 동안 바쁠 거라고 일러두었다. 제이와 나는 또한 지역사회의 어두운 문제에 손을 댔다. 우리 마을 뒤편에는 1년 내내 과일을 생산할 수 있도록 만들어진 비닐하우스가 줄지어 늘어서 있고, 그 뒤에는 낡은 카라반 수십 대가 자리 잡고 있었다. 카라반은 농장에서 일하는 노동자들의 거처였다. 그들은 마을 인구에 포함되지 않았고, 공식적인 통계에도 잡히지 않았다. 제이는 노동자들에게 식료품을 배달해주면서 그들뿐 아니라 그들의 관리자들에게도 우리가 주시하고 있다는 사실을 분명히 알렸다.

팬데믹은 엘리자베스와 메이블에게도 재난이었다. 나는 지난 5년 동안 세이브더칠드런과 랭커스터대학교가 함께 진행하는 재난 속 아동의 회복력에 관한 프로젝트에 조언을 해왔다. 나는 나의 두 딸이 단순히 팬데믹을 버티는 것을 넘어, 이 경험을 계기로 더 강해지길 바랐다. 영화 「후크」를 볼 때마다 나는 마지막 장면에서 하릴없이 눈물을 흘리고 만다. 성인이 된 피터 팬 역할의 로빈 윌리엄스가 네버랜드를 떠나며 '잃어버린 아이들' 중 가장 어린아이들에게 조언하는 장면이다. 피터는 말한다. "너희보다 작은 것들을 전부 돌봐줘." 그러자 가장 작은 아이 '투 스몰'이 묻는다. "그럼 나는 누구를 돌봐야 해?" 피터는 런던의 집으로 날아가기 전, 그에게 대답한다. "네버벅스. 작은 벌레들을 돌봐줘."

나는 내 아이들도 자신만의 네버벅스를 돌볼 수 있다면, 바깥을 내다볼 수 있다면, 어떤 역할을 맡고 임무를 수행하며 누군가를 보살필 수 있다면 이 시기를 잘 견뎌낼 거라고 확신했다. 그래서 아이들은 표지판과 포스터를 만들었다. 해바라기 키우기 대회와 '정원 앞마당' 의상 콘테스트를 열었다. 갓 태어난 아기들을 위한 선물 꾸러미를 준비했고, 케이크와 과일을 들고 집집을 방문했다. 마을에서 알고 지냈거나 페이스북에서 만난 다른 부모들도 이에 가담하면서 곧 어린이들로 이루어진 작은 공동체가 만들어졌다.

아주 서서히 톰도 새로운 목표를 찾기 시작했다. 톰이 의자에 기대어 잠을 자도록 내버려두는 것이 최선인 날들도 있었지만, 다른 날들에 톰은 정원을 돌보고 텃밭을 가꾸며 팬데믹과 함께하는 삶에 대한 관심을 되찾았다. 그는 식량 부족과 백신 개발 관련 기사들을 내게 보내주었다. 우리가 함께 웃는 일이 차츰 늘었다. 마스크를 쓴 상태로는 입모양을 읽기 어려워서 톰은 슈퍼마켓 직원들의 말을 잘 알아듣지 못했다. 그것도 우리에겐 웃을 일이었다. 나는 톰을 설득해 스마트폰 앱과 연동되는 고급 보청기를 샀다. 오래전 앨런이 내게 가르쳐준 교훈을 떠올렸다. 슬픔을 다루는 최고의 방법은, 아주 작은 발걸음을 서서히 밟아나가는 것이다. 오늘은 당신이 차를 끓여볼래? 오늘은 우리 이 길 끝까지 걸어가볼까? 부엌을 새로 꾸며보자……

어느 날, 나는 톰의 자격증이 담긴 액자들과 허프먼 비행학교 로고가 박힌 야구모자를 집 현관에 걸었다. 그리고 지금 쓰고 있는 이 책을 위한 자료 조사라는 명목으로, 톰에게 먼지 쌓인 서랍에 보관해둔 청록색 비행 기록장을 꺼내보라고 했다. 자그마치

2년 만이었다. 자신의 손으로 직접 적은 모든 비행 기록이 담긴 기록장은 조종사에게 가장 소중한 물건이다. 톰은 공책을 열고, 처음 비행한 날짜를 확인하고, 그때 운행한 비행기의 이름을 떠올렸다. 다이아몬드 DA20 카타나. 기억하고, 기리는 순간이었다.

지금 나는 여러모로 아직 회복 중이다. 시간이 지나면서 정부와 기업은 팬데믹 이후의 회복에 대해 더 큰 관심을 보이고 있다. 한주가 지날 때마다, 과거 다른 곳에서 일어났던 재난들이 지금 우리에게 뭔가 가르쳐줄 수 있다는 깨달음이 퍼져나간다. 이제는 대응에서 회복으로 생각을 전환하는 방법에 대해서도 관심이 늘고 있다. 한편 재난의 어떤 부분은 사라지더라도 다른 부분은 훨씬 더 오래 지속될 것이라는 인식도 생겨났다.

나는 어린이를 지원하는 전략, 사람들의 회복을 돕도록 병원과 장례식장을 설계하는 방법과 같이 삶을 긍정하는 희망적인 작업들에 대한 자문에 응하고 있다. 우리가 새로 만들어나갈 세상에서 노인들을 돌볼 방식을 다시 생각하는 여러 연구 역시 진행 중이다. 나는 이런 변화들이 이번에는 제대로 뿌리를 내리고 쉽게 사라지지 않기를 바란다.

우리는 이제 모두 재난 생존자들이다. 팬데믹이라는 특별한 재난의 유산은 우리 곁에 오래 머물 것이다. 앞으로 여러해 동안 우리는 코로나19의 영향을 느낄 것이다. 그후의 세대는 우리가 우리 앞의 재난에 대해 그러했듯, 코로나19에 대해 이런저런 고민을 하고 추측을 내놓을 것이다. 나는 2차대전 도중의 전격전처럼 오래 지속되는 사건을 겪은 사람들이 어떻게 살아갔는지 궁금했었다. 이제 나는 사건의 시작과 끝을 깔끔히 구분하는 건, 그 사건이 완전히 끝난 뒤에야 가능하다는 사실을 깨달았다. 사건이 아직 진행 중일 때, 우리가 할 수 있는 일은 단지 하루하루 일어나서 한걸음씩 뚜벅뚜벅 앞으로 내딛는 것뿐이다.

코로나19에 대한 대응에서 나를 무척 심란하게 한 건 우리의 대응이 상당히 비인간적이었다는 것이다. 정부의 대응 방식은 대중에게 두려움의 메시지를 퍼뜨렸다. 사람들은 바이러스뿐만 아니라 서로를 겁내게 되었다. 그 결과 바이러스 감염이 아닌 다른 의학적 응급 상황에 처했는데도 병원에 가지 않고 집에서 죽기를 택하는 사람이 많았다.

화학이나 핵의 위협과 마찬가지로, 두려움은 일단 램프에서 풀려나면 다시 집어넣기 어려운 어둠의 지니와 같다. 지니가 램프 밖으로 나온 이상, 그 영향은 코로나19 자체가 더 잘 통제되는 날이 오더라도 사라지지 않고 지속될 것이다. 우리가 처한 상황은 스펙트럼에서 건강한 회복이 이루어질 수 있는 지점의 반대쪽 끝에 해당한다. 우리와 우리 아이들은 질병의 매개체로 규정되었다. 공공 보건 메시지에서 수치심, 낙인, 위협을 배제할 방법을 찾지 못했기 때문이다. 나는 곧 우리가 두려움 없이 다시 서로에게 다가갈 수 있는 방법을 찾을 수 있기를 바란다.

내가 동료들에게 참고하도록 그려준 회복 그래프에서, 앞으로 이어질 몇년은 롤러코스터처럼 기복이 클 예정이다. 새로운 학기와 계절의 변화, 경제적 완충 장치의 종료, 주요 스포츠 이벤트와 같은 하이라이트, 그뒤 여러 가족이 겪을 상실의 고통이 우리의 기분을 끌어올리고 내동댕이칠 것이다.

역사적으로, 팬데믹이 끝나갈 때쯤엔 학살과 폭동이 시작된다. 그 길을 따를지 말지는 우리에게 달려 있다. 우리는 지금 어느 때보다도 더 벼랑 끝에 내몰려 있다. 우리가 최선의 길을 찾을 수 있기를 간절히 바란다. 지금 나는 내가 여태껏 쌓아온 폭넓은 경험을 끌어모아 희망을 모색하고 있다. 나는 재난의 덩굴을 헤쳐 나와서 치유하는 일이 가능하다고 믿는다. 나의 본성이 본디 희망차기 때문이기도 하지만, 내가 평생 해온 일이 그렇게 가르쳐주었기 때문이기도 하다. 그러나 내가 재난 업계에서 일하면서 얻은 경험에 비추어볼 때, 우리 앞에 많은 난관이 기다리고 있다는 사실 또한 분명하다. 고통스럽더라도 그 난관들을 솔직하게 마주해야 할 것이다. 지금 비상계획관들이 할 수 있는 일은 손전등을 들고 앞서 나아가며 우리가 걸어가야 할 길 위의 함정을 찾아내고, 가능한 한 많은 사람이 그 길을 잘 헤쳐나가도록 돕는 일뿐이다.

에필로그

시작

> 재난은 때로 제도와 구조를 허물고 사적인 삶을 정지시켜, 더 넓은 시야로 그 너머에 있는 것들을 보게 해준다. 우리에게 주어진 과제는 재난이라는 문을 통해 보이는 가능성을 인식하고 그 가능성을 일상의 영역으로 끌어오는 것이다.
>
> ―리베카 솔닛 『이 폐허를 응시하라』

팬데믹이 발발하지 않았더라면, 이 책은 지금과는 전연 다른 책이 되었을 것이다. 이제는 '이전의 삶'을 그리워하는 마음이 어떤 것인지 누구나 알고 있다. 전지구적 차원에서 팬데믹 후의 재건이 이루어지고 있는 지금, 우리는 모두 문 너머를 바라보고 있다. 무엇인지는 알 수 없지만 문 바깥에 어떤 가능성들이 존재한다. 결코 평등하거나 고른 가능성은 아닐 것이다. 하지만 이번 재난의 회복에는 우리 모두가 함께 참여하게 될 것이 분명하다.

종종 나는 이 모든 재난에서 우리가 무엇을 배워야 하느냐는 질문을 받는다. 지난 역사에 빗대어볼 때, 우리가 팬데믹에서 얻은 교훈과 자극은 갓 베인 상처처럼 한동안 생생할 것이다. 팬데믹을 몸소 겪은 우리로서는 그 상처도 언젠가는 잊히리라고 생각하기가 어렵다. 하지만 삶은 저 나름의 속도로 꿋꿋이 나아가며 우리의 기억력에는 한계가 있기에, 그리고 정치적 권력을 쥔 사람들 입장에서 반드시 망각되어야 하는 것들이 있기에, 우리가 받은 수많은 상처도 결국 언젠가는 잊힐 것이다. 이것이 재난을 겪을 때 우리가 경험하는 진정한 모순이다. 우리는 재난 속에서 인생 최고의 순간과 최악의 순간을 잠시 엿보지만, 그 모든 순간이 종내는 흐릿하게 섞여 중간 지점 어딘가로 흐르게 된다.

어쩌면 더 중요한 것은 이 모든 재난에서 우리가 개인적으로 얻는 교훈일지도 모르겠다. 지금 가장 중요한 건, 서로를 돌보는 것이다. 당신과 가장 가까운 사람부터 시작해서 차츰 범위를 넓혀가라. 재난에 대비하는 삶의 부정적인 스트레스와 '대비가 되어 있다'는 편안함 사이에서 균형을 찾아라.

어떤 재난이든지 이미 어려움을 겪고 있는 사람들에게 가장 큰 어려움을 안겨준다. 하지만 우리의 지역사회는 기술적 해결책들에 힘입어 점점 더 긴밀하게 연결되고 있으며, 나는 여기서 희망을 보고 싶다. 지역사회에서 다 같이 힘을 모아 재난에 대비하는 것이 학교 교육이나 야간 수업의 중요한 요소로 자리 잡고, 사회 활동, 자원봉사, 시민 프로그램 참여에 지원하는 사람이 늘길 바란다.

세상엔 분노할 일이 참 많다. 하지만 이제 나는 권력을 가진 사람들에게 분노하는 데 너무 많은 시간을 낭비하지 않으려 한다.

그들에게 신뢰를 잃었다고 해서 잠을 설치는 일은 더이상 없다. 팬데믹 동안 우리는 모두 (엉망으로 해진) 커튼 너머에 무엇이 있는지 또렷이 목격했다. 우리는 재난 대응 계획의 진실을 보았고, 세련된 지휘실이나 제임스 본드 따위는 존재하지 않는다는 것을 알게 되었다. 하지만 우리는 또한 정말 중요한 지역 차원에서 비상계획관들과 대응요원들이 난관에 용감히 맞섰다는 것을 알게 되었다. 그리고 우리의 회복력이 스스로 알던 것보다 더 강하다는 사실도 알게 되었다.

어렸을 적, 나는 아빠가 툭 하고 내뱉은 "누구든 해결을 해야지" 한마디를 내 삶의 지침으로 삼았다. 지금 시간을 돌려 그 꼬마 아이를 만날 수 있다면, 네가 모든 걸 해결할 수는 없다고 말해주고 싶다. 하지만 그 여정 자체에 의미가 있을 거라고도 알려주고 싶다. 네가 누군가에게 준 자그마한 도움 하나하나가 그 자체로 목적이 된다고. 혹독한 시간을 겪고 있는 누군가에게 따뜻한 음료와 안심이 되는 미소를 건네는 일에는 가치가 있다고. 나는 그 꼬마 아이에게 망자를 존중하는 것이 얼마나 중요한지, 고인에게 작별 인사를 할 기회에 어떤 의미가 있는지, 죽음 자체는 무엇을 뜻하는지 이야기해줄 것이다. 사랑하는 이의 유해 조각뿐만 아니라 그들이 몸에 지니고 있던 물건에도 가치가 있다고, 도기로 만든 코끼리 인형이 누군가에겐 신성하게 느껴질 만큼 중요할 수 있다고, 대응요원들에게 알맞은 돌봄과 지원을 제공한다면 깊은 상처를 입지 않고서 사망자를 돌볼 수 있다고 알려줄 것이다.

어릴 적의 나에게 사라진 곳에 대한 그리움 '히라이스'를 존중해야 한다고 말해주고 싶다. 재난에는 날카로운 상처와 길고 오래가는 만성적 고통이 뒤따른다고, 그리고 그 고통이 현대 정신의학의 틀에 반드시 들어맞지는 않는다고 알려주고 싶다. 재난은 정치적이며 권력과 얽혀 있다고, 일이 어떻게 잘못되고 있는지 지적하는 사람은 인기가 바닥으로 떨어진다고 귀띔해주고 싶다.

어릴 적의 나에게 밖에서 더 많이 뛰어놀라고, 수영을 더 많이 하라고, 햇살을 느끼라고, 마구 달음박질치는 뇌를 차분히 가라앉히는 방법을 배우라고 격려할 것이다. 앞으로 나아가야 할 순간이 있고 머물러 기다려야 할 순간이 있다고 일러줄 것이다.

어릴 적의 나에게 나의 낙관적 믿음과 재난 이후 어떤 일이 벌어지는지 이해하려는 열정 때문에 앞으로 숱한 공격에 시달릴 것이라고 말해줄 것이다. 그리고 재난이 지나간 뒤야말로 폐허를 재건하고 기회를 찾아낼 가장 좋은 시점이라는 것도 알려줄 것이다.

어릴 적의 나에게 계속 나아가라고 이를 것이다. 순간순간을 버티라고 말해줄 것이다. 재난은 어김없이 일어날 것이고, 그때마다 언제나 도우려 하는 사람들이 나타날 테니까. 고통도 계속되겠지만 회복도 계속될 테니까.

우리 재난 업계 사람들은 끊임없이 하늘의 별들을 바라보며 다음으로 무슨 일이 일어날지 준비할 것이다. 그리고 재난 이후에 사람들이 다시 삶을 되찾을 수 있도록 도울 것이다. 그러나 내가 배운 건, 아니 여전히 배우고 있는 건, 인생에 다른 순간들을 위한 공간 역시 필요하다는 사실이다.

문자 메시지 알림이 울려서 핸드폰으로 손을 뻗는다. 그렌펠타워 지하에 위치한 아동 자선단체에 책과 미술 재료 소포가 도착했다는 소식이다. 나는 부엌 창문 너머를 내다본다. 햇살, 새 모이대, 개가 물고 뜯은 장난감들, 아이들의 세발자전거.

톰이 내 서류들 사이에 찻잔을 가져다놓으며 미소 띤 얼굴로 묻는다.

"또 무슨 일이야?"

감사의 말

지금까지 삶을 살아가며 말 그대로 수천명의 놀라운 사람들이 나를 지탱해주었다. 이 글에서 일일이 언급할 수는 없지만, 나를 일으켜 세워준 손길들과 나를 버티게 해준 미소와 간식, 그 모든 것에 감사를 보낸다. 아니, 감사하다는 말로는 부족하다.

당신 없이는 이 책이 세상에 나올 수 없었을 거라는 말을 직접 전하지 못한 사람들이 있어 여기에 대신 적는다. 2015년 내 인생에 큰 영향을 준 사람인 TV 프로듀서 겸 탐사 저널리스트 케이티 존스를 잃은 일은 내가 재난 이야기들을 세상에 전할 방법을 모색하는 계기가 되었다. 이 책은 케이티와 그녀의 태도를 연료 삼아 만들어진 셈이다. 나에게 보디캠을 착용하기보단 하고 싶은 이야기를 종이에 적어보라고 설득해준 케이티의 소중한 친구, 사스키아 애벗에게 영원한 감사를 보낸다. 또한 이 책은 나의 친구이자 멘토이자 여행 동반자인 이브 콜스 없이는 존재할 수 없었을 것이다. 이브는 이 책이 완성되기 직전에 세상을 떠났다. 이브에게, 또 콜스 가족 모두에게 변함없는 사랑을 보낸다.

이제는 신데렐라 신세에서 벗어난 나의 소중한 비상계획관들에게. 여러분은 말 그대로 내 날개를 떠받치는 바람이 돼주었다. 우리가 힘을 모아 만들어나가는 공연이 얼마나 근사한지! 우리는 지금껏 힘들고 끝없는 시험을 헤쳐나갔으며, 앞으로도 많은 어려움이 기다리고 있다는 걸 알고 있다. 우리가 최근의 난관들을 이겨내도록 도와준 팬데믹 팀에게 특별한 감사 인사를 전한다. 특히 탁월한 능력의 소유자 에이미에게 깊이 감사한다. 해부 병리 기술자 협회 회원들에게도 감사하고 싶다. 나는 끝까지 여러분을 지지하고 열렬히 응원할 것이다.

나를 받아들여준 지역사회 사람들에게도 감사를 전한다. 특히 런던 노스 켄싱턴과 던캐스터 톨바 사람들에게 큰 빚을 졌다. 이 두 지역은 악몽 같은 재난을 겪었지만, 그럼에도 모범적인 인간의 모습과 연민하고 인내하는 태도를 보여주었다. 라크메강티크 참사 여파를 연구할 기회를 준 르네 코살카 박사와 퀘벡주 검시관들에게도 깊은 감사의 뜻을 전한다.

디재스터 액션이라는 놀라운 조직의 모든 구성원에게, 진심을 담아 감사 인사를 전한다. 여러분을 지켜보며 배울 기회가 주어진 건 큰 행운이었다. 팬데믹 동안 우리는 우리의 정신적 지주이자 내가 아는 가장 용감한 여성인 모린 캐버나 박사를 잃었다. 사랑하는 모린에게, 내게 어머니의 사랑이 순수하게 어떤 의미인지, 그리고 암사자가 어떻게 투쟁하는지 가르쳐주어 진심으로 감사하다.

나는 최고의 멘토들에게 가르침을 받는 특권을 누렸다. 특히

감사의 말

앨런 퍽슬리, 앤 에어 박사, 옐레나 왓킨스, 팸 딕스, 소피 타라센코, 퇴역 형사 젠 윌리엄스, 레슬리 퍼먼커 박사, 필 스크래턴 교수, 지미 맥거번, 데비 브루커에반스, 버나뎃 덩컨, 셰릴 웰스, 아데왈레 아데시나, 캐럴라인 맥멀런 교수, 알렉산더 맥팔레인 교수, 그레이디 브레이 박사, 로버트 라운트리, 게일 라운트리, 캐서린 메이슨 교수, 제임스 아델리 박사, 하이디 라나, 앙드레 레벨로, 앨리슨 톰슨, 데릭 윈터, 클라이브 브룩스, 스티브 그레고리, 사이먼 테일러, 고故 그레이엄 워커, 피터 스티븐슨, 수전 그린우드, 마이클 그린우드, 마크 로버츠 박사, 메러디스 타이즈 박사, 제니 에드킨스 교수, 존 트로이어 교수, 케이트 우드소프 박사, 브렌다 매키 박사, 필립 마스덴 박사, 존 롭슨 박사, 앨리슨 앤더슨, 존 피처스, 수전 루드닉, 루시 나이트, 멜리사 브래클리, 대니얼 오즈번 박사, 재키 샘플, 지니 바, 맷 호건, 헬렌 하인즈, 이완 필립스, 팻 해건, 리사 우드 박사, 매기 모르트 교수, 나이절 험프리스, 에마 도지슨, 리베카 프리쳇, 엘스페스 밴 비런 박사, 휴 디밍 박사, 에이미 문도르프 박사, 도니 스테드먼 교수, 로리 피크 교수, 루시나 핵맨 교수, 데임 수 블랙 교수, 그리고 2005년부터 2008년까지 런던 경찰청에서 유류품 반환을 담당했던 특별 수사 부대 형사들에게 감사를 보내고 싶다.

나와 함께 더럼대학 애프터 디재스터 네트워크를 설립한 동료들에게. 우린 참으로 적절한 시점에 세계를 구하기로 결심했군요.

젠과 앨릭스 포레스트, 그리고 물론 넬리에게. 당신들의 강인함 덕분에 이 작업을 완수할 힘을 얻었습니다.

사랑하는 제이와 그의 모든 가족에게. 이 세상 모든 말로도 부족할 만큼 고맙습니다.

에마 스탠리, 브래들리 가족, 엘리엇 가족, 진 브라운, 케리 드라이버, 모건 가족, 윌킨슨 가족, 케이티 메들리, 리처드와 이베트에게도 깊은 감사의 마음을 전하고 싶다. 우리 마을에서의 생활을 지탱해주어 고맙습니다.

이 책에 담긴 온갖 의료적 소동 속에서도 내가 쓰러지지 않고 버틸 수 있었던 공로를 훌륭한 산부인과 의사 마이사 살만에게 돌린다. 내가 두 아이를 낳은 건 전적으로 위대한 의료인 문터 카마슈타 교수님 덕분이다. 내 남편의 생명을 구해준 던캐스터 왕립병원 응급실 의료진에게도 깊은 감사와 경의를 표하고 싶다.

내 이야기를 펴낼 최고의 출판사를 만나서 더할 나위 없이 기쁘다. 내 이야기를 믿어주고 세상에 내보낼 수 있도록 매만져준 커티 토피왈라에게 감사한다. 또한 애나 베이티, 캐머런 마이어스, 리베카 먼디, 사히나 비비, 앨 올리버에게도 감사를 전한다.

내가 세상에 전하고자 하는 이야기가 제대로 쓰일 수 있도록 도와준 언어의 마법사 셀리아 헤일리에게 갚을 수 없는 큰 빚을 졌다. 그녀는 내가 만난 가장 인내심 깊은 사람이다. 팬데믹 생존에 관한 조언을 대가로 그녀의 정교한 논리와 지혜를 누릴 수 있어 깊이 감사한다. 또한 매번 원고를 발전시켜준 크리스 모리스와 회고록 집필에 관해 탁월한 가르침을 준 캐시 렌첸브링크에게도 감사를 전한다.

내 인생에는 기묘한 우연과 행운이 수없이 많았지만, 그중에서도 가장 큰 행운은 지상 최고의 문학 에이전트 조 언윈을 만난 일일 테다. 조, 정말 고마워요. 내가 만난 최고의 팀인 JULA의 밀리 레일리, 레이철 만, 니샤 베일리에게도 무한한 감사를 보낸다. 끝까지 이 책을 완성할 수 있도록 자신감을 심어주고 격려해준 도나 그리브스에게도 특별히 감사의 말을 전한다.

마지막으로 나의 가족들에게…… 샘, 에린, 메건, 주드, 에마. 우리는 네가지 시간대에 흩어져 있지만 언제나 하나인 거 알지? 루시 할머니, 팻 할머니, 로저슨, 데이비스, 사이먼, 싱글턴, 테일러, 핸디, 윌슨, 힐스, 마이어스, 채플린, 레빗, 페인, 레드먼, 휴즈, 톨먼, 라이트, 스틸 가족들에게 항상 감사한다. 그리피스, 스위트, 헌트, 루이스 가족들. 베키, 제인, 루, 살과 그들의 가족들, 마이크 R, 프랭크 H, 케임브리지 걸스, 윌라지 걸스에게도.

닉과 케이트 이스트호프에게, 모든 게 고마워.

엄마, 아빠. 두분은 이 책에 나오는 수많은 장면 뒤편 어딘가 보이지 않는 곳에서 다이제스티브 비스킷과 찻주전자를 챙기고 계셨죠. 사람들이 내게 어떻게 이 모든 일을 해내느냐고 물어요. 그건 바로 두분 덕분이에요.

나의 소중하고 완벽한 아이들, 엘리자베스와 메이블에게. 솔직히 이 책을 쓰는 데 너희는 아무 도움이 되지 않았지만, 너희가 존재하지 않았다면 내가 이 책을 쓰는 의미가 없었을 거야. 너희는 내 삶의 이유이자 지평선이란다. 가장 강한 타이탄들인 너희가 끝까지 버텨주어 정말 기뻐. 세상을 전부 합친 만큼 사랑해. 나의 아름다운 전사들아, 하나뿐인 너희 삶을 온전히 살아가렴.

그리고 톰에게. 이 책에 담긴 시간들 속에서 나는 여러번 사랑에 빠졌고 그 상대는 매번 당신이었어. 내가 나의 길을 꿋꿋이 걸을 수 있었던 건 전부 당신이 내게 준 힘과 자신감 덕분이야. 당신의 흔들림 없는 존재 덕분에 나의 세상은 달라졌어. 당신은 우리 가족을 떠받치는 기둥이야. 당신은 존재하는 것만으로 충분해.

옮긴이의 말

동일본대지진이 일어난 직후, 영화감독 기타노 다케시는 한 인터뷰에서 이렇게 말했다. "이 지진을 2만명이 죽은 하나의 사건으로 생각하면 피해자의 마음을 전혀 이해하지 못한다. 그게 아니라, 한 사람이 죽은 사건이 2만건 있었던 것이다. 2만가지 죽음에 각각 몸이 찢어지는 듯한 고통을 느끼는 사람들이 있다."

일상을 초월하는 규모의 재난 앞에서 우리는 그것을 어떻게 이해해야 하는지 자주 갈피를 잡지 못한다. 파괴되고 무너진 것들의 강렬한 이미지에 눈길을 빼앗긴다. 있어서는 안 될 일이 일어났다는 충격과 슬픔에 사고가 마비된다. 재난이 벌어지고 시간이 조금 지나면, 급박한 구조 작업은 마무리된다. 두텁게 피어올랐던 먼지가 가라앉자 눈앞에 새로운 폐허가 펼쳐진다. 그때 우리가 해야 할 일들은 무엇일까. 그리고 그중 가장 중요한 건 무엇일까.

보통 사람은 살면서 한두번 볼까 말까 한 재난 현장을 수없이 경험한 재난 복구 전문가 루시 이스트호프는, 그 중요한 것을 찾아내고 실천하는 데 평생을 바친 사람이다. 그는 평시에 재난에 대비하는 비상 계획을 세우고, 재난 직후의 구조 작업이 끝나면 "상상할 수 있는 최악의 지구력 경기"에 비유되는 지난한 복구 과정에 뛰어든다. 참혹한 재난 현장에서 혼란에 빠진 사람들을 대신해 수많은 일들을 해나가면서도 그는 어지간해선 눈 하나 꿈쩍하지 않는다. 재난이라는 거대한 사건 속, 돌봄과 치유를 필요로 하는 하나하나의 개인에 시선을 고정하고 있기 때문이다.

 루시 이스트호프는 우리가 상실을 대하는 방식이 남겨진 사람의 존엄을 지키는 일과 맞닿아 있다는 것을 안다. 그것이 고인에게 정식으로 작별을 고하고 충분히 애도하는 것에 큰 의미가 깃드는 이유이기도 하다. 그는 실수가 없도록 신중하게 망자의 신원을 확인하고, 유가족에게 소중한 유품을 돌려줄 가장 좋은 방법을 고민하고, 재난을 겪은 당사자들의 이야기에 귀를 기울이고, 따뜻한 음료와 안심이 되는 미소를 건넨다. 우리가 미처 몰랐던 재난 현장의 뒤편 어딘가에서는 그토록 분주하고도 세심한 돌봄이 이루어지고 있다. 그 점을 아는 것만으로, 조금 위안이 된다.

 사실은 이 책을 읽으면서 심장이 무척 아렸다. 재난을 다루는 책인 만큼 마음의 준비를 하고 펼쳤지만, 먼 나라 영국에서 일어났던 일들이 기억 속에 아프게 박힌 우리의 참사들과 이토록 닮아 있을 줄은 미처 몰랐다. 얄궂게도 저자가 처음 우리를 데리고 가는 곳은 2024년 연말 국내에서 일어난 것과 유사한 비행기 추락 현장이다. 저자의 유년기에 상흔을 남긴 유람선 침몰 사건과 힐즈버러 축구경기장 압사 사건의 묘사를 읽을 때는 세월호와 이태원을 생각하지 않을 도리가 없었다. 시간과 장소는 다르지만 재난의 양상과 남겨진 이들의 고통은 다르지 않았다. 매년 반복되는 수해와 우리 모두가 경험한 코로나19 팬데믹에 대한 장을 읽으면서는 재난이 일상세계와 종이 한장 차이라는 사실을 실감할 수 있었다.

재난은 현장이 정리된 뒤에도 오랫동안 이어진다. 어려운 상황에 어떻게 대응해야 할지 몰라 우리는 일단 책임을 물을 대상을 물색하고, 때로는 희생자들에게도 비난의 화살을 돌리고, 너무 섣부르게 재난을 잊어버리려 한다. 그 끝에 남는 건 쉽게 아물지 않는 상처뿐이다. 책 속에 묘사된 그 모든 과정이 기묘할 만큼 친숙하게 느껴져서, 때론 한참을 머뭇거린 뒤에야 책장을 넘길 수 있었다.

최근의 여러 참사를 겪던 때 우리에게 이 책이 있었다면 얼마나 좋았을까? 루시 이스트호프가 보여주는 단단한 원칙과 다정한 마음을 지침 삼아, 우리 사회가 진상 규명과 피해자에 대한 보상에 집중하는 대처를 넘어서 더 건설적이고 인간적인 재난 담론으로 넘어갈 수 있기를 기대하는 마음으로 번역했다. 처음에 던졌던 질문으로 돌아가, 재난 뒤에 우리가 해야 할 가장 중요한 일은 무엇일까. 저자는 그 답을 이렇게 전한다. 상처 입은 사람들에게 안전한 치유의 공간을 만들어주고, 그들의 이야기를 들어주고, 필요할 때 손을 내밀어주는 것이라고. 저자의 말마따나 재난은 끊임없이 닥칠 테고 누구도 모든 걸 해결할 수는 없다. 하지만 손을 내밀어준다면 그 손을 잡고 누군가는 일어설 수 있다. 그 온기에서 다시 삶으로 돌아갈 힘을 얻기도 한다.

이 책을 번역하는 동안 어휘를 고를 때 특히 신중했다. 저자의 세심한 마음을 조금이라도 닮고 싶었다. 이 책에서 다뤄진 재난, 그리고 다뤄지지 않은 재난의 희생자들이 부디 평안하기를. "인생은 대단히 귀중하고, 언젠가는 끝나며, 무척 연약하다"는 저자의 깨달음을 우리가 기억할 수 있기를. 그 연약한 삶을 함께 살아가는 동료들에게, 우리가 매일 조금 더 따뜻할 수 있기를 바라며 글을 마친다.

2025년 9월

박다솜

주

1 *New Zealand Red Cross Leading in Disaster Recovery: A Companion Through the Chaos*. 2010년과 2011년 뉴질랜드에서 발생한 지진 후 개발된 이 지침서를 다음 주소에서 다운로드할 수 있다. https://www.preventionweb.net/publication/leading-disaster-recovery-companion-through-chaos
2 해당 사건에 대한 자세한 내용은 다음 자료를 참고하라. Scraton, P. (1999; reissued in 2009 and 2016), *Hillsborough: The Truth*, Mainstream Publishing.
3 Weir, A. (2000), *The Tombstone Imperative*, Pocket Books.
4 '재난이란 무엇인가?' 어떤 사건이 미치는 영향의 심각성과 더불어 더욱 심층적인 철학적 의미에서 재난의 의미를 묻는 이 질문은 응급 대응 및 재난 관리 분야에서 핵심적인 논점이다. 이 주제를 다루는 전문 서적과 컨퍼런스도 많다. 이 책에 등장하는 여러 사건이 응급 상황이나 중대 사고로 분류될 수 있으며 그중에서도 인도양과 일본에서 일어난 두차례 지진해일은 보통의 재난보다 훨씬 더 큰 영향을 미친 것으로 간주될 수 있다. 영국에서는 일반적으로 정상적인 범위를 벗어나고 기존 자원을 압도하는 사건을 재난으로 칭한다. 어떤 사건을 응급 상황, 재난, 대재앙으로 분류하는 것과 관련된 최근의 상세한 논의는 다음 자료를 참고하라. Montano, S. (2021), *Disasterology: Dispatches from the Frontlines of the Climate Crisis*, Park Row.
5 1980년대 후반부터 1990년대 초반까지 거의 매년, 때로는 고작 몇주 간격으로 대규모 사망 사고가 발생했다. 1990년대 영국에서 발생한 재난과 유

가족들의 법적 대응을 전체적으로 조망하고 싶다면 다음 자료를 참고하라. Eyre, A. and Dix, P. (2010), *Collective Conviction*, Liverpool University Press.

6 국가 위원회의 보고서 전문을 이곳에서 확인할 수 있다. https://9-11commission.gov/report/

7 이푸 투안은 재난 후 남겨진 유류품을 '손길과 마음이 깃든 까치의 보물 창고'라고 표현했다. 기억에 남는 표현이다. Tuan, Y. (1977), *Space and Place*, Minneapolis: University of Minnesota Press.

8 해당 영상은 다음 링크에서 볼 수 있다. https://www.youtube.com/watch?v=-z3mBli084Q

9 Blakemore, E., *The Chernobyl Disaster: What happened and the long-term impacts*, National Geographic, 2019년 5월 17일. https://www.nationalgeographic.com/culture/article/chernobyl-disaster

10 해당 영상은 다음 링크에서 볼 수 있다. https://www.youtube.com/watch?v=9eBwDzJm7_0

11 자세한 내용은 다음 논문을 참고하라. Stadler, N. (2006) "Terror, corpse symbolism, and taboo violation: the 'Haredi Disaster Victim Identification Team in Israel' (Zaka)" *Journal of the Royal Anthropological Institute*, (N.S.) 12, 837~58면.

12 Maines, Rachel. P. (1999), *The Technology of Orgasm: 'Hysteria', the Vibrator and Women's Sexual Satisfaction*, Johns Hopkins University Press, 23면.

13 2019년 봄, 나는 아일랜드 정부의 비상계획관들을 대상으로 이러한 복합적 위험에 대해 기조연설을 했다. 다음에 일어날 수 있는 일을 '초예측'한 이 연설이 온라인에 기록으로 남아 있어 기쁘다. 요약본은 여기서 확인할 수 있다. https://business.dcu.ie/emii-research-symposium-critical-thinkers-in-emergency-management-research-an-international-perspective/

14 Okri, B. (2019), *After Grenfell: Violence, Resistance and Response*, Edited by Bulley, D., Edkins, J. & El-Enany, N., Pluto Press.

15 그렌펠타워 화재에서 외장재와 창틀 재료 구성이 미친 영향과 기술적 결함 등에 대해서는 다음 책을 참고하라. Kernick, G. (2021), *Catastrophe and Systemic Change: Learning from the Grenfell Tower Disaster and Other Fires*,

London Publishing Partnership. 사건의 타임라인은 여기에서 확인할 수 있다. www.bbc.co.uk/news/uk-40301289 현재 진행 중인 공공 조사에 대한 정보는 여기서 확인할 수 있다. www.grenfelltowerinquiry.org.uk

먼지가 가라앉은 뒤
재난 복구 전문가가 전하는 삶과 희망

초판 1쇄 발행 | 2025년 9월 26일

지은이 | 루시 이스트호프
옮긴이 | 박다솜
펴낸이 | 염종선
책임편집 | 이선엽 김유경
조판 | 신혜원
펴낸곳 | (주)창비
등록 | 1986년 8월 5일 제85호
주소 | 10881 경기도 파주시 회동길 184
전화 | 031-955-3333
팩시밀리 | 영업 031-955-3399 · 편집 031-955-3400
홈페이지 | www.changbi.com
전자우편 | human@changbi.com

한국어판 ⓒ 창비 2025
ISBN 978-89-364-8094-3 03330

* 이 책 내용의 전부 또는 일부를 재사용하려면
  반드시 저작권자와 창비 양측의 동의를 받아야 합니다.
* 책값은 뒤표지에 표시되어 있습니다.